国家社科基金重点项目："类序研究"
（批准号：11ATQ002）研究成果

类序通论

夏南强 等 著

长江出版传媒

湖北人民出版社

图书在版编目（CIP）数据

类序通论 / 夏南强等著. — 武汉：湖北人民出版社，2023.2
ISBN 978-7-216-10511-8

Ⅰ．①类… Ⅱ．①夏… Ⅲ．①目录学 Ⅳ．①G257

中国版本图书馆CIP数据核字（2022）第190136号

责任编辑：杨　猛
封面设计：刘舒扬
责任校对：范承勇
责任印制：肖迎军

出版发行： 湖北人民出版社	**地址：** 武汉市雄楚大道268号
印刷： 武汉市籍缘印刷厂	**邮编：** 430070
开本： 787毫米×1092毫米　1/16	**印张：** 19
字数： 309千字	**插页：** 2
版次： 2023年2月第1版	**印次：** 2023年2月第1次印刷
书号： ISBN 978-7-216-10511-8	**定价：** 66.00元

本社网址：http://www.hbpp.com.cn
本社旗舰店：http://hbrmcbs.tmall.com
读者服务部电话：027-87679656
投诉举报电话：027-87679757
（图书如出现印装质量问题，由本社负责调换 ）

序

类序是书目和类书中对一类具有相同或相近性质意义文献或知识的"序说"，包括其起源性质的揭示，发展演变的叙述，学术流派的辨析，内容主旨的讲解，知识系统的阐述，类目体系的设置与先后次序的安排，文献或知识归类的缘由，等等。

类序起源于孔子的整理六经和聚徒讲学。根据现存出土文献考察，上海博物馆藏战国楚竹书《孔子诗论》当是其创始之作。它是孔子对弟子讲解《诗》的记述整理文稿，内容包括总论《诗》旨和《国风》《小雅》《大雅》《颂》各类《诗》旨的论述文字；对《诗》中内容主旨相近各篇的比照分析文字；对《诗》中具体篇目作品主旨的剖析讲解文字等。

残存《尚书》序和《周易·序卦》，或云为孔子所作，迄今无法坐实。残存《尚书》序大都"言其作意"，仅讲述《尚书》各篇写作背景，体例整齐划一；《周易·序卦》则只说明《周易》六十四卦排列次序和前后相承的缘由。即便为孔子所作，亦当为晚于《孔子诗论》的作品。但序类文体遂由此而名。

春秋战国时期，学术空前繁荣。诸子百家纷纷著书立说，发表自己的政治见解，孔子之外，还产生了丰富多彩的诸子文献。为宣扬自己的主张，批驳不同的观点，学者们往往参考和运用序类文体的写作方法，或在著述中胪列各家要旨，作为批驳的对象，如《荀子》书中的《非十二子》篇；或在著述中比较各家学说优劣短长，作为抬高自己学说的参照，如《庄子》书中的《天下》篇等。无序类文体之名，而含序类文体之实。

西汉初面世的《毛诗序》，成书于毛亨之手。或许其中纂入了一些先秦儒家的说《诗》资料，也是经过了毛亨的增删和润色。《毛诗序》有大序和小序之分。大序是列于《诗经》首篇《关雎》题解后的序言，按《风》《小雅》《大雅》《颂》次第，论述了不同类别诗歌的内容特点。小序则是《诗》三百零五篇中每篇的题解，与后来书目、类书中的小序是完全不同的概念。《毛诗序》着眼于论述不同类别诗歌的社会政治功用。如把《风》诗定义为"化下"

和"刺上"的工具，强调其教化和劝谏的功能；把《小雅》《大雅》诗内容框定为阐明"王政废兴"的缘由，强调其可为执政参考的功用等。各篇小序也多将其具体作品的"作意"认定为"美刺"之作。

《淮南子·要略》则是一篇构思周密，体例谨严的自序。序文内容大体上可以分为三个部分。第一部分主要说明自己著述的目的，即"言其作意"：说明《淮南子》全书的主旨，以及本书篇幅较多的原因。第二部分是《淮南子》二十篇的目录解题，从不同维度深入揭示了二十篇论述"天地之理""人间之事""帝王之要"的缘由，以及篇目顺序安排的理由。第三部分介绍古代诸子学说产生的时代背景。可见，自序受《毛诗》大序和小序、《易经·序卦》和《尚书》序的综合影响，融大序与小序的写法于一炉，是一种类序的"变体"，也是"序"这种文体成熟的标志。后来许多著名的"自序"，如司马迁《史记·太史公自序》、班固《汉书·叙传》、许慎《说文解字·叙》等，都承其绪，或多或少地保存了序类文体"揭示写作大旨"、"篇目解题"、"言其作意"（说明创作背景）的特征，但为了做到这些，有时就不是三言两语能解决问题的。如司马迁在自序中为说清楚创作背景和用意，不得不用大段文字说明自己的家世和遭遇，与《尚书》序用几个字"言其作意"不可同日而语。但其有关七十篇内容主旨提要性质的文字，亦保存了类似于"小序"的功能，体现出与《要略》一脉相承的特点。而书目《七略》、类书《通志》二十略，则径直借用"略"名，其参考《要略》之迹，亦不言自明。

从一书类序到群书类序，刘向、刘歆父子做出了创造性的贡献。先是，刘向负责整理群书，每部书整理完毕后，撰写一篇叙录，说明其校雠过程及章节窜乱和文字错讹情况，作者生平，书籍的真伪、内容大要和学术源流及其价值。这些叙录后来汇集成我国第一部图书目录《别录》。刘向去世后，刘歆子承父业，在《别录》基础上将全部著述分类，区别为六艺、诸子、诗赋、兵书、数术、方技等六大类、三十八小类。又将类序的写作样式运用到书目的编纂当中，撰就《七略·辑略》。《辑略》是一篇针对全书不同类别图书内容撰写的类序，在把握群书内容，分类辨别的基础上，梳理撰写出了每类著作的学术渊源、师承授受、流变发展之脉络。《辑略》划时代的学术意义在于：一是将一书类序模式创造性地运用到群书类序，开创了针对经传、诸子百家等六大类、三十八小类群书撰写大序、小序的范例，标志着中国目录学的成熟；二是大序、小序内容相辅相成，勾勒出中国学术发展的脉络，描述出了中国学术思想的源流体系；三是奠定了史志书目的基础，为《汉书·艺文志》的问世直接提供了资料，为《隋书·经籍志》类序等后来书目类序的写作导了先路。

《汉书·艺文志》和《隋书·经籍志》是史志书目的双璧。《汉书·艺文志》采用了《七略》的研究成果，在其基础上删去所录各书解题文字编成。将《辑略》分散纂改成四十篇类序，即一篇总序、六篇大序和三十三篇小序。总序放置于前，其余类序则分置于各略、各类图书之后。类序按内容上的不同，可以分为两类：一类叙述各略、各类的学术源流，是浓缩了的学术发展演变剪影，包括总序、六篇大序，以及《六艺略》和《诸子略》各类小序；另一类说明各类学术的主要性质及其社会功用，包括《兵书略》《数术略》《方技略》等各类之后的小序。《汉书·艺文志》的历史功绩是保存了《七略》中尤其是《辑略》的研究成果，开创了史书中编纂《艺文志》的先例，奠定了中国目录学"辨章学术，考镜源流"的学术传统。《隋书·经籍志》则在继承《汉书·艺文志》传统的基础上构建了经、史、子、集四部、四十二类的分类体系，奠定了我国古籍类例区分的基础。其类序四十八篇，写作和安排，匠心独具，富有特色。总序、史部大序、集部大序构思精妙，见解深邃，体现出不同凡响的思想认识水平、高超的文字表现技巧。一些小序的写作，如经部《易》类小序、史部杂传类小序等，内容详赡，叙述学术源流演变十分清晰，亦有很高的学术参考价值。

在类事类书中撰写类序，唐代杜佑是其创始。所纂《通典》一书，分食货、选举、职官、礼、兵、刑、州郡、边防八门，每门有大序。门下分目，部分目下有小序。大序和小序，概述门目内容知识源流。每目之下，大抵依朝代顺序，摘述文献中有关资料。在摘述的文献资料后，开创性地不时夹有论、说、议、评等有关的评说议论文字。宋代官修的《册府元龟》，分三十一部、一千一百一十五门。部下有总序，门下有小序。总序叙述介绍典章制度的源流，小序则偏重于指引阅读，对相关内容发表著者的见解。类序体例规范统一，言简意赅。元代马端临编纂的《文献通考》共有二十四篇类序，分列于全书内容之前，针对全书二十四门不同内容源流，分别做考证式的论述，发表了自己的见解。并对门下条目的排列次第做了相应的说明。在一些条目所采录的资料后面，还加按语进行论断评说。

类文类书创始于晋代挚虞的《文章流别集》。《晋书》载挚虞"撰古文章，类聚区分为三十卷，名曰《流别集》，各为之论，辞理惬当，为世所重"。可惜没有完整流传。根据对《文章流别集》残存的"论"文考察，其一篇"论"文，实质就是一篇"类序"。阐述文体起源、演变、性质等做法，与承袭了"序"类文体之长的《汉书·艺文志》类序写作如出一辙。赓续之作，有《文章正宗》《文章辨体》《文体明辨》《文章辨体汇选》等。与类事类书类序聚焦典制事物源流不同，类文类书的类序以辨别文体，揭示文体性质和演变为己任。

《四库全书总目》是我国历史上最大的一部官修书目，清代乾隆年间编成。全书二百卷，分经史子集四部、四十四类、六十六子目。部、类均有"叙"，盖沿袭《郡斋读书志》所收四部用"叙"而来，实即类序，共有类序四十八篇。类序内容主要包括三个方面：其一，揭示部类起源、学术流派或学术源流；其二，说明立类情况、历代书目著录情况和该类收录准则；其三，介绍部类图书性质、类别、组织编排次序。其"说明立类情况、历代书目著录情况和该类收录准则"是书目类序的创新，也是该书类序写作中常用的方法。案语则是类序的另一种表现形式，它附在属目下全部图书提要之后，或某部具体书目提要之后，其篇幅之多，远超总序、小序之和。除了说明归类排序等处置缘由外，亦有对总序、小序学术渊源演变内容的重要补充，以及作者对学术对社会现象的精辟见解。

上述文字，是本书内容的浓缩和概括。读者诸君可循上述文字的指引，或阅读全书，或选择阅读和了解有关感兴趣的内容。

笔者曩昔披览《汉书·艺文志》《隋书·经籍志》类序原文，每为其总揽纲纪，剖析源流，辨别同异的学术特色所吸引，为其纵横扬厉，酣畅淋漓的文字所激励，为其洞幽烛微，精辟独到的见解所折服，进而萌发了研读类序文章的念头。由此而阅及其他书目类序、类书类序，则发现他们构建了一个百科全书式的学术指南世界，前辈学者亦有不少相关的研读心得和见解。但迄今为止，尚无对类序整体研究的论著，故不揣谫陋，申报了国家社科基金重点项目，力图对古代书目类序和类书类序做一个整体的揭示和研究。

本书的研究，得到了国家社科基金重点项目的资助，谨此表示诚挚的感谢。课题组成员戴建业撰写了第九章初稿，邹瑾撰写了第六章和第十一章初稿，硕士研究生潘倩撰写了第七章部分初稿，其余各章节均由笔者撰写（第四章、第十二章参用了戴建业相关论文中的少量内容文字）。全书由笔者统一修改定稿。在研究撰写过程中，本书也参阅和采用了一些学术前辈和时贤的研究成果，谨此一并致以深深的谢忱。

在本书研究撰写过程中，笔者撰写了三篇学术论文，针对当代书目的缺陷、数字典籍数据库目录学揭示的不足，探讨了其深层次的原因，并就其改进的措施，提出了相应的建议。今将此三篇文章作为本书的附录，亦望古为今用，借鉴对古代书目类序和类书类序的研究成果，对当代书目的编纂和类书的编纂有所裨益。

本书的出版，得到湖北人民出版社的大力帮助。责任编辑仔细审读全稿，为统一全书体例等提出了有益的意见和建议，做了十分认真负责的工作，特此致谢说明。

夏南强

2022 年 5 月 24 日

目　录

第一章　类序的起源

一、"类""序"二字的本义和引申义

追溯类序的起源，得从"类""序"二字的定义说起。

迄今发现的已释读甲骨文、金文中，无"类"字。《说文解字》收入了两个"类"字。卷一示部："禷，以事类祭天神。从示，类声。"卷十犬部："類，种类相似，惟犬为甚，从犬，类声。"两个类字，一从示，一从犬，哪一个为"类"的本字呢？

查考先秦文献中有关"类"字的记述，《周礼》中较多，且大多在掌管礼仪的《春官》篇章。如：

> 《小宗伯》："凡天地之大灾，类社稷、宗庙，则为位。"
>
> 《肆师》："凡师甸，用牲于社宗，则为位。类造上帝，封于大神，祭兵于山川，亦如之。"
>
> 《大祝》："掌六祈以同鬼神示：一曰类，二曰造，三曰禬，四曰禜，五曰攻，六曰说。""大师，宜于社，造于祖，设军社，类上帝，国将有事于四望，及军归献于社，则前祝。"
>
> 《诅祝》："掌盟、诅、类、造、攻、说、禬、禜之祝号。"①

从这些记述中不难看出，"类"是与祭祀有关的古代礼仪。吕友仁先生认为："（类）是一种祭祀，因为这种祭祀的礼数比正常之礼略有精简，只是类似于正常之礼，故名。"②

---

① 吕友仁：《周礼译注》，中州古籍出版社，2004年，第252—257、321、331页。
② 同上，第33—34页。

桂馥《说文解字义证》示部"禷"字条引述了钱大昭关于先秦文献中"类祭"之事的归纳讲解：

> 钱君大昭曰："类祭之事，见于经典者有五：《小宗伯》：'凡天地之大灾，类社稷、宗庙，则为位。'祷祈之类也；《王制》：'天子将出，类乎上帝。'巡守之类也；《大雅·皇矣》：'是类是禡。'《释天》：'禷，师祭也。'行师之类也；《肆师》：'类造上帝。'战胜之类也；《舜典》：'肆类于上帝。'摄位之类也。皆非常祭，依正礼而为之，故云以事类祭。"①

钱大昭用《周礼》《礼记》《诗经》《尚书》中的例句，分析说明了"类"是一种依照正礼施行的非常规的祭祀，应用于不同的国家行为和场合。桂馥接着还补充引述了许多文献中的材料，进一步证实了钱氏的观点。

"禷"字本义还可从"禷"字字形的角度来考察。"禷"字从"示"，"示"字的本义，迄今众说纷纭，尚无定论。但从"示"之字，大都与祭祀有关，已为学术界所公认。而"禷"字右边的义符"米"、"犬"、"頁"（人头），则为当时社会常用的祭品，"禷"字本身就显示了与祭祀的关系。

因此，我们认为，"禷"为"類"的本字，"类"字的本义是国家因事临时依照相关礼仪举行的祭祀天神仪式。"类"字的本义中，就包含有"类似""相似"的意蕴。

"类"字定义引申为"一组具有相同或相似关系性质、结构性质、行为性质、意义性质的事物"，有一个渐进的过程。如我国先民在发明打造汉字的进程中，由最初的描述自然现象、自然物体的"初文"，发展到用"初文"作部首来表达具有某种相同性质的事物（如"日"字孳乳产生的日部，收有"早、时、昧、昭、旭、景、昏、暗、晚、旱"等字）；《易·系辞》中"方以类聚，人以群分"的表述等，都是客观观察事物后对"类"知识的运用和认识。墨子则最先将"类"提高到逻辑的认识高度，为这一定义的形成奠定了基础：

---

① 桂馥：《说文解字义证》，上海古籍出版社影印陕西师范大学图书馆藏清《连筠簃丛书》本，1987年，第10页。

公输盘为楚造云梯之械，成，将以攻宋。子墨子闻之，起于齐，行十日十夜而至于郢，见公输盘。公输盘曰："夫子何命焉为？"子墨子曰："北方有侮臣者，愿藉子杀之！"公输盘不说。子墨子曰："请献十金。"公输盘曰："吾义固不杀人。"子墨子起，再拜曰："请说之。吾从北方闻子为梯，将以攻宋。宋何罪之有？荆国有余于地，而不足于民，杀所不足，而争所有余，不可谓智；宋无罪而攻之，不可谓仁；知而不争，不可谓忠；争而不得，不可谓强；义不杀少而杀众，不可谓知类。"公输盘服。①

杀无罪的人，无论杀得少还是杀得多，是同一性质的错误。杀一个无罪的人就已经错了，何况是杀害众多无罪的人呢！墨子不仅站在道义的立场，更是站在学理的高度指出：公输盘"义不杀少而杀众"，是没有从根本上认识到这件事性质方面的错误。他认为，对同类事物的统一认识，就是"知类"，这是概念上的归纳判断。此后，墨子的学生和后学进一步发展和完善了关于"类"概念的逻辑思想，把一类事物的不同个体具有相同的属性称为"类同"，把两事物不具有相同的属性称为"不类"。《墨子·经说上》："有形同，类同也。""有不同，不类也。"并且认为："辞以类行者也，立辞而不明于其类，则必困矣。"（《墨子·大取》）发表言辞观点，必须要明晓和把握相同事物的属性，如果不能区分明了事物属性的不同，就会陷入自相矛盾的困境。②

"序"字亦不见于已释读甲骨文和金文。《说文解字》："序，东西墙也。从广，予声。"本义是指房屋堂前的东墙和西墙，引申为堂两旁的东西厢房。厢房是古人宴请宾客的处所，由此又引申出"按次序区分，排列"的含义。如《仪礼·乡饮酒礼》："众宾序升，即席。"《诗经·大雅·行苇》："序宾以贤。"都有"按次序区分，排列"的含义。"序"字被引申作为一种文体来命名，大抵最早见于《易传·序卦》。它叙列了从屯、蒙到既济、未济六十四卦

---

① 谭家健、孙中原注译：《墨子今注今译》，商务印书馆，2009年，第415页。
② 参见吴建国：《中国逻辑思想史上类概念的发生、发展与逻辑科学的形成》，《中国社会科学》1980年第2期。

卦名，实即六十四个篇章的名目。《易传·序卦上》：

> 有天地然后万物生焉；盈天地之间者唯万物，故受之以屯，屯
> 者盈也，屯者物之始生也。物生必蒙，故受之以蒙，蒙者蒙也，物之
> 稚也。物稚不可不养也，故受之以需，需者饮食之道也。饮食必有
> 讼，故受之以讼。讼必有众起，故受之以师，师者众也。众必有所
> 比，故受之以比，比者比也。比必有所畜，故受之以小畜，物畜然
> 后有礼，故受之以履。履而泰，然后安，故受之以泰，泰者通也。①

很明显，这段"序"文主要是分析论述六十四卦编排次序和其前后相承的
缘由。据司马迁记述，"序卦"为孔子所作。后代相承认为，"序卦"为"序"
这种文体的始祖。

二、类序产生的文化背景

顾名思义，"类序"二字连在一起，现在是指书目和类书中对一类具有相
同或相近性质意义文献或知识的"序说"，包括其起源性质的揭示，发展演变
的介绍，学术流派的剖析，内容主旨的讲解，知识系统的阐述，类目的设置与
先后次序的安排，文献或知识归类的原由，等等。要探索其缘起，先应该对其
产生的文化背景有个大致的了解。

（一）文字的孳乳且运用于文献记载

摩尔根的《古代社会》认为，文明时代"始于注音字母的发明和文字的
使用"。恩格斯在《家庭、私有制和国家的起源》中肯定了摩尔根的看法，指
出处于野蛮时代的人类"由于文字的发明及其应用于文献记录而过渡到文明时
代"。因此，一般都认为文字是文明时代的标志。类序产生的文化背景，当然

---

① 陈鼓应、赵建伟注译：《周易今注今译》，商务印书馆，2005年，第740页。

也一定是以"文字的发明及其应用于文献记录"为前提的。殷商时期，是汉字大量产生和"繁殖"的时期。象形、指事、会意、形声等四种造字方法都已形成，并用于汉字的"发明创造"。迄今发现的殷商文字有四千五百余个，这些汉字主要用于占卜的记载。由于占卜所用的材料是乌龟的腹甲、背甲和牛的肩胛骨，文字刻于甲骨之上，所以称之为甲骨文。商代统治者迷信鬼神，对诸如上天近日是否会下雨，农作物是否有好收成，打仗能否胜利，以至于生育、疾病、做梦等一应事情，几乎都要占卜，以了解鬼神的意愿和事情的吉凶。占卜之后，将占卜时间、占卜者、占问内容、视兆结果、应验情况等刻在甲骨上，并作为档案材料由王室史官保存，这就产生了有大量文字记载的批量甲骨文献。自此，中国先民不再局限于器物的制造、使用与流传，有了记载自己社会生活、言行举止的文献存世。可以说，殷商文字的大量产生和熟练运用，是西周和春秋战国时期文献空前涌现的先声，也奠定了中国《诗》《书》《易》《礼》《乐》《春秋》等元典形成的基础。

（二）礼、乐制度的制定，《诗》《书》《易》《礼》《乐》元典的形成

西周初期，礼乐制度的制定，是中国文明发展的一大里程碑。礼的发源极早，最初的礼，可能是人们祈求鬼神的特定仪式。《说文解字》："礼，履也，所以事神致福也。"就是殷人率民而事鬼神祈福事实的反映。但西周"制礼"与殷商不同的是，在安排祭祀秩序需要的前提下，根据血缘关系和等级身份，制定了尊卑之间，长幼之间，亲疏之间各自不同的行为规范。在寓"义"于"礼"，使"礼"显示出合乎人情道义的同时，从规定不同身份等级的人应该遵行的礼仪出发，形成了行之有效的一套宗法等级制度。"乐"则是配合各种等级的礼仪活动而制作的，行什么样的礼，配什么样的乐。乐舞名目、乐器品种和数量、乐工人数都要符合相应的规格。"礼"的行为是"别"，即所谓"尊尊"，强调尊卑贵贱、长幼、亲疏之区别；"乐"的作用是"和"，即所谓"亲亲"，使不同身份等级的人和睦相处。即"乐在宗庙之中，君臣上下同听之，则莫不和敬；在族长乡里之中，长幼同听之，则莫不和顺；在闺门之

内，父子兄弟同听之，则莫不和亲"①。以礼为社会秩序的基础和核心，明贵贱，辨等级，正名分，一切人和事都要遵循礼的规范和准则。以乐为协调社会秩序的纲纪，使人们各安其位，和谐相处。礼乐制度文化，是儒家文化的直接源头，也是儒家尊崇的《诗》《书》《礼》《乐》等元典的催生剂。

现存《诗经》中，至少有三篇《商颂》是殷人创作的反映祭祀祖宗神的郊庙歌辞，它们是《诗经》中最早的作品。与《商颂》一脉相承，《诗经》中的西周诗歌，大多是为了配合典礼仪式用乐需要而创作的。"它们或者用于敬天祭祖的礼仪，通过歌颂先公先王的功德来祈取福佑，如《周颂·天作》《大雅·绵》等；或用于嗣王的登基奠礼，表达承继祖考之道、敬慎国事的决心，如《周颂·访落》《敬之》。或者用于明君臣之义、洽兄弟之情的燕射仪式，通过渲染宾主和乐的气氛来亲和宗族、抚慰诸侯，如《周颂·我客》《大雅·行苇》。现存于《周颂》中的《武》《赉》《桓》等篇，曾是被视为三代之乐代表作的《大武乐》的配乐歌辞。而《大武乐》，作为周公制礼作乐的重要成果，以歌舞的形式重现了周文王、武王开国平天下的历史过程，告功于神明，垂鉴于子孙。无论是典礼仪式中的乐舞还是歌诗，带给观者与听众的，都不是艺术与文学的审美体验，而是典礼仪式所特有的庄严与肃穆。即使是合和宗族、亲洽兄弟的燕射歌乐，给人感受最为深刻的，仍然是温情脉脉、'和乐且湛'的歌乐背后丝毫不可僭越、违背的礼制规定。"②但礼乐文化催生下的王室贵族诗歌，其数量大大增加，类别已经形成，应用场合得到了很大的拓展，诗歌的内容更加多样，表现形式也更加多姿多彩，为《诗经》的早期成书奠定了基础。《史记·周本纪》载祭公谋父谏周穆王征犬戎引"周文公之颂"；同篇芮良夫谏周厉王亲近荣夷公引《颂》和《大雅》，可见西周时《诗经》已有"颂""雅"的分类。马银琴先生有关周康王"定乐歌"时出现了以《颂》《雅》分立形式编纂的《诗经》乐歌文本；周宣王时代就有了以《诗》《小雅》《大雅》《颂》分立形式存在的《诗经》诗文本，周平王时期《诗经》结集的观点，应该是可信的。③

① 陈澔注，金晓东校点：《礼记》，上海古籍出版社，2016年，第456页。
② 马银琴：《〈诗经〉：中国诗歌不祧之祖》，《中国社会科学报》2015年3月28日。
③ 马银琴：《两周诗史》，社会科学文献出版社，2006年，第135—144页，第232—238页，第291—295页。

随着礼乐文化制度的制定，国家的政令、帝王的言行记录等文献资料也日渐增多——它们就是我国最早的文献资料汇编《书》（后人名为《尚书》）的由来。汉人传说先秦时《书》有一百篇，其中《虞夏书》二十篇，《商书》《周书》各四十篇，每篇有序，为孔子所编纂。《左传》中引用其书文字，分别称《虞书》《夏书》《商书》《周书》。《史记·孔子世家》也说到孔子修《书》。但近代学者多以为《尚书》编定于战国时期，并且考定《今文尚书》中《周书》的《牧誓》到《吕刑》十六篇是西周文献，《文侯之命》《费誓》和《秦誓》为春秋文献，所述内容较早的《尧典》《皋陶谟》《禹贡》反而是战国时编写的有关古史的文献，东晋梅赜所献的《古文尚书》则是编造的伪书（已混编入后代《尚书》）。《尚书》一百篇的说法，今已无法印证。但先秦篇章绝对不只二十多篇，已为出土文献所证实。2008 年入藏清华大学的战国竹简，就发现了今本《尚书》未收的《厚父》《封许之命》等六篇佚文，其中《封许之命》是周王朝分封许国的文件。许国是周代的诸侯国之一。受封的许国第一代国君名为"吕丁"。根据《封许之命》的记载，吕丁在周文王时已经任职，后又参与了伐纣的战事，立有大功，因此获得封地。《封许之命》进一步证明了西周时期有下达册封诸侯文件的传统。周武王灭商和周公东征后，封建诸侯以屏藩周室。周初的分封对象有同姓宗室子弟，有异姓功臣，还有神农、尧、舜、禹及商汤的后代。史传周初分封，"兼制天下，立七十一国，姬姓独居五十三人"（《荀子·儒效》）。每一个封君受封有土地和人口，即所谓"授民授疆土"。封君则要对周王室尽纳贡、守边等义务。现存《尚书·周书》中，类似文献仅存《微子之命》《蔡仲之命》二篇。揆之常理，应该还有"鲁、齐、晋、卫……之命"等数十篇"命"类文献曾经存在。又如现存《尚书》序："高宗梦得说，使百工营求诸野，得诸傅岩，作《说命》三篇。"《说命》经秦火不存于世（《伪古文尚书》收《说命》三篇系伪造）。清华简却收有《傅说之命》（即《说命》）三篇，可见《尚书》序作者的确见过《说命》原文。《尚书》一百篇的说法不一定无根据。其所收各类文献，在两周一定很多，也应该有专门的存放之所。

《易经》成书于西周。传统说法是，伏羲画八卦，周文王把八卦演化为六十四卦，并写了卦辞和爻辞。但伏羲画卦，乃远古传说，难以置信。"文王拘而演《周易》",只是司马迁的一家之言,现存《尚书·周书》,没有片言只字记载。顾颉刚先生在《古史辨》里考述了《易经》爻辞中所载史实,认为《易经》成书于周初。高亨先生也认为:"《周易》古经,大抵成于周初。其中故事,最晚者在文、武之世……其中无武王以后事,可证此书成于周初矣。至于最后撰人为谁,则不可知。后儒谓文王作卦辞,周公作爻辞,与此书之内容无所抵触。其或文王、周公对于此书有订补之功欤?"①但有学者有不同看法。如宋祚胤先生从《周易》所记载的史实、所运用的术语、所反映的思想等方面辩驳,否定成书周初,认为应该是在"昭王南征而不复(《左传》僖公二年)和"穆昔南征军不归"(韩愈诗)之后的西周末年。②《易经》成书的具体年代,虽难定论,但从卦辞、爻辞本身内容考察,至少在西周末年已成书,学术界则无异议。《易经》非礼乐文化的产物,其实质是一部利用占卜的符号图形体系来阐发思想的哲学著作。以现在的观点言之,其理论前提属唯心主义,但它对经文的解释却是以对客观世界及其变化的观察为依据,以阴阳两种元素的对立统一去描述世间万物的变化。因而包含有朴素唯物论和辩证法的思想。它是中国哲学的源头,对春秋战国时期诸子百家思想的形成也有极其重要的影响。

　　西周时期,是否就有《礼》《乐》典籍的存在,是一个存在争议的问题。现存记录周代礼制最为详备的著作是《周礼》。《周礼》原名《周官》,流传无绪,汉初才现于世。刘歆整理典籍,为免与《尚书·周官》篇混淆,故改称《周礼》。今人考证,现存《周礼》大抵成书于战国时期,内容以周代官制为核心,汇编了官制职掌及职责方面的资料。早于《周礼》的《仪礼》,原名《礼》,东晋元帝时荀崧奏请置《仪礼》博士,始有《仪礼》之名。唐代开成年间石刻九经,用《仪礼》正式取代原名,沿用至今。南宋郑樵《六经奥论》"《仪礼》辨"条云:"古人造士以《礼》《乐》与《诗》《书》并言之者,《仪礼》是也。古人六经《礼》《乐》《诗》《书》《春秋》与《易》并言者,《仪礼》是也。"则周时培养人才所用教材以及儒家推重的六经所说的《礼》,都是指《仪礼》。周人将礼分为"吉、凶、军、宾、嘉"五种仪制,其中除吉礼

---

① 高亨:《周易古经今注》,清华大学出版社,2010年,第13页。
② 宋祚胤:《周易新论》,湖南教育出版社,1982年,第15—18页。

为事神礼仪外，其它四种均与现实社会生活相关。这五种仪制又被分为"冠、婚、丧、祭、朝、聘、乡饮酒、射"等礼事，各种礼事又各有具体的仪项和繁缛的仪节，这些正是《仪礼》的主要内容。汉代古文经学家说《仪礼》是周公所作，今文经学家则推重司马迁的记载，认同作者为孔子。沈文倬先生研究认为，《仪礼》是孔门弟子及后学陆续撰作的，孔子五十八岁以前，没有此书。鲁哀公派孺悲向孔子学礼，孔子传授《士丧礼》，《士丧礼》由此成书，是《仪礼》撰写的上限。① 我们认为，沈氏观点有可取之处，但也失之偏颇。《周礼》《仪礼》中所载官制礼仪，周时当有相应的文献记载。孔门弟子及后学撰述，必有所本。否则，官制礼仪是无法凭空臆测编造的。"前修未备，后出转精。"经过孔子及其弟子和后学整理编撰的《周礼》《仪礼》《礼记》流行之后，以前的典籍渐渐失去市场，加上秦火和书禁，就失传、遗佚或毁灭了。此外，西周时期的"乐"，包括诗、歌、舞三部分内容。《颂》《雅》是诗文本，歌、舞是表现形式，乐器则是演奏工具。歌、舞、乐器演奏，是属于"乐技"的范畴；由"乐技"表演引申出的道德和伦理观念、心灵感受、审美情趣则是"乐"的内涵，也就是"乐义"所在。"乐义"的挖掘和撰述，没有相当高的理论文化素养是不可能的。《汉书·艺文志》载："汉兴，制氏以雅乐声律，世在乐官，颇能纪其铿锵鼓舞，而不能言其义。"可见一般的乐官，不可能撰写出被后人尊为经的含有"乐义"的《乐》典。史载汉文帝时，得到魏文侯的乐师窦公所献《乐书》，却不过是《周礼·大宗伯》中专载音乐典制的"大司乐"篇章而已。② 《乐》经，是否西周就已经有元典存在？抑或《周礼·大宗伯》中"大司乐"篇章就是西周元典？现在只能存疑了。

三、类序起源于孔子的整理六经和聚徒讲学，《孔子诗论》是创始之作

类序的起源，与孔子的整理《诗》《书》《礼》《乐》《易》《春秋》六经

---

① 沈文倬：《宗周礼乐文明考论》，浙江大学出版社，1999 年，第 24—25 页。
② 班固：《汉书·艺文志》，中华书局，1962 年，第 1712 页。

和聚徒教学密切相关。

据《史记·孔子世家》记载，孔子曾有二次整理六经的活动。第一次是鲁定公五年，"陪臣执国政"，鲁国最大贵族季桓子的家臣阳虎囚禁主人，季桓子在胁迫下屈服，与之订立盟誓，交出权柄。阳虎执掌鲁国大权，为所欲为。阳虎之外，季桓子等贵族大都骄奢放纵，凌驾于鲁国国君之上。鲁国大夫也纷纷越轨，偏离正道。"故孔子不仕，退而修《诗》《书》《礼》《乐》，弟子弥众，至自远方，莫不受业焉。"第二次是孔子晚年周游列国不遇，鲁哀公十一年从卫国返回鲁国后，绝意仕途，专门从事整理六经和教学活动。《史记·孔子世家》：

> 孔子之时，周室微而礼乐废，《诗》《书》缺。追迹三代之礼，序《书传》，上纪唐虞之际，下至秦缪，编次其事。
>
> 孔子语鲁大师："乐其可知也。始作翕如，纵之纯如，皦如，绎如也，以成。""吾自卫反鲁，然后乐正。《雅》《颂》各得其所。"
>
> 古者《诗》三千余篇，及至孔子，去其重，取可施于礼义，上采契后稷，中述殷周之盛，至幽厉之缺，始于衽席，故曰：《关雎》之乱以为《风》始，《鹿鸣》为《小雅》始，《文王》为《大雅》始，《清庙》为《颂》始。"三百五篇孔子皆弦歌之，以求合《韶》《武》《雅》《颂》之音。礼乐自此可得而述，以备王道，成六艺。
>
> 孔子晚而喜《易》，序《彖》《系》《象》《说卦》《文言》。
>
> 乃因史记作《春秋》，上至隐公，下讫哀公十四年，十二公。据鲁，亲周，故殷，运之三代。约其文辞而指博。故吴楚之君自称王，而《春秋》贬之曰"子"；践土之会实召周天子，而《春秋》讳之曰"天王狩于河阳"：推此类以绳当世。贬损之义，后有王者举而开之。《春秋》之义行，则天下乱臣贼子惧焉。①

---

① 司马迁：《史记》，中华书局点校本二十四史修订本，2013年，第2332—2334页，第2340页。

上述记载可见，《诗经》《尚书》《礼》《乐》《周易》等文献都经过孔子的整理，取舍与评说，《春秋》则是孔子依据旧有史记而改编。孔子是将传统的贵族教育转向普通民众教育的第一人，也是教学大师。《史记·孔子世家》载："孔子以《诗》《书》《礼》《乐》教，弟子盖三千焉，身通六艺者七十有二人。"虽然"弟子三千"不一定能坐实，但学生人数众多是毋庸置疑的。这么多学生学习，首先就要解决教材的问题。传统的贵族子弟教育教材，也是重视诗、史、礼、乐等典籍教育的。如公元前590年，楚申叔时谈教导太子："教之《春秋》，而为之耸善而抑恶焉，以戒劝其心；教之《世》，而为之昭明德而废幽昏焉，以休惧其动；教之《诗》，而为之导广置德，以耀明其志；教之《礼》，使知上下之则；教之《乐》，以疏其秽而镇其浮；教之《令》，使访物官；教之《语》，使明其德，而知先王之务，用明德于民也；教之《故志》，使知废兴者而戒惧焉；教之《训典》，使知族类，行比义焉。"①可见，传统的贵族子弟教育是多方面的，教学内容包括了许多不同的知识类别。孔子认为，平民教育，培养人的性格品行、社会交往能力更为重要。而《诗》《书》《乐》《易》《礼》《春秋》在这些方面各有所长：

> 入其国，其教可知也：其为人也，温柔敦厚，《诗》教也；疏通知远，《书》教也；广博易良，《乐》教也；絜静精微，《易》教也；恭俭庄敬，《礼》教也；属辞比事，《春秋》教也。②

因此，整理六经，用以施教，就会有最合适的教材。在教学过程中，对某类文献的串述、主旨讲解、比较分析——类序（后人也称大序）和对单篇作品内容主题的评述——小序，就产生了。虽然，最早的类序出自孔子的教学口授，并非孔子撰写的文本，但学生受业时的记载成文，自然丝毫不会影响孔子是"类序"这种文体的创造者。近年出土的战国楚简文献，提供了最有说服力的书证，更证明了孔子评述经典是类序的直接源头。1993年出土于湖北荆门郭店一号楚墓的《性自命出》是一部儒家佚籍，其中有对《诗》《书》《礼》

① 徐元诰撰，王树民、沈长云点校：《国语集解》，中华书局，2002年，第485—486页。
② 陈澔注，金晓东校点：《礼记》，上海古籍出版社，2016年，第564页。

《乐》的评说文字，也谈到孔子对这几部经典的整理研究和用来施教情况：

> 《诗》《书》《礼》《乐》，其始出皆生于人。《诗》，有为为之也；《书》，有为言之也；《礼》《乐》，有为举之也。圣人比其类而论会之，观其先后而逆顺之，体其宜而节文之，理其情而出入之。然后复以教。教，所以生德于中者也。①

《诗》《书》《礼》《乐》四部经典的产生，都是人的有意创作。孔子分别排比其类别综合论述，考察其先后次序而进行有序化编排整理，体会其意蕴而删节修饰，理解其情感内蕴而出入其中，然后用来施教。教育，是使普通人植根道德于心中的方式和方法——其说是否有据？ 1994 年，上海博物馆从香港文物市场收购回一批楚简，2001 年整理出版成《上海博物馆藏战国楚竹书》，收有《性情论》一书，内容文字与《性自命出》大体相同。而上博楚简中的另一书《孔子诗论》，则是《性自命出》所记述孔子整理经典和施教的注脚，也是最早类序出自孔子的最好证明。《孔子诗论》现存二十九简、一千零六字。以今天的观念视之，可定义为我国最早的类序，殆无疑义：一是有总论《诗》旨和《颂》《大雅》《小雅》《国风》各类《诗》旨的论述文字；二是对《诗》中内容主旨相近篇章的比照分析文字占了很大的篇幅，其余篇章也大多是对具体作品主旨的剖析。前者主要集中在前五简。为明晰起见，现删除因文字残缺而文意不全的部分，迻录如下：

> 孔子曰："诗亡隐志，乐无隐情，文无隐意。……"
> 《讼》，坪德也，多言后，其乐安而迟，其歌申而寻，其思深而远，至矣！《大夏》，盛德也，多言……多言难，而悁悐者也，衰矣！少矣！《邦风》，其纳物也溥。观人俗焉，大敛财焉，其言文，其声善。……《诗》，其犹旁门欤？残民而怨之，其用心也将何如？曰：《邦风》是也。民之有黑惓也，上下之不和者，其用心也将何

---

① 荆门市博物馆编：《郭店楚墓竹简·性自命出》，文物出版社，1998 年，第 179 页。引用时参考上博楚简《性情论》对个别文字做了更改。

如？……又成功者何如？曰：《讼》是也。《清庙》，王德也，至矣。
敬宗庙之礼，以为其本；秉文之德，以为其蘖……①

在孔子"诗歌不要隐藏志向，音乐不要隐藏情感，文章不要隐藏意旨"
观点的"引领"下，类序对《颂》《大雅》《小雅》《国风》四类诗的主旨做了
高度的概括：《颂》歌颂文王武王平成天下之德，多出自文王武王后人之手，
其音乐安和而缓慢，其歌声悠扬而绵长，其思绪深邃而远旷；《大雅》歌颂王
公盛德……；《小雅》多歌咏人生苦难，抒发怨愤的情感，反映政治衰败，叹
息为政者少德；《国风》普纳风物，可观民情风俗。广泛采集了材料，语言富
有文采，音乐优美动听。……《诗》就像四通之门吧？可以周知天下之事。执
政者若残民以逞，构怨于民，民众内心会如何呢？《国风》就是民众的反馈。
民众劳苦倦极的时候，上下不和的时候，民众的内心是如何呢？那就看看《国
风》吧！成功者怎么样呢？《颂》就是歌颂他们的啊！《清庙》歌颂文王之
德。文王之德，是最高的典范。崇敬宗庙的祭祀典礼，作为执政的根本；秉持
文王的美德，作为行政的苗芽……

虽然文字的残缺，影响了我们对这段类序内容做更深入的挖掘探讨，但
其大意还是可以理解的。其对四类诗旨意的高度归纳概括，区别揭示，十分准
确到位。

对《诗》中内容主旨相近篇章的比照分析，《孔子诗论》集中在第八、九、
十、十一、十二、十三简。兹举第八简如下：

《十月》善譬言。《雨亡政》《节南山》皆言上之衰也，王公耻
之。《小旻》多疑，疑言不中志者也。《小宛》其言不恶，少有仁焉。
《小弁》《巧言》则言谗人之害也。《伐木》……②

第八简列举了《小雅》中的 8 篇作品。《十月》《雨亡政》《节南山》都是

---

① 马承源主编：《上海博物馆藏战国楚竹书·孔子诗论》（一），上海古籍出版社，2001 年，
第 14—17 页。引用时参考各家考释略有取舍。

② 马承源主编：《上海博物馆藏战国楚竹书》（一），上海古籍出版社，2001 年，第 20 页。

说执政者德政的衰败。但《十月》善于訾议讽刺之言。《小旻》主旨是批评朝政公卿言不由衷。《小宛》提倡衰政时自保，其言不恶，但缺少仁心。《小弁》《巧言》则都是言谗人害政的作品。8 篇作品除《伐木》评述残缺外，其余作品内容是相近的，但各篇诗歌的主旨却又不同。类序作者将它们放到一起点评，分析不同的特点，学生便更容易接受和理解。

《孔子诗论》从整体上论述诗歌主旨，揭示各类风格诗歌内容主题、音乐艺术特色、社会功用，区别、分析、比较相近诗歌主旨的不同，奠定了类序文体内容特征及写作方法的基调，为后代从《七略》到《汉书·艺文志》类序的定型导了先路。

《孔子诗论》是否孔子所作？学术界见仁见智，尚无定论。整理者马承源先生认为，它是孔子授《诗》的记录。王齐洲先生将《孔子诗论》中评论的作品与传世文献所载孔子所论《诗》做了比较：如《甘棠》篇，观点完全一致，仅有字句的微小差别。《蓼莪》《节南山》二篇，观点几乎完全相同。《木瓜》《蟋蟀》二篇，只是侧重点不同，论《诗》基本立场相同，等等。其结论是：全书命名《孔子诗论》是合适的。[1] 笔者基本认同他们的看法。将著作权划归孔子，实至名归。首先，竹简中除了多处标明"孔子曰"之外，其余文字也并不一定不是出于孔子之口。通篇文献口语气息十分明显，就像《论语》一样，颇像受业者经过整理后的笔记。其次，据专家论证，《性自命出》《孔子诗论》都是出自战国前期子思学派的作品或传承，二书时代相近。陈桐生先生根据科学仪器的检测结论和史实推论，郭店楚墓下葬时间应该在公元前 321 年至公元前 278 年之间，[2] 如果将《性自命出》《孔子诗论》等典籍的产生定在此前五十年，则离孔子在世仅一百多年时间。孔子教学，名扬天下。"贤人七十，弟子三千"，弟子和再传弟子众多，孔门弟子师承授受有绪可寻，早期文献传承不可能出现断层。虽然《孔子诗论》不会具有像现代录音机一样的功能，一字不落完全录自孔子的口头讲授，他的弟子、再传弟子们也许要对讲授内容和文字加以润色修饰，甚至删削补充，但主要内容出自孔子，是基本上可以肯定

---

① 王齐洲：《孔子、子夏诗论比较：兼论上海博物馆藏战国楚竹书〈诗论〉之命名》，《华中师范大学学报》2002 年第 5 期。

② 陈桐生：《〈孔子诗论〉研究》，中华书局，2004 年，第 90 页。

的。笔者赞同姜广辉先生的建议，认为将《孔子诗论》改为《孔子诗序》，应该是更为"名副其实"的。^①

四、类序问世的文化意义

（一）开创了文献研究评论的先河

类序产生以前，我国文献的积淀，已具有相当的规模。从载体的不同来看，可分为甲骨档案文献；青铜器物铭文文献；竹简帛书文献，等等。从文献内容区分，则可分为王公贵族的言行记录；历史大事发生、进展、结束过程的记述；官制、典章、礼仪、乐制的记载；歌功颂德、讽刺时政腐败、抒发苦闷、反映民生苦难的诗歌；诸子百家的语录和政论（如《论语》《老子》），等等。它们是人类社会文明进程的见证，是中国先民社会生活的记载，是理性思考、情感抒发的结晶。如何学习这些文献，传承这些文献，利用这些文献，需要专门深入的研究，爬梳剔抉，披沙拣金，做出实事求是的分析评价。给学生学习指导和研究指引，更要言简意赅，提纲挈领。对单篇文献内涵精髓的发掘不易，对一部著作文献内涵的发掘把握更是难上加难。《孔子诗论》类序的问世，可以说是划时代的贡献，它开启了我国研究和评论整部文献著述的先例，是中国文献评论的鼻祖。

据今人研究，《尚书·尧典》成书于战国末期，其中"诗言志，歌咏言"的评论文字，最早也是战国末年纂入的，且并非对整部著作的评论。而《孔子诗论》对《诗经》既有分类作品的研究，也有相近题材不同作品主旨的研究和单篇作品主旨的研究，自成系统。且其研究和评论的方法给后人提供了可贵的借鉴，如：按文献内作品分类的不同（《颂》《大雅》《小雅》《风》）研究概括作品的主旨；按文献内作品题材的相近比较研究评论它们的不同主题（第八简）；深入分析揭示单篇作品内蕴（如二十六简："《邶·柏舟》，闷。《谷

---

① 姜广辉：《初读古诗序》《再读古诗序》《三读古诗序》，《国际简帛研究通讯》第 2 卷第 2、3、4 期。

风》，背。《蓼莪》，有孝志。《隰有苌楚》，得而悔之也。"闷，指表现了郁闷心情；背，指忘恩背德；有孝志，指抒发了感恩父母养育的孝亲之情；得而悔之，指抒发了有家室之累者的后悔心情），等等。这些研究分析和评论文字显示的"门路"，时至今天，都是科学实用而可资借鉴的文献评论方法。

（二）奠定了中国目录学的学术基础

我国目录工作的滥觞，是与殷商时代甲骨文献的产生和批量入藏息息相关的。王重民先生根据殷墟的发掘报告，分析出土的每个窖藏甲骨，都以一定的年代为限。大多数情况下，是以一个帝王在位的时期为断限，只有极少数窖藏是几个帝王在位时期甲骨的混合。从而判断窖藏甲骨的入藏、陈列和参考使用，都有一定的方法和手续。他在《中国目录学史论丛》中说："我们现在看到的有些甲骨的尾或背上，刻有'入''示'和一些数码，就是主管保藏的人所做的记号，而这些记号和数码，应该都是与另外简单的单据或目录相适应的，这些都表示着目录参考工作的实际意义。"并认为，这"代表着我国古代目录工作的起源"。[①] 他的这一见解，无疑是正确的。但符号标示、登记入藏等目录工作，不是一门学问。目录工作不等同于目录学，其目录学产生在奴隶社会时期的观点，笔者不敢苟同。我们认为，最早的中国目录学是以文献典籍为研究对象的。中国传统的目录学是一门研究文献的学问，它包括了对文献的整理排序；文献类别的区分与内容特点的彰显剖析；文献典籍内容主旨的挖掘评述，等等。后代的目录学研究，还包括了对文献作者的稽考介绍、文献中所体现的学术渊源、学术流派的梳理揭示等内容。因此，中国目录学的诞生，是以类序的产生为标志的。《孔子诗论》的成书，奠定了中国目录学的基础，标志着中国目录学的诞生，开创了中国目录学发展的独特道路。可以说，中国目录学从产生之日起，就与学术结下了不解之缘。其指引学习和研究的特点，使其开始就立足于学术的高地，担负有崇高的学术使命，具有读书与治学实用参考的功用。

---

① 王重民：《中国目录学史论丛》，中华书局，1984年，第3页。

（三）创立了"序"类文体

《汉书·艺文志》载:"《易》曰:'河出图,洛出书,圣人则之。'故《书》之所起远矣,至孔子纂焉,上断于尧,下讫于秦,凡百篇,而为之序,言其作意。"孔子作百篇《书》序的说法,已无法证实。但孔子以《书》为重要教材教授学生,一些《书》序文字,出自孔子之口,或许是可信的。今存《尚书》有二十多篇"序"文,如:

> 《盘庚》:"盘庚五迁,将治亳殷,民咨胥怨,作《盘庚》三篇。"
> 《牧誓》:"武王戎车三百两,虎贲三千人,与纣战于牧野,作《牧誓》。"
> 《大禹谟》:"皋陶矢阙谟,禹成阙功,帝舜申之,作《大禹》《皋陶谟》《益稷》。"
> 《康诰》:"成王既伐管叔、蔡叔,以殷余民封康叔,作《康诰》《酒诰》《梓材》。"[1]

从序文内容上看,大都是对作品写作背景的揭示,也就是"言其作意",说明作品产生的由来;从序文内容揭示的方法看,既有对一篇作品写作背景的揭示,也有对多篇作品同一写作背景的揭示(如《大禹谟》《康诰》)。但《书》序与《孔子诗论》,哪个产生年代更早呢?我们认为,《孔子诗论》的产生,是早于《书》序的。《孔子诗论》中"论诗",除了揭示作品内容外,还体现了多样化的特点。如:

> 第二十二简:……之。《宛丘》曰:"洵有情","而亡望",吾善之。《猗嗟》曰:"四矢反","以御乱",吾喜之。《鸤鸠》曰:"其仪一氏",是"心如结"也,吾信之。《文王》□:"文王在上,于昭于天",吾美之。

---

[1] 皮锡瑞撰,盛冬铃、陈抗点校:《今文尚书考证》,中华书局,1989年,第479—534页。

第二十三简：……《鹿鸣》以乐司而会以道，交见善而效，终乎不厌人。《兔罝》其用人，则吾取……①

第二十二简把《宛丘》等四首诗中的一些诗句拈出来，直抒胸臆，表达自己的喜好。还保留有春秋时期"赋诗断章，余取所求"的意味，显示出孔子早期论诗记述的时代特征。第二十三简则对《鹿鸣》一诗三章主旨分别加以揭示，与全书内容大多是揭示单篇作品主旨不同。它间接说明，《孔子诗论》中的诗论，并非一时之作，是孔子早期说《诗》到晚期说《诗》资料的汇辑，其中不乏孔子弟子和再传弟子的修饰甚至补充资料。而《书》序体例整齐划一，大都"言其作意"，只着眼于揭示作品产生的背景，即使出自孔子之手，也一定是其晚期集中时间精力撰写之作。至于另一部"序"类作品——《易》传之一的《序卦》，是否出自孔子，亦难考定。其论述六十四卦编排次序和其前后相承的意旨的做法，与《孔子诗论》是有些相近的。孔子自己说"晚而喜《易》"，但即便为孔子所作，《序卦》也应该晚于《孔子诗论》中的许多说诗内容。抑或"实至名归"，先有此类文体的出现，后以"序"名加之欤？

《孔子诗论》作为最早面世的"序"类著作，是将"对一类具有相同或相近性质意义文献的'序说'"与对单篇文献内容的揭示结合在一起的。交叉渗透，互为补充。它是单种图书内容品评目录学揭示的典范，为后代综合性的私撰目录学著述、史书目录学著述、官修目录学著述提供了重要指引和借鉴。由此可见，成书于汉代的《毛诗序》、刘向刘歆父子私撰的《别录》《七略》、班固《汉书·艺文志》、唐代魏征等《隋书·经籍志》、清代纪昀等《四库全书总目》均不是无源之水，无本之木。而"序"类文体的面世，则为评介文献内容、说明创作意图和背景、讲述文献内篇章结构编排次第的缘由等，提供了一种可参考使用的"范式"。借助于这种文体，以及在这种文体的基础上借题发挥，我国历史上众多优秀的作者，写下了许多光辉灿烂的不朽篇章，如司马迁《太史公自序》、欧阳修《五代史·伶官传序》、李清照《金石录后序》、文天祥《指南录后序》，等等。这些篇章与日月同辉，与山河同在，在中国文化的

---

① 马承源主编：《上海博物馆藏战国楚竹书·孔子诗论》（一），上海古籍出版社，2001年，第34—35页。

历史长卷中，浓墨重彩，艳丽夺目。对于文献读者来说，几千年来，"序"类目录学著述和美文，源源不断地提供了许许多多文献作品本身以外的，介绍有关作者生平经历、写作背景、作品结构、体例、主旨、情感意趣等方面的信息，帮助了千千万万读者对文献作者和文献内容的深入了解。其对中国文化的沟通流传与继承功用，也是足可彪炳史册的。

第二章　类序的发展与演变（上）

一、成书于西汉的《毛诗序》

上章我们已经论述，《孔子诗论》是我国最早的类序，它对《诗经》中《颂》《大雅》《小雅》《风》各类诗歌的意义大旨，以及许多具体诗篇的内涵主题，做了深入的揭示。但是，有一个我们还没有涉及的问题：《毛诗序》问题。这是无法绕过去而必须阐明的问题。萧兵先生曾用列表的方式，列举汉代以来有关《毛诗序》作者的见解，具代表性的就有二十多种，其中以"子夏作"为最早。[①] 子夏姓卜，名商，是孔子的学生。如果《毛诗序》真为子夏所作，那就比《孔子诗论》更早了。我们先来看《汉书·艺文志》对《毛诗》的记载：

> 《毛诗》二十九卷
>
> 《毛诗故训传》三十卷

汉初《诗经》定本为二十八卷，《毛诗》怎么有二十九卷？清代王引之和王先谦都认为其中多的一卷就是"序"文，这应该是符合事实的，学术界也没有多少异议。《毛诗故训传》三十卷，则有不同的意见。王引之认为："毛公作《传》，分《周颂》为三卷，又以《序》置诸篇之首，是三十卷也。"[②] 王先谦则认为："古经传皆别行，取二十八卷之经，析《邶》《鄘》《卫风》为三

---

① 萧兵：《孔子诗论的文化推绎》，湖北人民出版社，2006年，第4—5页。

② 王引之：《经义述闻》，江苏古籍出版社，1985年，第182页。

卷，故为三十卷也。"① 清代马瑞辰《毛诗传笺通释》说："散言则故、训、传俱可通称，对言则故、训与传异。连言故训与分言故训者又异。故训又作诂训。诂训第就经文所言者而诠释之。传则并经文所未言者而引申之，此诂训与传之别也。毛公释《诗》，实兼诂、训、传三体，故名其书为《诂训传》。"② 我们认为，马氏的解说是正确的。三十卷本，应该是包括收"经"以外的毛公对《诗》中每篇难懂字词的阐释文字（"诂训"）和对其"本事"论述文字（"传"——亦包含"序"的内容）的本子。《毛诗序》的"序"又包括哪些内容呢？据郑玄为《南陔》等三首逸诗《序》文所作《笺》释："此三篇者，《乡饮酒》《燕礼》用焉。曰笙入立于县中，奏《南陔》《白华》《华黍》是也。孔子说《诗》，'《雅》《颂》各得其所'时俱在耳。篇第当在于此。遭战国及秦之世而亡之。其义则与众篇之义合编，故存。至毛公为《诂训传》，乃分众篇之义，各置于其篇端云。"③ 据郑玄的说法，则"序"文应该包括现存之论述《诗》的社会功用和《风》《雅》《颂》各类诗旨的"大序"和《诗》各篇"言其作意"的"小序"。原来大序和小序是合在一起的，毛公作《诂训传》时，把这些"小序"分别安置在各篇诗的题下去了。至于"序"的作者，《汉书·艺文志》载："又有毛公之学，自谓子夏所传，而河间献王好之，未得立。"毛公自己说出自子夏所传——这便是"子夏作"的由来。三国时吴人陆玑《毛诗草木鸟兽虫鱼疏》坐实其说法，对《诗》序传承授受解释的最详细："孔子删《诗》，授卜商，商为之序，以授鲁人曾申，申授魏人李克，克授鲁人孟仲子，仲子授根牟子，根牟子授赵人荀卿，荀卿授鲁国毛亨。亨作《诂训传》，以授赵国毛苌。时人谓亨为大毛公，苌为小毛公。"④ 是否据此就可定论《毛诗序》为子夏所作呢？

我们认为，子夏作《毛诗序》的观点是难以成立的。

首先，汉初传《诗》者鲁、齐、韩三家，当时立于学官，《毛诗》则"不

---

① 班固撰，王先谦补注，上海师范大学古籍研究所整理：《汉书补注》，上海古籍出版社，2008年，第2916页。

② 马瑞辰：《毛诗传笺通释》，山东友谊书社，1992年，第27页。

③ 毛亨传，郑玄笺，孔颖达疏，《十三经注疏》整理委员会整理，李学勤主编：《十三经注疏·毛诗正义》，北京大学出版社，1999年，第610页。

④ 陆玑：《毛诗草木鸟兽虫鱼疏》，文渊阁《四库全书》本，台湾商务印书馆，1986年，第70册，第21页。

登大雅之堂"，未能跻身"官学"，说明其时《毛诗》并未引起官方重视。刘向、刘歆父子遍校群书，见多识广。班固将其编写的《别录》《七略》论述文字纂入《汉书·艺文志》中，毛公"自谓子夏所传"的记述，显然流露出了向、歆父子对毛亨"子夏所传"说辞的不信任。

其次，按照陆玑的说法，荀卿是子夏《诗序》的第五代传人，但他却在《荀子·非十二子》中说："正其衣冠，齐其颜色，嗛然而终日不言，是子夏氏之贱儒也。"① 表达出对子夏一派儒者的鄙视。尊崇师教，是儒家学派的传统。荀子果真是子夏五传弟子的话，说出这种"欺师灭祖"，诋毁师祖的话来，与其身份显然不符。

第三，我们再看《毛诗序》文本：

> 诗者，志之所之也，在心为志，发言为诗。情动于中而形于言，言之不足，故嗟叹之，嗟叹之不足，故咏歌之，咏歌之不足，不知手之舞之足之蹈之也。情发于声，声成文谓之音。治世之音安以乐，其政和；乱世之音怨以怒，其政乖；亡国之音哀以思，其民困。故正得失，动天地，感鬼神，莫近于诗。先王以是经夫妇，成孝敬，厚人伦，美教化，移风俗。故诗有六义焉：一曰风，二曰赋，三曰比，四曰兴，五曰雅，六曰颂。上以风化下，下以风刺上，主文而谲谏，言之者无罪，闻之者足以戒，故曰风。至于王道衰，礼义废，政教失，国异政，家殊俗，而变风变雅作矣。国史明乎得失之迹，伤人伦之废，哀刑政之苛，吟咏情性，以风其上，达于事变而怀其旧俗者也。故变风发乎情，止乎礼义。发乎情，民之性也；止乎礼义，先王之泽也。是以一国之事，系一人之本，谓之风；言天下之事，形四方之风，谓之雅。雅者，正也，言王政之所由废兴也。政有大小，故有小雅焉，有大雅焉。颂者，美盛德之形容，以其成功告于神明者也。是谓四始，诗之至也。②

① 安小兰译注：《荀子》，中华书局，2007年，第69页。

② 毛亨传，郑玄笺，孔颖达疏，《十三经注疏》整理委员会整理，李学勤主编：《十三经注疏·毛诗正义》，北京大学出版社，1999年，第6—19页。

很明显，其中一些内容与《乐记》中的内容吻合：

> 凡音者，生人心者也。情动于中，故形于声。声成文，谓之音。是故治世之音安以乐，其政和。乱世之音怨以怒，其政乖。亡国之音哀以思，其民困。声音之道，与政通矣。
>
> 故歌之为言也，长言之也。说之，故言之；言之不足，故长言之；长言之不足，故嗟叹之；嗟叹之不足，故不知手之舞之，足之蹈之也。①

《乐记》中的这些论述，《毛诗序》几乎是直接"拿来"，《毛诗序》受《乐记》影响之深，不言而喻。而《乐记》是在采集众多资料的基础上编写出来的，《汉书·艺文志》有明确的记载："武帝时，河间献王好儒，与毛公等共采《周官》及诸子言乐事者以作《乐记》。"②可见，毛亨是《乐记》的主要纂辑者，《毛诗序》即便不是出自毛亨的"创作"，也是他对前人文献中有关论述的整理综论，根本就不是什么子夏的嫡传文字。

第四，《毛诗序》类序文本还有一个特点，即按《风》《小雅》《大雅》《颂》次第，着眼于论述不同类别诗歌的社会政治功用。如把《风》诗定义为"化下"和"刺上"的工具，强调其教化和劝谏的功能；把《小雅》《大雅》诗内容框定为阐明"王政废兴"的缘由，强调其可为执政参考的功用，等等。在大序思想的指引下，各篇小序更将其"作意"多认定为"美刺"之作。朱自清《诗言志辨》曾做过统计分析：

> 《诗序》主要的意念是美刺。风雅各篇序中明言"美"的二十八，明言"刺"的一百二十九。两共一百五十七，占风雅诗全数百分之五十九强。③

---

① 张树国点注：《礼记》，青岛出版社，2009年，第165页，第176页。
② 班固：《汉书·艺文志》，中华书局，1962年，第1712页。
③ 朱自清：《诗言志辨》，见《朱自清说诗》，上海古籍出版社，1998年，第6页。

　　《毛诗序》的这些思想，远离《风》《雅》本旨，与汉初儒家说《诗》思想契合，体现出了时代思想的印记。

　　第五，当代一些学者对《毛诗序》的作者和成书做了有益的研究，认为《毛诗序》与毛亨及其所处时代密切相关。如王洲明先生探索了《毛序》和《毛传》的关系，统计《传》义与《序》义相同或基本相同的有八十三篇之多，认为毛亨是形成《毛诗序》的关键人物。① 赵茂林先生从《毛诗序》有相对一致的解释思路；《风》《雅》各部分序表现出一定的系统性；《毛诗序》与三家《诗》的关系；《序》《传》关系；《序》的资料来源等角度，探讨了《毛诗序》的成型时间，断定其成书于汉景帝前元二年至中元五年之间，等等。② 虽未明言毛亨是《毛诗序》的创作者，亦可作为《毛诗序》成篇于毛亨之手的辅证。

　　综上所述，我们认为，《毛诗序》成书于汉初，毛亨是《毛诗序》的主要作者。或许其中纂入了一些先秦儒家的说《诗》资料，也是经过毛亨之手有所增删和润色的，打上了汉初儒家思想的烙记。《孔子诗论》的成书，远远早于《毛诗序》，我们不能把《毛诗序》当作类序的创始者。这里还要说明的是，《毛诗序》有"小序""大序"之分。小序是指传自汉初《毛诗》三百零五篇中每篇的题解，并非类序，与后来书目、类书中的小序是完全不同的概念。我们通常说的《毛诗序》大序，即前所引列于《诗经》首篇《关雎》题解后的序言。虽然《毛诗序》非类序的创始，但《毛诗序》在类序发展的历史进程中，也是发挥了其特有的作用的：第一，《诗》大序的写作，较之《孔子诗论》类序对《颂》《雅》《风》几类诗的诗歌大旨的归纳揭示，篇幅更多，也更深入透彻。尤其是明确地指出诗歌劝谏帝王的功用，对社会人伦和谐与教化的功用，移风易俗的功用等，将对诗歌功能的认识分析与社会结合起来，凸现和强调了诗歌的社会功用。第二，《孔子诗论》现存出土竹简本，内容残缺不全，无法窥其全貌。或许春秋末和战国时期，曾流行一时，但由于战国和秦汉时期的战火，始皇帝的焚书坑儒，致使传承授受中断，未能流行于世。而《毛

---

　　① 王洲明：《关于〈毛诗序〉作期和作者的若干思考》，《文学遗产》2007 年第 2 期。但其"《序》产生在前，《传》产生在后"的观点，笔者不苟认同。

　　② 赵茂林：《从汉代四家〈诗〉的异同看〈毛诗序〉的成型时间》，《孔子研究》2014 年第 2 期。

诗序》在汉代儒家《诗》教文化的传承中，发挥其教学指导作用的同时，亦为后代类序及序类文体的写作，提供了重要的参考和借鉴。

二、战国秦汉间著述自序：类序的“变体”

春秋战国时期，是中国历史上重要的变革时期。一方面，礼崩乐坏，传统的政治维护体系、价值观念受到了极大的冲击，周王朝的统治也由名存实亡到彻底坍塌；另一方面，学术呈现出空前的繁荣。诸子百家纷纷聚徒讲学，著书立说，发表自己的政治见解，产生了丰富多彩的诸子文献。为宣扬自己的主张，批驳不同的观点，他们往往参考和运用类序的写作方法，或在著述中胪列各家要旨，作为批驳的靶子，如《荀子》书中的《非十二子》；或在著述中撰写“自序”，比较各家学说优劣短长，作为抬高自己学说的参照，如《庄子》书中的《天下》篇。

《庄子·天下》篇的作者，学术界历来多有争议。如罗根泽先生的《诸子考》认定为庄子本人的作品，“是庄子的自序”。而杨柳桥先生认为，《天下》篇中把“邹鲁之士、缙绅先生”修订的“五经”看作是可以“见天下之纯、古人之大体”的正统学派，而把“百家之学”看作是“天下大乱，圣贤不明，道德不一，天下多得一察焉以自好”“道术将为天下裂”的“不该不偏”的流派，不符合庄子的思想，因而不是庄子本人的作品。① 但无论是庄子自作，还是学生后学所作，《天下》篇置于全书之后，具有“序”的意味，则是大多数学者都赞成的看法。下面我们来看看《庄子·天下》中的几段文字：

> 不侈于后世，不靡于万物，不晖于数度，以绳墨自矫，而备世之急。古之道术有在于是者。墨翟、禽滑厘闻其风而说之。……墨翟、禽滑厘之意则是，其行则非也。将使后世之墨者，必以自苦腓无胈、胫无毛相进而已矣。乱之上也，治之下也。虽然，墨子真天

---

① 杨柳桥：《庄子译诂·庄子“三言”试论》，上海古籍出版社，1991年，第4页。

下之好也，将求之不得也，虽枯槁不舍也，才士也夫！

不累于俗，不饰于物，不苟于人，不忮于众，愿天下之安宁，以活民命，人我之养，毕足而止，以此白心。古之道术有在于是者。宋钘、尹文闻其风而说之。……以为无益于天下者，明之不如已也。以禁攻寝兵为外，以情欲寡浅为内。其小大精粗，其行适至是而止。

公而不党，易而无私，决然无主，趣物而不两，不顾于虑，不谋于知，于物无择，与之俱往。古之道术有在于是者。彭蒙、田骈、慎到闻其风而悦之。齐万物以为首……彭蒙、田骈、慎到不知道。虽然，概乎皆尝有闻者也。

以本为精，以物为粗，以有积为不足，澹然独与神明居。古之道术有在于是者。关尹、老聃闻其风而说之。建之以常无有，主之以太一。以濡弱谦下为表，以空虚不毁万物为实。……人皆取先，己独取后。曰："受天下之垢。"人皆取实，己独取虚。"无藏也故有余。"岿然而有余。其行身也，徐而不费，无为也而笑巧。人皆求福，己独曲全。曰："苟免于咎。"以深为根，以约为纪。曰："坚则毁矣，锐则挫矣。"常宽容于物，不削于人。虽未至于极，关尹、老聃乎，古之博大真人哉！

寂寞无形，变化无常。死与？生与？天地并与？神明往与？芒乎何之？忽乎何适？万物毕罗，莫足以归。古之道术有在于是者。庄周闻其风而说之。……以卮言为曼衍，以重言为真，以寓言为广。独与天地精神往来，而不敖倪于万物。不谴是非，以与世俗处。其书虽瑰玮，而连犿无伤也。其辞虽参差，而諔诡可观。彼其充实，不可以已。上与造物者游，而下与外死生、无终始者为友。其于本也，弘大而辟，深闳而肆；其于宗也，可谓调适而上遂矣。虽然，其应于化而解于物也，其理不竭，其来不蜕，芒乎昧乎，未之尽者。[①]

上述文字，介绍了诸家学派产生的由来，评述了他们各执一端的学说内

---

① 杨柳桥：《庄子译诂》，上海古籍出版社，1991年，第698—714页。

涵和一些具体的行为举措，无"序"之名，而有"序"之实。其行文虽不及《逍遥游》之类篇章汪洋恣肆，但思维活泼跳跃，对各家主旨的评骘褒贬文字，富有感情色彩。较之《孔子诗论》类序、《书》序、《序卦》的论述文字，篇幅更大，涉及面更广阔，论说和分析也更深入。开创了后来文献中运用"序"文体分类揭示和评论诸子百家著述的先河。但各家学说，并不是《庄子》书中介绍或评述的主要内容，因此，"自序"并非对自己所著书的内容或编排次第的揭示，只是借助于类序文体，运用其样式来表达自己的思想感情和对他人学说的见解而已。

《淮南子·要略》则是一篇构思周密，体例谨严的自序。序文较长，这里引用时略做删节：

　　夫作为书论者，所以纪纲道德，经纬人事，上考之天，下揆之地，中通诸理，虽未能抽引玄妙之中才，繁然足以观终始矣。总要举凡，而语不剖判纯朴，靡散大宗，惧为人之惛惛然弗能知也，故多为之辞，博为之说。又恐人之离本就末也。故言道而不言事，则无以与世浮沉，言事而不言道，则无以与化游息。故著二十篇，有《原道》、有《俶真》、有《天文》、有《墬形》、有《时则》、有《览冥》、有《精神》、有《本经》、有《主术》、有《缪称》、有《齐俗》、有《道应》、有《氾论》、有《诠言》、有《兵略》、有《说山》、有《说林》、有《人间》、有《修务》、有《泰族》也。

　　《原道》者，卢牟六合，混沌万物，象太一之容，测窈冥之深，以翔虚无之轸。托小以苞大，守约以治广，使人知先后之祸福，动静之利害。诚通其志，浩然可以大观矣。欲一言而寤，则尊天而保真；欲再言而通，则贱物而贵身；欲参言而究，则外物而反情。执其大指，以内洽五脏，澹渍肌肤，被服法则，而与之终身，所以应待万方，览耦百变也。若转丸掌中，足以自乐也。

　　《俶真》者，穷逐终始至化……

　　凡属书者，所以窥道开塞，庶后世使知举错取舍之宜适，外与物接而不眩，内有以处神养气，宴炀至和，而己自乐所受乎天地者也。故言道而不明终始，则不知所仿依；言终始而不明天地四时，则不知所避讳；言天地四时而不引譬援类，则不知精微；……故著书二十篇，则天地之理究矣，人间之事接矣，帝王之道备矣。其言有小有巨，有微有粗，指奏卷异，各有为语。今专言道，则无不在焉，然而能得本知末者，其唯圣人也。今学者无圣人之才，而不为详说，则终身颠顿乎混溟之中，而不知觉寤乎昭明之术矣。

……夫道论至深，故多为之辞以抒其情；万物至众，故博为之说以通其意。辞虽坛卷连漫，绞纷远缓，所以洮汰涤荡至意，使之无凝竭底滞，卷握而不散也。夫江河之腐胔不可胜数，然祭者汲焉，大也。一杯酒白，蝇渍其中，匹夫弗尝者，小也。诚通乎二十篇之论，睹凡得要，以通九野，径十门，外天地，捭山川，其于逍遥一世之间，宰匠万物之形，亦优游矣。若然者，挟日月而不姚，润万物而不耗。曼兮洮兮，足以览矣！藐兮浩兮，旷旷兮，可以游矣！

文王四世累善……

秦国之俗，贪狼强力，寡义而趋利。可威以刑，而不可化以善；可劝以赏，而不可厉以名。被险而带河，四塞以为固，地利形便，畜积殷富。孝公欲以虎狼之势而吞诸侯，故商鞅之法生焉。

若刘氏之书，观天地之象，通古今之事，权事而立制，度形而施宜，原道之心，合三王之风，以储与扈冶。玄眇之中，精摇靡览，弃其畛挈，斟其淑静，以统天下，理万物，应变化，通殊类，非循一迹之路，守一隅之指，拘系牵连之物，而不与世推移也。故置之寻常而不塞，布之天下而不窕。[①]

序文内容大体上可以分为三个部分。第一部分从"夫作为书论者"到"有《泰族》也"，主要说明自己著述的目的，即"言其作意"：著书立说的目的，就在于"纪纲道德，经纬人事"，即以道德为纲纪，规划人世间的事。上考察天象的变化规律，下揆度地表的万事万物，两者之中贯通人间各种事理。即使

---

① 何宁：《淮南子集释》下，中华书局，1998年，第1437—1463页。

这部书不能把深奥玄妙的道理提炼出来，但论述的内容广泛，也完全能够由此观察事物的终始了。如果只是提纲挈领地说明大概的意思，而不剖白最基本的材料，分析事物的本质，则担心别人读后如坠云里雾里，不明白作者的用心，因此多写了一些文字，从不同的维度加以阐述说明，又担忧读者舍本求末，抓不住要点。所以谈大道而不谈人事，便没有融入社会；谈论人事而不谈大道，便不能顺应自然——这段话，类似于《毛诗》中的大序，开宗明义，说明《淮南子》全书的主旨，在于探究天、地、人三者的大道理，以及申述本文篇幅较多的原因。第二部分从"《原道》者，卢牟六合"到"可以游矣"，是二十篇的目录解题，以及篇次顺序安排的说明。其功用相当于《诗经》的小序和《易经》的《序卦》。进一步深入介绍二十篇从不同维度论述了"天地之理""人间之事""帝王之要"的原由是：学者无圣人之才，不为详说，就会"终身颠顿乎混溟之中，而不知觉寤乎昭明之术"。且"道论至深"，"万物至众"，只有多用辞语抒发情怀，博为论证通达事理，才能涤荡淘汰人们的固有观念，使其无郁结壅塞，接受和掌握书中要旨。读者只要了解二十篇的论述，理解把握其概要和旨意，就能够逍遥于人世之间，执宰万物之形，悠然自得了。第三部分从"文王四世累善"到"布之天下而不窕"，近似于《尚书》序的写作，叙述古代诸子学说产生的时代背景，并暗示他们的学说是"循一迹之路，守一隅之指，拘系牵连之物，而不与世推移"的，是为适应当时社会政治某些需要而产生的，是特定时代的产物，受特殊条件的制约，因而也就不可能在任何时代都是适用的。只有自己所著《淮南子》这部书，"观天地之象，通古今之事"，论述的道理是可以"统天下，理万物，应变化，通殊类"的，是没有任何时代和事类局限的放之四海而皆准的真理。

可见，《要略》这篇自序，受《诗经》大序和小序、《易经·序卦》和《尚书》序的综合影响是很深的。将作者自己著述的社会功用提升到"纪纲道德，经纬人事"的高度；对每篇文献主旨阐释解说；对书中二十篇先后顺序安排进行说明，叙述诸子产生的背景等，融大序与小序的写法于一炉，可以看作是一种类序的"变体"，也是"序"这种文体成熟的标志。由于自己给自己的著述写序相较他人写序，更加了解著述内容体例，序文可长可短，不受约束，所以在表述观点时，可以酣畅淋漓地直抒胸臆，也可以一而再、再而三地深入论证阐明道理，以便读者更容易理解和接受著述宗旨和相关见解。此后，司马迁《史记·太史公自序》、班固《汉书·叙传》、许慎《说文解字·叙》等，都或多或少地保存了类序文体"揭示写作大旨"、"篇目解题"、"言其作意"（说明创作背景）的特征，但为了做到这些，有时就不是三言两语能解决问题的。如司马迁在自序中为说清楚创作背景和用意，不得不用大段文字说明自己的家世和遭遇，与《尚书》序用几个字"言其作意"就不可同日而语了。但其有关七十篇内容主旨提要性质的文字，亦保存了类似于"小序"的功能，体现出了与序类文体一脉相承的特点。

三、《七略·辑略》：从一书类序到群书类序

秦火之后，中国典籍遭受了史无前例的劫难。楚汉相争结束不久，西汉王朝就"大收篇籍，广开献书之路"，征集民间藏书。成帝时，又任命谒者陈农专门负责天下图书的收集工作。经过几届政府持续的努力，"外则有太史、博士之藏，内则有延阁、广内、秘府之室"①，"书积如丘山"。但这些采集来的藏书，"书缺简脱"，毁损严重，散佚、窜乱、伪造的现象也在所不免，对它们进行一次全面的整理势在必行。成帝河平三年（公元前 26 年），光禄大夫刘向被委任为主要负责人，与步兵校尉任宏、太史令尹咸、侍医李柱国等，分别负责整理经传、诸子、诗赋、兵书、数术和方技等典籍，校雠讹文脱简、错简和乱简，条别篇章，写成定本，编定目次。在每一部书整理完毕后，刘向便撰写一篇叙录，说明这部书的校雠过程及章节窜乱和文字错讹情况、作者生平、书籍的真伪、内容大要和学术源流及其价值。这些叙录后来汇集成了一部书，这就是我国第一部图书目录《别录》。遗憾的是，《别录》未能流传保存下来。现在我们能见到的，只有《管子叙录》《晏子叙录》《列子叙录》《荀子叙录》《战国策叙录》等数篇而已。兹举《列子叙录》篇如下：

---

① 班固：《汉书·艺文志》，中华书局，1962 年，第 1702 页注引《七略》中语。

天瑞第一 黄帝第二 周穆王第三 仲尼第四（一曰极知） 汤问第五 力命第六 杨朱第七（一曰达生） 说符第八

右新书定著八篇。护左都水使者，光禄大夫臣向言：所校中书《列子》五篇，臣向谨与长社尉臣参校雠太常书三篇，太史书四篇，臣向书六篇，臣参书二篇。内外书凡二十篇。以校除复重十二篇，定著八篇。中书多，外书少。章乱布在诸篇中。或字误以"尽"为"进"，以"贤"为"形"，如此者众。及在新书有栈，校雠从中书，已定皆以杀青，书可缮写。

列子者，郑人也。与郑缪公同时，盖有道者也。其学本于黄帝、老子，号曰道家。道家者，秉要执本，清虚无为。及其治身接物，务崇不竞，合于六经。而《穆王》《汤问》二篇，迂诞恢诡，非君子之言也。至于《力命》篇一推分命，杨子之篇唯贵放逸，二义乖背，不似一家之书。然各有所明，亦有可观者。孝景皇帝时，贵黄老术，此书颇行于世。及后遗落，散在民间，未有传者。且多寓言，与庄周相类。故太史公司马迁不为列传。谨第录。臣向昧死上。护左都水使者，光禄大夫臣向所校《列子书录》，永始三年八月壬寅上。①

由上面引文我们可以得知，刘向校书主要是四个方面的工作：广罗异本，相互校补；条别篇章，确定书名、篇名或篇数；校勘脱文、脱简、乱简和错讹文字，写成定本；提要钩玄，撰写叙录。叙录的内容主要分两部分，其一为校雠经过的叙述，其二为作者生平及学术思想、学术源流的介绍与评述。刘向死后，哀帝令刘歆继承父业，继续负责整理群书的工作。

据《汉书·楚元王传》载：

歆字子骏，少以通《诗》《书》能属文召，见成帝，待诏宦者署，为黄门郎。河平中，受诏与父向领校秘书，讲六艺传记，诸子、诗赋、数术、方技，无所不究。向死后，歆复为中垒校尉。

① 刘向、刘歆撰，姚振宗辑录，邓骏捷校补：《七略别录佚文》，上海古籍出版社，2008年，第54—56页。

　　　　哀帝初即位，大司马王莽举歆宗室有材行，为侍中太中大夫，
　　迁骑都尉，奉车光禄大夫，贵幸。复领五经，卒父前业。歆乃集六
　　艺群书，种别为《七略》。[①]

　　刘歆少年便显示出了非凡的才华，并参与了其父主持的皇家校书工作。
"六艺传记，诸子、诗赋、数术、方技，无所不究"，是一个百科全书式的学
者。在刘向去世后，刘歆子承父业，完成了全部图书的整理。其主要的工作，
是汇集群书，"种别为《七略》"。所谓"种别"，就是将全部著述进行分类，
区别为六大类、三十八小类。前人或许已对六艺、诸子、诗赋、兵书、数术、
方技等六大类的概念有一定的认识，但三十八小类的区分，是更细致深入的认
知体现。没有对每部著作的深入阅读了解，没有对所有著作的整体分析评判，
是不可能对全部著作区别分类的。而类名的准确定位，又是每部著作"各归其
类"的前提。因此，刘歆所做的工作，一是阅读经整理后的全部著作，了解每
部书的内容特征，把握学术整体概貌；二是设置大类小类类名，将群书归隶于
六艺、诸子、诗赋、兵书、数术、方技等"六略"及下属三十八小类。王重民
先生认为，大小类别的划分，刘向生前"应该都有了一定的意见和草稿"[②]，
但仅为推测，并无实据。《汉书》明说刘歆的主要工作是"种别为《七略》"，
则设置类名，特别是"种"（小类）的设置，分类归类，应当是刘歆的功绩；
三是针对六大类、三十八小类下每类著作撰写总类序，即"辑略"。最后，将
全部图书汇总编成我国第一部分类目录《七略》。
　　刘歆"部次流别，申明大道，叙列九流百氏之学，使之绳贯珠联，无少
缺逸，欲人即类求书，因书究学"[③]，其图书分类方面的贡献，前人多有论
述。他创造性地将类序的写作样式运用到书目的编纂当中，使传统的一书内容
的类序转变为群书内容的类序，更是前无古人的。盖一书内容的类序与群书类
序有本质性的不同：前者仅就一书内篇目内容主旨的同异做简单的归纳和比较
判别；后者要在了解把握群书内容，分类辨别的基础上，做出学术史式的梳

　　① 班固：《汉书·楚元王传》，中华书局，1962年，第1967页。
　　② 王重民：《中国目录学史论丛》，中华书局，1984年，第23页。
　　③ 章学诚：《校雠通义·互著》，见袁咏秋、曾季光主编：《中国历代图书著录文选》，北京
大学出版社，1997年，第327页。

理，写出每类著作的学术渊源、师承授受、流变发展之脉络。范文澜先生曾对《七略》给出极高的评价，认为"它不只是目录学、校勘学的开端，更重要地还在于它是一部极可贵的古代文化史。西汉有《史记》《七略》两大著作，在史学史上是辉煌的成就"[①]。他将《史记》《七略》相提并论，极具学术眼光。如果没有《别录》对中国文献的整理，很多著作无法保存和流传于世；没有《七略》的分类和剖析学术源流，我们也不可能对先秦形成的中国典籍文化和学术思想体系有系统深入的认识和把握。

　　《七略》遗佚已久，幸运的是，我们今天能借助于《汉书·艺文志》的传世而看到其类序文字的原貌。班固撰著《汉书》，将《七略》的成果纂入书中，编为《汉书·艺文志》一篇。其正文按六略内容区分为六略（大类）、三十八种（小类）、六百零三家。但每家仅著录书名、篇数卷数和作者，而将《辑略》中的类序文字按其内容分开，作为各六大类、三十八小类的大、小序散入其后，使类序论述和分类著录图书紧密地结合起来。读者在看到各家著作著录的同时，就能读到总论式的大、小序类序文字。《辑略》用"略"而不用"序"，明显是受到了《淮南子》"要略"的影响。如前所述，传统的类序或自序，都是针对一部著述而写的，无论是写作背景和写作主旨的介绍，篇章先后安排的说明，还是内容功用的揭示，相对来说，比较容易。《辑略》中的大序则不同。如《六艺略》大序：

　　　　六艺之文，《乐》以和神，仁之表也；《诗》以正言，义之用也；《礼》以明体，明者著见，故无训也；《书》以广听，知之术也；《春秋》以断事，信之符也。五者，盖五常之道，相须而备，而《易》为之原。故曰"《易》不可见，则乾坤或几乎息矣"，言与天地为终始也。至于五学，世有变改，犹五行之更用事焉。古之学者耕且养，三年而通一艺，存其大体，玩经文而已，是故用日少而畜德多，三十而五经立也。后世经传既已乖离，博学者又不思多闻阙疑之义，而务碎义逃难，便辞巧说，破坏形体；说五字之文，至于二三万言。后进弥以驰逐，故幼童而守一艺，白首而后能言；安其所习，毁所

[①] 范文澜：《中国通史简编》第三编，人民出版社，1964年，第126页。

　　不见，终以自蔽。此学者之大患也。序六艺为九种。①

　　《六艺略》大序要针对六大类、九小类下众多的图书来做介绍，而且九小类下还有小序。抓不住要点，就会散漫无归，甚至下笔千言，离题万里；面面俱到，则可能与小序纠缠一起，内容混淆重复。文字过长，可能喧宾夺主，让人难得要领；文字过少，则说不清楚问题。更为重要的是，学术主旨思想的表述要与时代的思想文化精神相契合。所以，大序的写作，十分困难。《六艺略》大序开始的这段话说《乐》是调和精神的，是"仁"的表征；《诗》是规范语言的，是"义"的功用；《礼》是阐明规矩的，明白的人很容易看出，所以不用阐释；《书》是拓宽人的见闻的，是获取知识的途径；《春秋》是推断事理的，是"信"的标准。这五种典籍，就是"仁、义、礼、智、信"的五常之道，相辅而齐备，《易》则是它们的本原。张舜徽先生《汉书艺文志通释》云："汉人释字解经，乃至称述万理，多傅会五行以为之说。此处既以五常说五经，又谓世有变改，犹五行之更用事，邻于曲说，未可信从。"②他的解释，说明了大序阐述的这些内容是当时社会思想文化的反映，是"未可信从"的。但五经社会功用的表述，符合汉代类序文体的"规范"。而接下来的一段话，专门就古今学者习经的方式进行对比，对当代经书传习者乖离经书大义，钻牛角尖的现象，"安其所习，毁所不见，终以自蔽"的恶劣习气做了无情的揭露，指出其为"学者之大患"，显示出了作者不同寻常的见解。

　　再看《儒家类》小序：

　　　　儒家者流，盖出于司徒之官，助人君顺阴阳明教化者也。游文于六经之中，留意于仁义之际，祖述尧舜，宪章文武，宗师仲尼，以重其言，于道最为高。孔子曰："如有所誉，其有所试。"唐虞之隆，殷周之盛，仲尼之业，已试之效者也。然惑者既失精微，而辟者又随时抑扬，违离道本，苟以哗众取宠。后进循之，是以五经乖

---

　　① 班固：《汉书·艺文志》，中华书局，1962年，第1723页。
　　② 张舜徽：《张舜徽集·汉书艺文志通释》，华中师范大学出版社，2004年，第254—255页。

析，儒学浸衰，此辟儒之患。①

　　自张舜徽先生《汉书艺文志通释》引用曹耀湘《墨子笺》中观点："刘歆之叙诸子，必推本于古之官守，则迂疏而鲜通"②以降，后来学者攻击刘歆九家出自王官观点者，多如过江之鲫。窃意曹氏"一字障目，不见泰山"，对"盖"字的理解实误。此处"盖"字，或然之词，大概之意，非无义之语助词，张先生与后来学者均未及细考也。《诸子略》大序："诸子十家，其可观者九家而已。皆起于王道既微，诸侯力政，时君世主，好恶殊方，是以九家之术蜂出并作，各引一端，崇其所善，以此驰说，取合诸侯。其言虽殊，辟犹水火，相灭亦相生也。仁之与义，敬之与和，相反而皆相成也。《易》曰：'天下同归而殊涂，一致而百虑。'今异家者各推所长，穷知究虑，以明其指，虽有蔽短，合其要归，亦六经之支与流裔。使其人遭明王圣主，得其所折中，皆股肱之材已。仲尼有言：'礼失而求诸野。'方今去圣久远，道术缺废，无所更索，彼九家者，不犹愈于野乎？若能修六艺之术，而观此九家之言，舍短取长，则可以通万方之略矣。"这里纵论诸子起源，并非出自王官，其观点用张舜徽先生的话来说，恰恰是"皆起于救世之弊，应时而兴"。及剖析其社会功用，尤得要领，洵为不刊之论。我们只有大序、小序通篇细细体会，方不误刘歆深思熟虑之用心。诸子各篇小序，突破《庄子·天下》《淮南子·要略》"以人名家"，点名式评点学术的局限，将有师承授受渊源或学术观点相同相近的学者放到一起，以"家"名之，在进一步明确指出诸家学说社会功用的同时，亦对其学术特点、学术弊端深入揭示无遗。《儒家类》小序开其端绪，盖司马谈"论六家要旨"以来，前进一大步也。

　　综上所述，《七略》类序划时代的贡献在于：其一，将一书类序创造性地运用到群书类序，开创了经传、诸子百家等六大类三十八小类群书撰写大序、小序的范例，标志着中国目录学的成熟；其二，大序、小序相辅相成，勾勒出中国学术发展的脉络，描述出了中国学术思想的源流体系；其三，奠定了史志书目的基础，为《汉书·艺文志》的问世直接提供了资料，为《隋书·经籍志》类序等后来书目类序的写作导了先路。

① 班固：《汉书·艺文志》，中华书局，1962年，第1728页。
② 张舜徽：《张舜徽集·汉书艺文志通释》，华中师范大学出版社，2004年，第346页。

第三章　类序的发展与演变（下）

四、《隋书·经籍志》：经史子集类序系统的成型

《汉书·艺文志》采用《七略》将汉代国家藏书区分为六略、三十八小类的分类体系。唐初，国家藏书的种类和数量都有了变化，这是由于社会政治环境变化、学术发展演变、社会进步等诸多因素造成的。汉末，宦官专权下的党锢之祸，使潜心经传的太学生受到残酷的迫害和打击。继之以曹操的"举贤不拘品行"，魏晋时期的九品中正制等，苦读钻研儒学经典已风光不再。即便皓首穷经，也不可能像汉代那样释褐为官，光耀门庭。汉代"独尊儒术"时期，经学一家独大，古文经学、今文经学传承讲授的师生云集，流派纷纭，著述汗牛充栋。到魏晋南北朝时期，儒家经学研究著述已日趋稀少。诸子百家如墨家、名家、阴阳家、纵横家等后学更是泯灭无闻，著述无以为继。天文、方技、数学类著作则日渐增多。南北朝时期道教的兴隆、佛教的鼎盛，道教图书、释氏经传译注和研究著述如雨后春笋般涌现，极一时之盛。史学著作从《汉书·艺文志》归属于《春秋》类仅十二种的附庸，到《隋书·经籍志》著录八百六十七种，蔚然成为学术重镇。魏晋南北朝以来帝王、士大夫对文学的爱好，促使文人创作蜂起，文集勃然而兴，著名文学创作理论著作也相继诞生，《汉书·艺文志》的诗赋略框架已无法收纳。此外，造纸术的发明，纸质载体大量应用于书籍的制作，两汉时期的竹简、丝帛载体不可与之同日而语。著述繁盛，种类更多，流行传布更快更广，图书馆收藏宏富，已是不争的事实。《隋书·经籍志》记载，隋代国家藏书多达一万四千四百六十六种、八万九千六百六十六卷，远超汉代藏书。显然，《汉书·艺文志》传统的分类体系已无法涵盖和应用到全部国家藏书。《隋书·经籍志》的编者在荀勖《中经新簿》和李充《晋元帝四部书目》的基础上，采用经史子集四部、四十二类

分类框架区分所收录图书，新的类目体系就应时而生了。我们用表格的方式，可以清楚地看到《汉志》与《隋志》类目的同异情况：

表 1 《汉书·艺文志》与《隋书·经籍志》类目同异

《汉书·艺文志》		《隋书·经籍志》	
六艺略	《易》、《书》、《诗》、《礼》、《乐》、《春秋》、《论语》、《孝经》、小学	经部	《易》、《书》、《诗》、《礼》、《乐》、《春秋》、《孝经》、《论语》、谶纬、小学
诸子略	儒、道、阴阳、法、名、墨、纵横、杂、农、小说	史部	正史、古史、杂史、霸史、起居注、职官、仪注、刑法、杂传、地理、谱系、簿录
诗赋略	屈原赋之属、陆贾赋之属、荀卿赋之属、杂赋、歌诗	子部	儒、道、法、名、墨、纵横、杂、农、小说、兵、天文、历数、五行、医方
兵书略	兵权谋、兵形势、兵阴阳、兵技巧	集部	楚辞、别集、总集
术数略	天文、历谱、五行、蓍龟、杂占、刑法	道经部	
方技略	医经、经方、房中、神仙	佛经部	

由上表我们可以看到，《隋书·经籍志》经部对应《汉书·艺文志》六艺略，仅增加了"谶纬"类目，收录谶书和纬书，反映了秦汉以来产生，尤其是东汉时期这类图书社会盛行的情况。史部十二个类目的设置安排，考虑到了史部著述繁多，不同图书内容的归类需要。子部将《汉书·艺文志》诸子、兵

书、术数、方技四略合并，体现了编者睿智的学术观：人们针对不同或共同社会研究对象的学术研究见解或记述，都可以用"诸子百家"即子部来统摄。集部虽着眼于文献内容，设类却主要根据文献的形成形式。因集部文献并非全都是诗赋等文学作品，如《贾谊集》《董仲舒集》等。后代目录学著作，大都沿袭未改。类目的设置，是类序撰写的前提。新类目安排妥当后，类序的撰写自然也就成了全新的课题。《汉书·艺文志》原有的类目，《隋书·经籍志》类序写作要考虑的是推陈出新；《汉书·艺文志》没有的类目，《隋书·经籍志》编者更要冥思苦想，自出心裁，写出特色。比如史部大序及其门下各小序，集部门下别集、总集小序，附录的道经、佛经小序，等等，这些都是《汉书·艺文志》所没有的全新内容。如史部大序：

> 夫史官者，必求博闻强识，疏通知远之士，使居其位，百官众职，咸所贰焉。是故前言往行，无不识也；天文地理，无不察也；人事之纪，无不达也。内掌八柄，以诏王治，外执六典，以逆官政。书美以彰善，记恶以垂戒，范围神化，昭明令德，穷圣人之至赜，详一代之囊橐。自史官废绝久矣，汉氏颇循其旧，班、马因之。魏晋已来，其道逾替。南、董之位，以禄贵游；政、骏之司，罕因才授。故梁世谚曰："上车不落则著作，体中何如则秘书。"于是尸素之俦，盱衡延阁之上；立言之士，挥翰蓬茨之下。一代之记，至数十家，传说不同，闻见舛驳，理失中庸，辞乖体要。致令允恭之德，有阙于典坟；忠肃之才，不传于简策。斯所以为蔽也。班固以《史记》附《春秋》，今开其事类，凡十三种，别为史部。①

《汉书·艺文志》大类类序，一般是先绍介学术起源或学术功用。《隋书·经籍志》史部大类类序，没有因循旧轨，而是强调史官人选所应具备的素质。作者认为，史官从人品来说，必须是"博闻强识而让，敦善行而不怠"的

---

① 长孙无忌等：《隋书·经籍志》影印本，《丛书集成新编》，台北新文丰出版股份有限公司，1985年，第135页。

君子①。从才识来说，必须是"疏通知远"，上通天文，下知地理，前人言行等人事方面的记载等亦无不知晓的通才。这样的人才适居其位，能兼负众职，上通下达，辅助君王治理国家。他们撰写的史书，就能叙美扬善，记恶垂戒，天下得以教化，圣人美德就能昭章较著，一一彰显。在褒扬汉代班固、司马迁之后，类序重点揭露了魏晋以来史官不得其人，尸位素餐现象和造成的后果。正反两方面形成的强烈对比，使读者对史官学识、才能、职责、效用等重要性的认识更加深刻。较之泛泛而言的空洞议论，或单纯的左史记言、右史记行之说，更凸现出作者见解的不同凡响：没有合适的史官，就不可能有高质量的史书。没有高质量的史书，扬善记恶，教化天下，彰显圣人美德就无法实现。由于史部下安排了正史、古史、起居注、杂史、霸史、旧事、职官、仪注、刑法、杂传、地理、谱系、簿录等 13 小类，均有类序阐述源流，史部大类类序聚焦最重要的"史官"这一点，深入阐发议论，就抓住了根本。而史部 13 小类的设计安排，不仅符合当时史书的实际情况，也充分显示出编纂者深邃的学术眼光，后来的书目都只是在此基础上略为增改而已。

《隋书·经籍志》集部类序承《汉书·艺文志》诗赋略类序传统，"辨章学术，考镜源流"，亦别具一格，有所不同：

> 文者，所以明言也。古者登高能赋，山川能祭，师旅能誓，丧纪能诔，作器能铭，则可以为大夫。言其因物骋辞、情灵无拥者也。唐歌虞咏，商颂周雅，叙事缘情，纷纶相袭，自斯已降，其道弥繁。世有浇淳，时移治乱，文体迁变，邪正或殊。宋玉、屈原，激清风于南楚，严、邹、枚、马，陈盛藻于西京。平子艳发于东都，王粲独步于漳、滏。爰逮晋氏，见称潘、陆，并黼藻相辉，宫商间起，清辞润乎金石，精义薄乎云天。永嘉以后，玄风既扇，辞多平淡，文寡风力。降及江东，不胜其弊。宋、齐之世，下逮梁初，灵运高致之奇，延年错综之美，谢玄晖之藻丽，沈休文之富溢，辉焕斌蔚，辞义可观。梁简文之在东官，亦好篇什，清辞巧制，止乎衽席之间；雕琢蔓藻，思及闺闱之内。后生好事，递相放习，朝野纷纷，号为

---

① 陈澔注：《礼记》，上海古籍出版社，2016 年，第 24 页。

宫体。流宕不已，迄于丧亡。陈氏因之，未能全变。其中原则兵乱积年，文章道尽。后魏文帝，颇效属辞，未能变俗，例皆淳古。齐宅漳滨，辞人间起，高言累句，纷纭络绎，清辞雅致，是所未闻。后周草创，干戈不戢，君臣戮力，专事经营，风流文雅，我则未暇。其后南平汉、沔，东定河朔，迄于有隋，四海一统，采荆南之杞梓，收会稽之箭竹，辞人才士，总萃京师。属以高祖少文，炀帝多忌，当路执权，逮相摈压。于是握灵蛇之珠，韫荆山之宝，转死沟壑之内者，不可胜数，草泽怨刺，于是兴焉。古者陈诗观风，斯亦所以关乎盛衰者也。班固有《诗赋略》，凡五种，今引而伸之，合为三种，谓之集部。①

这篇类序，表明了三个层面的观点。一是"文辞是用来明白地表达思想的"。古代登高能作赋，祭祀山川能写祭文，出师打仗能写誓辞，纪念丧亡者能写诔文，铸造器物能写铭文，就可以任命为大夫。这是因为他们能就不同事物摇笔成文，表达思想情感，没有雍塞阻碍。二是情感抒发的需要是诗歌文赋产生的直接原因，即"叙事缘情"。而文体的变迁邪正，与时世的治乱紧密相关。即"世有浇淳，时移治乱，文体迁变，邪正或殊"。三是对著名作家及文体风格的点评。如屈原、宋玉之赋，体现了他们高洁的品格。严忌、邹阳、枚乘、司马相如之赋，辞藻丰富华丽。张衡、王粲，为汉魏间最杰出之作者。晋代潘岳、陆机，文采富丽，才调飞扬，不同凡响。永嘉之后，受玄言清谈之影响，文学作品辞语平淡，缺少风力。宋齐之世到梁初，谢灵运作品高致的情趣、颜延之文章的错落之美，谢玄晖词藻的富丽，沈休文文辞的流光溢彩，交相辉映，辞义可观。江南梁简文帝，爱好文学，雕章琢句，极尽工巧，内容篇章，却囿于女人与床榻之间，朝野仿效，至陈未变，称为"宫体"。中原则战乱不休，文章"绝迹"。后魏文帝，效仿南朝，颇能属文，但文风古朴，未能变俗。北齐以后至隋，或因战乱，或受帝王猜忌打击，就未能有什么著名的作家作品了。类序写作似乎信手拈来，点评之间，不露痕迹。然文体演变之

---

① 长孙无忌等：《隋书·经籍志》影印本，《丛书集成新编》，台北新文丰出版股份有限公司，1985年，第151页。

迹，作家作品风格之殊，展示给读者，使之一览无余。且文句骈散交相为用，音调铿锵，富有文采。要注意的是，《隋书·经籍志》集部类序论及的"文"，不仅包括《汉书·艺文志》诗赋略类目所著录的"诗赋"，也包括了商颂、周雅、祭、誓、诔、铭诸体以及其它有关文体，反映了其对于文学的见解，"青出于蓝而胜于蓝"。也就是说，"文"包括诗赋，但其范围远大于诗赋。上可以追溯到儒家经典的《诗经》，下可包括当今之世的各类文体。加上"文者，所以明言也"和"叙事缘情"的观点，《隋书·经籍志》类序不是"依样葫芦"，跟在《汉书·艺文志》之后亦步亦趋，而是在《汉书·艺文志》基础上有所创造和发展了。

《隋书·经籍志》有总序、大序、小序共四十八篇。总序一篇，置于卷首；四部之后有大序四篇，四十类后各有小序一篇。另外，佛、道两类各有一篇，末有后序一篇。总序洋洋洒洒，用上万个汉字，重点阐述了经籍的社会功用；学术的源流和演变；典籍的聚散状况，以及类目设置的缘由等。此序提纲挈领，是特别重要的一篇类序。其关于经籍社会功用部分的论述最有见地：

> 夫经籍也者，机神之妙旨，圣哲之能事，所以经天地，纬阴阳，正纪纲，弘道德，显仁足以利物，藏用足以独善。学之者将殖焉，不学者将落焉。大业崇之，则成钦明之德；匹夫克念，则有王公之重。其王者之所以树风声，流显号，美教化，移风俗，何莫由乎斯道？故曰：其为人也，温柔敦厚，《诗》教也；疏通知远，《书》教也；广博易良，《乐》教也；洁静精微，《易》教也；恭俭庄敬，《礼》教也；属辞比事，《春秋》教也。遭时制宜，质文迭用，应之以通变，通变之以中庸。中庸则可久，通变则可大。其教有适，其用无穷。实仁义之陶钧，诚道德之橐籥也。其为用大矣，随时之义深矣，言无得而称焉。故曰：不疾而速，不行而至。今之所以知古，后之所以知今，其斯之谓也。是以大道方行，俯龟象而设卦；后圣有作，仰鸟迹以成文。书契已传，绳木弃而不用；史官既立，经籍于是兴焉。……夫仁义礼智，所以治国也；方技数术，所以治身也。诸子为经籍之鼓吹，文章乃政化之黼黻，皆为治之具

也。故列之于此志云。[1]

《隋书·经籍志》总序与《汉书·艺文志》总序内容有所不同。《汉书·艺文志》的总序，其要旨在说明《汉书·艺文志》编纂的由来背景，并没有涉及经典的社会功用。《隋书·经籍志》总序对经籍社会功用的认识，则达到了前人所未有的高度。它认为，经籍是具有超凡道德才能的圣人哲人才能撰述的，是他们精神奥秘思想精华的体现，可以用来经划天地，纬测阴阳，肃正纲纪，弘扬道德。其所蕴含的仁道，显扬有利于万物，潜藏可独善其身，学习者受益无穷，不学者将退步落后。干大事业的人崇尚经籍，能拥有受人敬佩的仁德；普通百姓学习经籍，可以成为国家公卿栋梁。君王扬名立万，敦美教化，移风易俗，没有不利用经籍的——这是就圣人哲人撰述的经籍概而论之。具体来说，《诗》《书》《乐》《易》《礼》《春秋》对民众的教化效果是：温柔敦厚、疏通知远、广博易良、洁静精微、恭俭庄敬、能属辞比事——这是从性情的陶冶，胸襟的开阔，知识的拓展、事物的沉潜钻研、行为的端庄规范、能力才华的提升等诸多方面，具体论述其对民众教化的功用。总序最后"夫仁义礼智，所以治国也，方技数术，所以治身也；诸子为经籍之鼓吹，文章乃政化之黼黻，皆为治之具也"的论述——则是从统治者的角度，明确指出一切书籍都是有益于治理天下的。将书籍的作用提升到国家治理工具的认识高度，其视野的开阔，见解的全面和洞彻，前无古人，超过了《孔子诗论》以来先贤的论述见解，时至今日，仍闪耀着思想的光辉。

《隋书·经籍志》构建了经史子集四部四十二类的分类体系，奠定了我国古籍类例区分的基础。类序体系的写作和安排，匠心独具，富有特色。总序、史部大序、集部大序的写作，构思精妙，见解独特，体现出不同凡响的思想认识水平，高超的文字表现技巧。一些小序的写作，如经部《易》类小序、史部杂传类小序等，内容详赡，叙述学术源流演变十分清晰，亦有很高的学术参考价值。

---

① 长孙无忌等：《隋书·经籍志》影印本，《丛书集成新编》，台北新文丰出版股份有限公司，1985 年，第 120—121 页。

五、类事类书的类序：聚焦典制事物源流

类书可以分为类事类书、类文类书、事文并举类书三大类。[①] 撰有类序的类书，包括类事类书与类文类书二大类。类事类书撰有类序著名者有唐代杜佑编纂的《通典》、宋代王钦若等编纂的《册府元龟》、元代马端临编纂的《文献通考》三种。

杜佑，字君卿，唐代京兆万年（今陕西西安附近）人。生于世宦之家，曾任宰相之职。《通典》是他花费三十六年心血编纂的一部专门收集典章制度资料的类书。分食货、选举、职官、礼、兵、刑、州郡、边防等八门，每门有大序（食货门有前言，故省去了大序文字）。门下分目，部分目下有小序。大序小序概述门目内容源流。每目之下，大抵依朝代顺序，摘述文献中有关资料。在摘述的文献资料后，还不时夹有论、说、议、评等有关的评说议论文字。至于"说""议""评"之间的区别，杜佑在《通典·礼二·沿革二·吉礼一》的一处"说曰"的文末自注云："凡义有经典文字其理深奥者，则于其后说之以发明，皆云'说曰'。凡义有先儒各执其理，并有通据而未明者，则议之，皆云'议曰'。凡先儒各执其义，所引据理有优劣者，则评之，皆云'评曰'。他皆同此。"[②] 可见它们是经典文献中文字或义理的阐释说明，歧义纷纭、理据未明事物的评议见解，先儒见识优劣的评判等方面的论说文字。《通典》类序受先秦儒家经典之序与《汉书·艺文志》、《隋书·经籍志》书目类序影响颇深。我们先看《通典》的大序（前言）：

> 佑少尝读书，而性且蒙固，不达术数之艺，不好章句之学。所纂通典，实采群言，征诸人事，将施有政。夫理道之先在乎行教化，教化之本在乎足衣食。《易》称聚人曰财。《洪范》八政，一曰食，二曰货。《管子》曰："仓廪实知礼节，衣食足知荣辱。"夫子曰："既富而教。"斯之谓矣。夫行教化在乎设职官，设职官在乎审官才，审官才在乎精选举，制礼以端其俗，立乐以和其心，此先哲王致治之

① 参见夏南强：《类书通论》，湖北人民出版社，2001 年，第 39—51 页。
② 杜佑：《通典》，浙江古籍出版社，1988 年，第 242 页。

大方也。故职官设然后兴礼乐焉，教化陵然后用刑罚焉，列州郡俾分领焉，置边防遏戎敌焉。是以食货为之首，选举次之，职官又次之，礼又次之，乐又次之，刑又次之，大刑用甲兵，其次五刑，州郡又次之，边防末之。或览之者，庶知篇第之旨也。①

　　大序表达的主要是两个方面的意思。一是编纂此书的目的："实采群言，征诸人事，将施有政"。也就是采录经籍中的言行事例，提供给国家治理参考；二是此书内容先后安排秩序的说明。从序文中我们可以看出，这种排列秩序，是与作者国家治理一般情况下的轻重缓急观念相吻合的。从内容的设想安排，到表述的形式斟酌，显然受到了《书》序、《易·序卦》的影响。而《通典》每门撰写类序，借鉴书目类序的写作方法，表述自己的观点和见解，是由于门内收录内容比较集中，材料丰富，作者抒发见解也相应较多，也更具体。因此，大多数门类类序篇幅较之书目类序更长。在陈列或叙述有关资料之后，作者如仍感意犹未足，就用"说""议""评"等形式进一步申述自己的见解。兹举较短的一篇选举门类序如下：

　　自昔羲后，因以物命官，事简人淳，唯以道化，上无求欲于下，下无干进于上，百姓自足，海内乂安，不是贤而非愚，不沽名而尚行，推择之典，无所闻焉。爰泊唐、虞之官人也，俾乂水土，缉熙帝载，敷五教，正五刑，播百谷，典三礼，咨于四岳，明扬侧陋，询事考言，故举无失德。然犹三载考绩，三考黜陟幽明，流四凶族，不仁者远，斯则选贤任能之大略也。三王之代，朴散俗浇，难以道驭，务勤其教，立庠塾于乡闾，建黉学于都邑，训公卿大夫之子弟，设俊、造之目而勖勉成之。自幼年入学，至四十方仕，然后行备业全，事理绩茂。秦汉以降，乃异于斯。其行教也不深，其取材也务速，欲人浸渍于五常之道，皆登仁寿之域，何可及已！夫上材盖寡，中材则多，有可移之性，敦其教方善。若不敦其教，欲求多贤，亦不可及已。非今人多不肖，古人多材能，在施政立本，使之然也。

_____

① 杜佑：《通典》，浙江古籍出版社，1988年，第9页。

而况以言取士，既已失之，考言唯华，失之愈远。若变兹道，材何远乎？[①]

　　类序通篇介绍"选举人才"这一制度的源流。对秦汉之前的措施，作者持褒奖的态度。尤其是对推举人才、考核人才作为的具体做法，以及乡间、都邑兴办教学场所，对人才实施教育而后入仕为官的做法，大加赞赏，推崇其"行备业全，事理绩茂"。而秦汉以降，"行教不深，取材务速"，"以言取士，考言唯华"的做法，作者认为是完全错误的。朝廷要获得人才，必须改弦更张。可见，《通典》类序虽然借鉴了书目类序的写作方法，但是有明显区别：类序由学术源流的叙述变成了制度事物沿革的叙述，叙述中更是明确表达了作者的观点和看法。此外，《通典》八门之下属目的类序或有或无，并无定制。且类序名有的用"序"，有的则用"叙"，没有统一的规则。显示出类书编纂撰写类序的做法还是草创时期，尚不规范和完善。但杜佑在编纂类书中引进书目撰写类序的方法表明自己的观点，则是类书编纂史上的一大创举。宋、元时期编纂的大型类书《册府元龟》《文献通考》都受到它的影响，沿袭了这一做法。

　　《册府元龟》是在宋真宗的直接授意下编纂的又一部大型类事类书。全书由王钦若、杨亿负责主编，分三十一部、一千一百一十五门。每部前有总序，介绍各部事物沿革。每门之前各有小序，议论本门内容。由于是皇家规划，且宋真宗又十分重视，多次亲自过问督导，令所有类序的定稿由著名学者杨亿负责把关，所以类序的内容表述比较规范，每篇小序写作字数大都控制在千余个左右，形式也比较规整。如邦计部经费门小序：

　　《周官》太宰之职，以九节均节财用，又置国用，必于岁之秒，量入以为出，此邦家经费之制也。盖夫富有诸夏，维御群品，必慎财赋，以均用度。若乃兵戎、祭祀之给，禄廪、赐予之数，乘舆之奉养，庶事之供拟，固亦有常制矣。其或观风展义，举时巡之典；陈师鞠旅，扬天讨之威。或劲虏来降，遣将以临塞；或敌国授首，劳师以行赏。斯皆常限之外，阙费寝广。以加水旱为沴，饥馑荐臻，

---

① 杜佑：《通典》，浙江古籍出版社，1988年，第73页。

于是乎稽防救之术，为裁损之策。去其不急，取其有余。以至推振
廪之仁，遣垦田之议。虽恩由人主，而责成有司。历代之云，为皆
可观矣。①

"量入为出""必慎财赋，以均用度"，是这篇类序的主要观点。因为《册
府元龟》主要是供帝王和朝廷大臣省览的类书，其目的在于借鉴历史的经验教
训，类序作者采取了开门见山，亮明观点，罗列国家经费用度的做法。接着于
"常制"之外，枚举各种国家经费的开支出处。并具体考虑到发生水旱天灾、
面临饥荒之时的应对措施。在指引阅读门类下罗列的历代资料之先，类序的这
些见解，对帮助读者理清头绪，把握纲领，帮助阅读，无疑是有益的。《册府
元龟》类序，尤其是门目下的类序，必定亮明作者对有关制度事物的观点或态
度的做法，是其最大的特点。

《文献通考》是元代马端临编纂的又一部大型类事类书。马氏渊源于家学，
知识洽博。该书分为田赋、钱币、户口、职役、征榷、市籴、土贡、国用、选
举、学校、职官、郊社、宗庙、王礼、乐、兵、刑、经籍、帝系、封建、象
纬、物异、舆地、四裔等二十四门，每门有类序，合载于卷首。每门之下又分
为若干子目，子目下摘录或叙述历代文献中有关资料，按时间先后排列。后附
以考证或论断。如征榷门类序：

> 征榷之途有二：一曰山泽，茶、盐、坑冶是也；二曰关市，酒
> 酤、征商是也。羞言利者，则曰县官当食租衣税而已，而欲与民庶
> 争货殖之利，非王者之事也。善言利者，则曰山海天地之藏而豪强
> 擅之，关市货物之聚而商贾擅之，取之于豪强、商贾，以助国家之
> 经费，而毋专仰给于百姓之赋税，是崇本抑末之意，乃经国之远图
> 也。自是说立，而后之加详于征榷者，莫不以藉口，征之不已，则
> 并其利源夺之，官自煮盐、酤酒、采茶、铸铁，以至市易之属。利
> 源日广，利额日重，官既不能自办，而豪强商贾之徒又不可复擅，
> 然既以立为课额，则有司者不任其亏减，于是又为均派之法。或计

---

① 王钦若等编纂，周勋初等校订：《册府元龟》，凤凰出版社，2006年，第5486页。

口而课盐钱，或望户而榷酒酤，或于民之有田者计其顷亩，令于赋税之时带纳以求及额，而征榷遍于天下矣。盖昔之榷利，曰取之豪强、商贾之徒，以优农民。及其久也，则农民不获豪强、商贾之利，而代受豪强、商贾之榷。有识者知其苛横，而国计所需，不可止也。作《征榷考》第五。首叙历代征商之法，盐铁始于齐，则次之；榷酤始于汉，榷茶始于唐，则又次之；杂征敛者，若津渡、间架之属，以至汉之告缗，唐之率贷，宋之经、总制钱，皆衰世一切之法也，又次之。凡六卷。[①]

"征榷"一词，出自古代。大凡官家取民之利叫"征"，官方独专其利叫"榷"。"征榷"就是古代的税制，指国家征收商品税和官府控制商品专卖。自战国时形成奖励耕战，抑制商贾政策开始，秦汉国家一统后，"重农抑商""农本商末"，基本上就成为了各封建王朝奉行不悖的国策，深深地制约和影响了中国社会的发展。类序对国家控制商品专营形成的社会弊端强烈不满，对国家经营亏损，产生"均派之法"，转嫁赋税到农民和商贾身上的做法深恶痛绝。认为"汉之告缗，唐之率贷，宋之经、总制钱，皆衰世一切之法"，并以"杂征敛"小目专门采录之。如汉代的"告缗"，造成了民间中产以上倾家荡产，民不聊生的惨况。武帝元狩四年（公元前119年），开始向商人财产征收算缗钱，大商贾二缗收一算，普通商人四缗收一算（一缗一千钱，一算一百二十钱）。对隐瞒不报或呈报不实者，朝廷号召百姓向各级官府告发，并承诺将没收的财产分一半给举报人，这便是历史上著名的"告缗"。马氏在门类下引述相关资料之后，加按语感叹道："算缗钱之法，其初亦只为商贾居货者设，至其后，告缗遍天下，则凡不为商贾而有蓄积者皆被害矣。"[②]类序先归纳介绍征榷的对象，列举朝臣两种不同的意见，进而指出历史上真正执行的只是"崇本抑末"这一种政策，既而陈述了执行这一政策产生偏差后给社会带来的恶果。

---

① 马端临著，上海师范大学、华东师范大学古籍研究所点校：《文献通考·自序》，中华书局，2011年，第6页。

② 马端临著，上海师范大学古籍研究所，华东师范大学古籍研究所点校：《文献通考》，中华书局，2011年，第一册，第397—398页。

　　类事类书编写引进书目撰写类序的方法，利用类序概述制度事物源流，发表作者观点见解，一改"述而不作"的类书编纂传统，是类书编纂史上的一大进步，也是类序自身发展演变过程中的一个"新生事物"。书目类序与类事类书类序不同的是：书目类序多以"辨章学术，考镜源流"为己任，类事类书类序多以概述历代制度或事物沿革，表明作者观点或态度为依归；书目类序着眼于揭示文献的内容特征和社会功用，类事类书类序着重说明有关制度或事物的优劣所在以及流弊影响。

六、类文类书的类序：揭示文体性质和演变

　　类文类书创始于晋代挚虞的《文章流别集》。《晋书》载挚虞"撰古文章，类聚区分为三十卷，名曰《流别集》，各为之论，辞理惬当，为世所重"①。可知《文章流别集》包括了类聚的"文章"和"论"二个部分。虽然其书已佚，但一些文献片段仍保留在唐宋类书中，残存于世的文体还有"颂、赋、诗、七、箴、铭、诔、哀辞、设论、碑、图谶、史述"等十三种。②而考稽"论"的内容，则是关于各种文体性质、源流等的专论，与《汉书·艺文志》中的类序相似。我们甚至由此还能看出，《隋书·经籍志》集部类序撰写，也明显受到了它的影响。

　　下面是《太平御览》录存的有关《文章流别集》"颂"文体的"论"：

　　　　颂，诗之美者也。古者圣帝明王成功治定而颂声兴，于是史录其篇，工歌其章，以奏于宗庙，告于神明，故颂之所美，则以为名。或以颂形，或以颂声，其细已甚，非古颂之意。昔班固为《安丰戴侯颂》，史岑为《出师颂》《和熹邓后颂》，与《鲁颂》体意相类，而文辞之异，古今之变也。扬雄《赵充国颂》，颂而似雅，傅毅《显宗颂》，文与《周颂》相似，而杂以风雅之意。若马融《广成》《上林》

---

① 房玄龄等：《晋书·挚虞传》，中华书局，1985年，第1427页。
② 参见陈君：《文章流别集与挚虞的文体观念》，《广西师范大学学报》2015年第5期。

之属，纯为今赋之体，而谓之颂，失之远矣。①

颂，是诗歌中的一种美好的文体。是古代圣明帝王功德成立后才产生的。史官记录其篇，乐工歌咏其章，奏于宗庙，告于神明。因此"颂"所颂扬赞美的，是美好的事物，以"颂"来命名。后世演变成颂扬形状、声音等琐细事物，违背了古颂的本意。班固《安丰戴侯颂》和史岑《出师颂》《和熹邓后颂》等颂作，与《鲁颂》文体和意旨相似，但文辞不同，体现出了古今差异变化。扬雄《赵充国颂》，名为"颂"而实类"雅"。傅毅《显宗颂》，文辞与《周颂》相似，却掺杂了"风""雅"的功能。至于马融《广成颂》《上林颂》等，则纯粹是当今的赋类文体，称之为"颂"，就不着边际了。这段论述文字，介绍了"颂"文体的源头和内容特点，推崇其规范标准是《诗经》中的《鲁颂》《周颂》等，并对汉代走样的颂作进行了批评。罗宗强先生查阅现存的《文章流别论》残篇后说："从现存《流别论》残篇看，他每论一种文体，都包括三个方面的内容：究其原始，释其名义，论其演变之得失，有时还对某种文体提出基本要求。这些方法，后来刘勰加以发展，给以明确，演成他的论文体的程式：'原始以表末，释名以章义，选文以定篇，敷理以举统。'"②罗先生阐述了《文章流别论》中"论"文体例和对《文心雕龙》创作的影响，是中肯的。据褚斌杰先生研究，《文心雕龙》论列的文体有数十种之多，所谓"原始以表末，释名以章义，选文以定篇，敷理以举统"，即《文心雕龙》每论到一种文体时，对其起源、演变进行说明，从每一种文体的命名上来表明这种文体的性质，挑选出有代表性的名家名作，加以论列评述，并阐明每一种文体的写作方法和道理，说明它的规格要求与标准风格。③可见，虽然《文心雕龙》运用的是骈体语言，论述也比较深入周密，但从其所论文体的内容和形式中很容易看出《文章流别集》"论"的印记。反观《隋书·经籍志》集部类序，其纵论文体源流，点评诸家著作，亦不难发现《文章流别集》"论"的影响痕迹。

① 李昉：《太平御览》，中华书局，1990年，第3册，第2647页。
② 罗宗强：《魏晋南北朝文学思想史》，中华书局，1996年，第106页。
③ 参见褚斌杰：《中国古代文体概论》，北京大学出版社，1984年，30—31页。

　　在我们看来，《文章流别集》每篇"论"文，实质就是一篇"类序"。其阐述文体起源、演变、性质等做法，与承袭了"序"类文体之长的《汉书·艺文志》类序写作如出一辙。因此，我们认为，《文章流别集》不仅是类文类书的创始之作，为《文选》《文苑英华》《唐文粹》《宋文鉴》等无类序类文类书的编纂导了先路，更为继轨之作如《文章正宗》《文体明辨》《文章辨体》等类文类书撰写类序提供了效仿的榜样。

　　《文章正宗》是南宋真德秀编纂的一部撰有类序的类文类书。其选录文章的标准是"以明义理，切世用为主。其体本乎古，而指近乎经者"。正集二十四卷，分辞命、议论、叙事、诗赋四类。所收文章自周秦起，诗赋自虞夏始，均讫于唐。续集二十卷，分论理、叙事、论事三类，所收文章为宋代名家作品。辞命、议论、叙事、诗赋四类前，各有类序一篇，"用以说明每一类文体的缘起、功用及体制特点、写作要求等，并对代表的作家作品予以列举，从而彰显其文体的分类观念和归类意识"①。我们来看其"叙事"类序：

　　　　叙事起于古史官，其体有二：有纪一代之始终者，《书》之《尧典》《舜典》与《春秋》之经是也。后世本纪似之。有纪一事之始终者，《禹贡》《武成》《金滕》《顾命》是也。后世志记之属似之。又有纪一人之始终者，则先秦盖未之有，而昉于汉司马氏。后之碑志事状之属似之。今于《书》之诸篇与《史》之纪传，皆不复录，独取《左氏》《史》《汉》叙事之尤可喜者，与后世记序传志之典则简严者，以为作文之式。若夫有志于史笔者，自当深求《春秋》大义而参以迁、固诸书，非此所能该也。②

　　类序开宗明义，先点明叙事文体起源性质，揭示其三大类别的源头，举例介绍后世类似的同类著作，然后说明本类作品的选取原则、选录标准、选录目的。最后将叙事文的写作与史书的写作区分开来，以免写作者受此影响而误

---

① 夏静：《〈文章正宗〉的文类意识》，《光明日报》2019 年 6 月 24 日。
② 真德秀：《文章正宗》，文渊阁《四库全书》本，台湾商务印书馆，1983 年，第 1355 册，第 6 页。

入歧途。言简意赅，辞达理畅。

《文章正宗》将文章归纳为四类，但实质上是着眼于文章内容特点、功用、形式等多层面来分类的，并非专注于文体，标准不一，因而类别区分不是特别严谨科学。明代吴讷有感于其书"每类之中，众类并出，欲识体而卒难寻考"①，乃编纂《文章辨体》一书，收录古歌谣辞、赋、乐府、诗、论告、玺书、批答、诏、册等文体文章五十卷，按文体分成五十九类，每类之前，撰写一篇"序题"（吴氏自称"序题"，实即类序）。间有相近者，同放一类序之。如"制诰"：

　　按《周官》大祝六辞，二曰"命"，三曰"诰"。考之于《书》，"命"者，以之命官，若《毕命》《冏命》是也。"诰"则以之播诰四方，若《大诰》《洛诰》是也。汉承秦制，有曰"策书"，以封拜诸侯王公；有曰"制书"，用载制度之文。若其命官，则各赐印绶，而无命书也。迨乎唐世，王言之体曰"制"者，大赏罚、大除授用之。曰"发敕"者，授六品以下官用之，即所谓"告身"也。宋承唐制，其曰"制"者，以拜三公三省等职。辞必四六，以便宣读于庭。"诰"则或用散文，以其直告某官也。西山云："制、诰皆王言，贵乎典雅温润，用字不可深辞，造语不可尖新。文武宗室，各得其宜。"斯为善矣。②

类序揭示了"制、诰"文体的起源、用途和体裁形式的发展演变，最后还用王应麟《辞学指南》中引述真德秀的话语，对这二种文体用字造句方面的特点做了讲解。但我们读完这段类序，仍感到有不尽如人意之处：溯源与发展演变轨迹的阐述不是特别的清晰，二种文体的同异区分也不是很明白清楚。《四库全书总目》斥其"罕能考核源委，即文体亦未能甚辨"③，虽有些过激，

---

① 吴讷：《文章辨体凡例》，参见凌郁之《文章辨体序题疏证》，人民文学出版社，2016年，第1页。

② 吴讷：《文章辨体》，《续修四库全书》本，上海古籍出版社，1995年，第1602册，第162页。

③ 永瑢等：《四库全书总目》，中华书局，1965年，第1740页。

但亦非所说无据。然而，吴书的影响是巨大的。吴书之后，踵事增华，继之而起的同类著作，明清两代直到清末民初，不绝如缕。较著名者有《文体明辨》《文体明辨汇选》《古文辞类纂》《骈体文钞》等。

《骈体文钞》是清末李兆洛编纂的类文类书。该书所谓的"骈体"，并非"骈四俪六"特指六朝以后讲究声律对偶的文体，而是"兼骈散两体之长"，采用了偶句的散文文体。所收先秦至隋代的作品三十一卷、七百七十四篇，分上、中、下三编、一百四十三小类。上编分铭刻、颂、杂飏颂、箴、谥诔哀策、诏书、策命、告祭、教令、策对、奏事、驳议、劝进、贺庆、荐达、陈谢、檄移、弹劾等类，所收文章"皆庙堂之制，奏进之篇"。中编收录书、论、序、杂颂赞箴铭、碑记、墓碑、志状、诔祭等类，为"指事述意之作"。下编分设辞、七、连珠、笺牍、杂文等类，"多缘情托兴之作"。每编于目录之后，撰有类序一篇。如中编类序：

> 右著录若干篇，指事述意之作也。或缜密而端悫，或豪侈而佚荡。盖指事欲其曲以尽，述意欲其深以婉。泽以比兴，则词不迫切；资以故籍，故言为典章也。韩非、淮南，已导先路。王符、应劭，其流孔长。立言之士，时有取焉。然枝叶已繁，或披其本。以仲宣之覃精，而子桓病其体弱，亦学者之通患也。碑志之文，本与史殊体。中郎之作，质其有文，可为后法。故录之尤备焉。[①]

类序对所选"指事述意"的文章做了整体评论，亮出了自己对写作该类文章的见解："指事欲其曲以尽，述意欲其深以婉。泽以比兴，则词不迫切；资以故籍，故言为典章。"并对该类别作品的优秀之作、存缺陷之作、碑志文体写作需注意之处等做了评述说明。

自《文章辨体》专注文体为类，撰写类序介绍文体起源和发展演变以来，赓续之作如《文体明辨》分一百二十七类，《文体明辨汇选》不收诗赋外，更是细分为一百三十二类。然如前文所述，类文类书创始之作《文章流别集》类

---

① 李兆洛：《骈体文钞》，《续修四库全书》本，上海古籍出版社，1995 年，第 1610 册，第 351 页。

序就注意到了文章内容与文体不符的问题。在历史发展的长河中，随着时间的推移，作品日益繁多，文章不合先秦甚至两汉唐宋文体规范已司空见惯。故《骈体文钞》关注文体之外，特别注重根据内容实质来类别区分文章。如上编"劝进、贺庆、荐达、陈谢"和下编"杂文"等类，就直接根据内容题材设立类目。同一文体，用于不同场合，编撰者亦采用了分别立类的方法。如"箴""诔"等类，上编、下编皆有立类。为补类序内容表述之不足，该书注意选录"正""反"二个方面的典型文章，在一些所收文章之前，多用按语的方式，说明宜注意之处。如"檄移"类所收司马长卿《喻巴蜀檄》，编者按语："教令所颁亦谓之檄，非止用之军旅也。其体与移文相类。"[1] 间或亦有较长评语，指出其缺陷与不足。如薛之卿《老氏碑》放入"铭"类而非"碑记"类，其文前评语：

> 文字因题而异，亦因所施而异。意存颂扬，遂泛滥而忘其所归，是忘题也。为老氏立碑，不详立碑之意，而详立碑之人，是忘其所施也。自梁以下，其蔽皆然。骈体之遂为分途，皆自此之厉也。此初唐四杰之先声。其小异者，尚有疏朴之致。[2]

《骈体文钞》采用类序加评语的方法，是类文类书编纂方面的进步。它可为指导读者阅读和理解作品提供极大的帮助。在为读者学习各种文体写作提供参考效仿"样本"的同时，亦提供了特别值得注意的存在缺陷的"反面教材"。比如《老氏碑》应为"铭"类文体，却使用"碑"类文体标题的例子。其类序加评语的做法，起到了"指导"和"防范"双重示范的效果。

---

[1] 李兆洛：《骈体文钞》，《续修四库全书》本，上海古籍出版社，1995 年，第 1610 册，第 487 页。

[2] 李兆洛：《骈体文钞》，《续修四库全书》本，上海古籍出版社，1995 年，第 1610 册，第 362 页。

七、《四库全书总目》类序内容大要及对
类书类序的借鉴

《四库全书总目》又名《四库全书总目提要》，是我国历史上最大的一部官修书目，清代乾隆年间编成。全书二百卷，共著录图书一万零二百三十一种，分经史子集四部、四十四类、六十六子目。部、类均有"叙"，盖沿袭《郡斋读书志》所收四部用"叙"而来，实即类序，共有类序四十八篇。余嘉锡先生云："《四库提要》之总叙小序，考证论辨，可谓精矣。近儒论学术源流者，多折衷于此，初学莫不奉为津逮焉。"① 盖《四库提要》为古代书目之集大成者，类例区分较前代书目更为科学合理，类序撰写亦有章可循，可以借鉴。兹以图表方式揭示四十八篇类序内容大要如下：

表 2 《四库全书总目》类序内容大要

经部类序

类序	内容大要
经部总序	阐述学术源流，总结汉学、宋学特点
《易》类小序	介绍两派六宗学术源流，指出《易》的社会功用
《书》类小序	指出《书》的内容特色，评议诸家聚讼是非
《诗》类小序	汉学、宋学之争平议，《毛诗序》评议
《礼》类小序	驳"议《礼》如聚讼"说，点评历代注释之作特点；说明《礼》类属目情况
《春秋》类小序	《春秋》三传学术流传盛衰情况，批孙复、刘敞著作之非，说明收录著作准则
《孝经》类小序	考论《孝经》作者，评判《孝经》今文古文，说明采录准则
五经总义类小序	说明该类书籍起源及历代书目归类情况
四书类小序	说明四书源起及立类缘由
《乐》类小序	驳《乐》"别有一经"说，论配为"经"之理由，《乐》类著录辨析
小学类小序	评述历代书目小学类著作著录情况，说明该类属目分类情况

① 余嘉锡：《余嘉锡说文献学》，上海古籍出版社，2001年，第69页。

史部类序

类序	内容大要
史部总序	论述史书体裁特点，剖析史部十五类图书来源
正史类小序	述正史源流，论述正史的性质
编年类小序	阐明编年类著作不入正史，起居注类著作收入编年类的理由
纪事本末类小序	介绍起源，说明本类收录标准
别史类小序	说明别史立类依据及多种书籍归入该类的理由
杂史类小序	说明立类起源，甄别录入之书与不录之书的标准
诏令奏议类小序	论述立类缘由，辨明归它类之谬
传记类小序	说明起源及该类收录准则
史抄类小序	介绍源流类别，揭示弊端，指明可受益之处；说明入类准则
载记类小序	说明历代书目立类情况及更改类名理由
时令类小序	说明该类书籍起源，内容特点
地理类小序	论述该类书籍内容源流，说明本类图书十属先后排列次序理由
职官类小序	说明起源及流传稀少的原因，所采录图书内容及功用。
政书类小序	说明该类图书收录标准及立类理由
目录类小序	说明源起及所收录二类书籍内容概要
史评类小序	论述源流及此类书籍所存在弊病

子部类序

类序	内容大要
子部总序	说明史部书性质及所收录十四家先后次序安排之理由
儒家类小序	说明宋以来流派纷争大要及该类收录宗旨
兵家类小序	介绍兵家类著述源流演变，说明该类收录准则
法家类小序	说明起源，议论所采录图书之不足与所长
农家类小序	评述该类著述历代书目著录之非，说明著录之标准
医家类小序	医家门派纷争起源，说明该类兼收并采之理由及编排方法

续表

类序	内容大要
天文算法类小序	介绍源流，说明该类收录情况
术数类小序	说明起源，概括介绍该类所收书籍情况
艺术类小序	介绍源流，说明该类收录准则
谱录类小序	说明立类缘由及该类收录情况
杂家类小序	说明立类缘由及所收六类书籍区分情况
类书类小序	说明类书性质、起源、利弊，历代书目归类情况
小说家类小序	说明起源、流派，该类采录准则
释家类小序	介绍历代书目采录起源及该类采录准则
道家类小序	说明该类图书性质本旨、源流演变情况

集部类序

类序	内容大要
集部总序	论述集部书形成及其演变
楚辞类小序	说明定名、立类起源
别集类小序	说明起源及各种命名情况及该类采录准则
总集类小序	介绍起源及其流变
诗文评类小序	介绍起源及其流变
词曲类小序	论述该类图书性质及收录准则

由上表中我们可以看出，《四库全书总目》类序内容主要包括三个方面：其一，揭示部类起源、学术流派或学术源流；其二，说明立类情况、历代书目著录情况和该类收录准则；其三，介绍部类图书性质、类别、组织编排次序。其第二个方面的内容"说明立类情况、历代书目著录情况和该类收录准则"，是《四库全书总目》类序的创新，也是该书类序写作中常用的方法。如诏令奏议类小序：

记言记动，二史分司。起居注，右史事也；左史所录蔑闻焉。王言所敷，惟诏令耳。唐志史部，初立此门。黄虞稷《千顷堂书目》则移制诰于集部，次于别集。夫涣号明堂，义无虚发，治乱得失，于是可稽。此政事之枢机，非仅文章类也。抑居词赋，于理为亵。《尚书》誓、诰，经有明征。今仍载史部，从古义也。《文献通考》始以奏议自为一门，亦居集末。考《汉志》载《奏事》十八篇，列《战国策》《史记》之间，附《春秋》末。则论事之文，当归史部，其证昭然。今亦并改隶，俾易与纪传互考焉。①

《礼记玉藻》曰："动则左史书之，言则右史书之。"则帝王言行，古代自有记载。但专记帝王行动的起居注有之，记其言语却未之见，只有诏令存世。《新唐书·艺文志》史部，设立诏令门收录之。而《千顷堂书目》，则移帝王制诰于集部，安排在别集之后。《总目》类序认为，诏令制诰，可稽考治乱得失，是有关政事治理的枢要，不能仅从文章文体的角度去考虑归类的问题。放之于集部，是明显不妥的。大臣奏议，亦多关乎政事。《文献通考》放置集部，也欠允当。于是参考《汉书·艺文志》，将诏令奏议设立为一类，归之于史部，是科学合理的举措。类序言简事赅，清晰晓畅。既说明了立类的理由，也指出了历代书目类书归类于集部欠当的原因。

《四库全书总目》史部总序说："史之为道，撰述欲其简，考证欲其详。"本是指史书撰写的原则，不仅是对史部撰述书籍和考证书籍的要求。《四库总目》全部类序的撰述，其实都遵循了"简略"的原则。按说学术发展到清代，著述不断增多，其源头发展演变之迹也更绵远流长，类序的撰述理当更困难，要用更多的篇幅才能理清头绪，说清道理。但《四库总目》类序大多在几百个字到一千字之间，根本见不到长篇大论。究其原因，除了字斟句酌，文字的表达更为精炼之外，还在于借用了《通典》《文献通考》类序之后，于叙述典制

---

① 永瑢等：《四库全书总目》，中华书局，1965年，第492页。

事物时加案语补充申述的做法。具体来说，就是在"属"（通称"子目"）或"提要"后补充说明之。如子部术数类小序：

> 术数之兴，多在秦汉以后。要其旨不出乎阴阳五行，生克制化。实皆《易》之支派，傅以杂说耳。物生有象，象生有数，乘除推阐，务究造化之源者，是为数学。星土云物，见于经典。流传妖妄，寖失其真。然不可谓古无其说，是为占候。自是以外，末流猥杂，不可殚名。史志总概以五行。今参验古书，旁稽近法，析而辨之者三：曰相宅相墓，曰占卜，曰命书相书。并而合之者一：曰阴阳五行。杂技术之有成书者，亦别为一类附焉。①

类序除了指明这类著述的内容要旨和实质外，主要细分了类属的六类著述。可谓十分简略。但《总目》在该类每个属目之后均用"案语"的方式进一步阐述源流。如相宅相墓之属案语："相宅相墓，自称堪舆家。考《汉志》有《堪舆金匮》十四卷，列于五行。颜师古注引许慎曰：'堪，天道；舆，地道。'其文不甚明。而《史记·日者列传》有'武帝聚会占家，问某日可娶妇否，堪舆家言不可'之文。《隋志》则作堪余，亦皆日辰之书。则堪舆，占家也，又自称为形家。考《汉志》有《宫宅地形》二十卷，列于形法，其名稍近。然形法所列，兼相人相物，则非相宅相地之专名，亦属假借。今题曰相宅相墓，用《隋志》之文，从其质也。"②阴阳五行之属案语："五行休咎，见于《洪范》。盖以征人事之得失，而反求其本。非推测祸福，预为趋避计也。后世寖失其初，遂为术数之所托。《史记·日者列传》载武帝聚占者论妇娶之日，有五行家、堪舆家、建除家、丛辰家、历家、天文家、太乙家，凡七家。《汉志》并为阴阳、五行二家，而兵家又出阴阳十六家。阴阳家所列诸书，不甚可考。《隋志》以下，并有五行而无阴阳。殆二家之理，本相出入，末流合而一之。习其技者，亦不能自分别矣。今总题曰阴阳五行，以存旧目，其书则略以

---

① 永瑢等：《四库全书总目》，中华书局，1965 年，第 914 页。
② 永瑢等：《四库全书总目》，中华书局，1965 年，第 923 页。

类聚，不复琐屑区分云。"[1] 这些属目下的案语，其实质与类序相近，都着眼于源流的考证阐述，是部类类序的重要补充，不可忽略置之，应该将其作为一个类序系统来参考利用。因此，可以这么说，《四库全书总目》的类序，已延伸至三级类目，品论学术得失，彰显学术源流，已臻古典书目的更高境界。

---

① 永瑢等：《四库全书总目》，中华书局，1965 年，第 931 页。

第四章 《汉书·艺文志》类序

《汉书·艺文志》成书于东汉，是我国现存最早的史书目录学著作。作者班固（公元 32—92 年），字孟坚，右扶风安陵（今陕西咸阳）人，出身于史学世家，"博贯载籍，九流百家之言，无不穷究"①，是东汉初年著名的史学家、文学家和目录学家。其所著《汉书》开后世断代修史之法，而《汉书·艺文志》是《汉书》重要组成部分，开史书撰述艺文志之先河。《汉书·艺文志》简称《汉志》，是在刘歆《七略》基础上"删其要"而编成。《汉志》保存了《七略》六艺、诸子、诗赋、兵书、数术、方技六略、三十八种的分类体系，又增加《七略》成书后刘向、扬雄、杜林三家于西汉末年所编写的著作，共著录图书三十八种、五百九十六家、一万三千二百六十九卷。《汉志》奠定了中国古典目录学"辨章学术，考镜源流"的传统，在中国目录学史上具有重要的学术价值，章学诚《校雠通义》评价云："《艺文》一志，实为学术之宗，明道之要。"② 金榜甚至认为："不通《汉书·艺文志》，不可以读天下书。"③

《汉志》类序由一篇总序、六篇大序和三十三篇小序组成，共四十篇序文，与各类图书紧密结合，融为一体，勾勒出了西汉时期的学术概貌。与《毛诗序》序文放在正文之前的情况不同，这些序文除总序之外，皆放在各略、各类之后，大抵是根据所序对象为书籍目录而定的。总序提纲挈领地总领全文，而大序小序则是对所序对象进行针对性的介绍论述。

---

① 范晔：《后汉书·班固传》，见雷敢注《中国历史要籍序论文选注》，岳麓书社，1982 年，第 92 页。

② 章学诚：《校雠通义·汉志六艺》，见《中国历代图书著录文选》，北京大学出版社，1997 年，第 344 页。

③ 王鸣盛著，黄曙晖点校：《十七史商榷》，上海书店，2005 年，第 162 页。

一、《汉书·艺文志》类序概述

"艺"字在甲骨金文中像人手持植物种植之形，其本义是"种植"，引申为"技艺、技能"。《周礼·地官·保氏》："掌谏王恶，而养国子以道。乃教之六艺：一曰五礼，二曰六乐，三曰五射，四曰五驭，五曰六书，六曰九数。"① 这里的"六艺"，就是"六个方面技能"的意思。到西汉初期，"六艺"就用来专指儒家《易》《诗》《书》《乐》《礼》《春秋》六部经书了。《史记·滑稽列传》："孔子曰：'六艺于治一也。《礼》以节人，《乐》以发和，《书》以道事，《诗》以达意，《易》以神化，《春秋》以义。'"② 《史记·太史公自序》："夫儒者以六艺为法。六艺经传以千万数，累世不能通其学，当年不能究其礼，故曰'博而寡要，劳而少功'。若夫列君臣父子之礼，序夫妇长幼之别，虽百家不能易也。"③ 其"六艺"都是专指儒家六经。"艺文志"的"艺文"二字，学者们有很多不同的解释。张舜徽先生认为，儒家六经，"旁逮诸子百家皆以立意为宗，悉可以艺统之"；"文"则指"文学"部分（意即"诗赋略"）。④ 笔者赞同张先生的观点。盖诸子九家，是"六经之支与流裔"，可归属"学艺"部分；兵书、数术、方技，属于"技艺"范畴，都可以"艺"来统率，唯诗赋乃"文"耳。章学诚《校雠通义》云："《七略》以兵书、数术、方技为三部，列于诸子之外者，诸子立言以明道，兵书、数术、方技守法以传艺，虚理实事，义不同科故也。"⑤ 可为佐证。

《汉志》类序是大量文献整理后的产物。汉代对儒家经典的尊崇，对儒家礼制文化的修复、建设与推广，使儒家经典的教学规模越来越大，整个社会弥漫着浓厚的"尚文"风气，文化下移，文人日多；国家安定，章程制度制定一新，民间保存下来的图书也渐渐出现了。《史记·太史公自序》云：

---

① 吕友仁：《周礼译注》，中州古籍出版社，2004 年，第 174 页。
② 司马迁：《史记·滑稽列传》，中华书局，1959 年，第 3197 页。
③ 司马迁：《史记·太史公自序》，中华书局，1959 年，第 3290 页。
④ 张舜徽：《汉书艺文志通释》，华中师范大学出版社，2004 年，第 167 页。
⑤ 章学诚：《校雠通义·校雠条理》，见《中国历代图书著录文选》，北京大学出版社，1997 年，第 333 页。

秦拨去古文，焚灭《诗》《书》，故明堂石室金匮玉版图籍散乱。于是汉兴，萧何次律令，韩信申军法，张苍为章程，孙叔通定礼仪，则文学彬彬稍进，《诗》《书》往往间出矣。①

汉初即由张良、韩信序次兵法，官府所藏兵书"凡百八十二，删取要用，定著三十五家"。②可见，文献整理的工作，西汉建国之初就开始了。但大规模的文献整理和具有标志性意义的工作，是西汉末年刘向刘歆父子的校录群书。《汉书·楚元王传（后附刘向传）》：

成帝即位……向以故九卿召拜为中郎，使领护三辅都水。……而上方精于《诗》《书》，观古文，诏向领校中五经秘书。③

《汉书·艺文志》：

至成帝时，以书颇散亡，使谒者陈农求遗书于天下。诏光禄大夫刘向校经传诸子诗赋，步兵校尉任宏校兵书，太史令尹咸校数术，侍医李柱国校方技。每一书已，向辄条其篇目，撮其指意，录而奏之。会向卒，哀帝复使向子侍中奉车都尉歆卒父业。歆于是总群书而奏其《七略》，故有《辑略》，有《六艺略》，有《诸子略》，有《诗赋略》，有《兵书略》，有《术数略》，有《方技略》。④

汉代对文献整理工作的重视以及大量文献整理后的重新面世，为书目类序的产生提供了特殊的社会土壤。

《汉志》共分六"略"："六艺略""诸子略""诗赋略""兵书略""数

---

① 司马迁：《史记》，中华书局，1959年，第3319页。
② 班固：《汉书》，中华书局，1962年，第1949—1950页。
③ 班固：《汉书》，中华书局，1962年，第1966页。
④ 班固：《汉书》，中华书局，1962年，1701页。

术略""方技略"。每略之下再分小类，如"六艺略"分九类：《易》、《书》、《诗》、《礼》、《乐》、《春秋》、《论语》、《孝经》、小学；"诸子略"又分十家：儒家、道家、阴阳家、法家、名家、墨家、纵横家、杂家、农家、小说家；"兵书略"又分四类：权谋、形势、阴阳、技巧；"数术略"则分为六小类：天文、历谱、五行、蓍龟、杂占、形法；"方技略"区分四类：医经、经方、房中、神仙。除总序外，六略后有小序共六篇，各略下小类后亦有序计三十三篇，共计类序四十篇。

《汉志》是对刘氏父子学术的继承与发展。《汉志》继承了《七略》的分类体系，与《七略》相比，其最大的变化则是删削了《七略》中大量的简要解题文字。节取了它的精华。① 张舜徽先生《汉书艺文志通释》从书籍体例的角度做了较好的阐释："《七略》原本于每书名之下，各有简要之解题，故为书至七卷之多。由其为簿录专籍，自可任情抒发。至于史册包罗甚广，《艺文》特其一篇，势不得不剪汰繁辞，但存书目。史志之所以不同于朝廷官簿与私家目录者，亦即在此。"② 同时，散《七略·辑略》之大小序入各自本类，形成了《汉志》"总序、大序、小序"的三级类序结构。《汉志》前面有一篇总序作为全志的总纲，每略有一篇大序，每略之中又分若干小类，每一小类后又有一小序。大序、小序论述学术的渊源，师承授受，先明其长而终言其弊，分析其学术的优劣得失。四十篇类序是对"九流百家之言"的一次全面性的学术总结。它不只是给诸子六家命名，而且是给"学林""百氏"之学命名；也不只是给百家之学命名，而且还建构了古代知识的构架，梳理了不同知识的层次，并在此基础上给"群书"分类，基本确立了我国古代两千年来图书分类的义例，绍介了诸子百家学术的起源同异和发展演变情况。

---

① 武秀成：《〈汉书·艺文志〉总序献疑》，《古典文献研究》2013年第1期。
② 张舜徽：《汉书艺文志通释》，华中师范大学出版社，2004年，第176页。

二、《汉书·艺文志》类序的内容特点

《汉志》类序按内容上的不同，可以分为两类：一类叙述各略、各类的学术源流，是浓缩了的学术发展演变剪影；另一类说明各类学术的主要性质及其社会功用。

第一类序文包括总序、六篇大序，以及《六艺略》和《诸子略》各类小序共计二十六篇。这类序文以叙述各类学术的发展，追溯其渊源出处、流衍变化为主。章学诚在《校雠通义·补校汉书艺文志》中说："《汉志》最重学术源流，似有得于太史《叙传》及庄周《天下篇》、荀卿《非十二子》之意。此叙述著录所以有关于明道之要，而非后世仅计部目者之所及也。"① 对于学术渊源、社会功用、师儒传授和学术流别，这二十六篇类序为我们勾勒了一幅清晰的轮廓。

如总序讲述先秦至西汉时期的学术发展及《汉志》的成篇缘起：

> 昔仲尼没而微言绝，七十子丧而大义乖。故《春秋》分为五，《诗》分为四，《易》有数家之传。战国从衡，真伪分争，诸子之言纷然殽乱。至秦患之，乃燔灭文章，以愚黔首。汉兴，改秦之败，大收篇籍，广开献书之路。迄孝武世，书缺简脱，礼坏乐崩，圣上喟然而称曰："朕甚闵焉！"于是建藏书之策，置写书之官，下及诸子传说，皆充秘府。至成帝时，以书颇散亡，使谒者陈农求遗书于天下。诏光禄大夫刘向校经传诸子诗赋，步兵校尉任宏校兵书，太史令尹咸校数术，侍医李柱国校方技。每一书已，向辄条其篇目，撮其指意，录而奏之。会向卒，哀帝复使向子侍中奉车都尉歆卒父业。歆于是总群书而奏其《七略》，故有《辑略》，有《六艺略》，有《诸子略》，有《诗赋略》，有《兵书略》，有《术数略》，有《方技略》。今删其要，以备篇籍。②

---

① 章学诚撰，王重民通解：《校雠通义通解》，上海古籍出版社，1985年，第47页。
② 班固：《汉书》，中华书局，1962年，第1701页。

总序认为古代学术折衷于孔子，自其学继承者七十子之徒死后，学术开始混乱，《春秋》《诗》《易》的传授流派纷呈，儒学传统出现分裂。诸子蜂起，各有不同的政治和学术主张。秦代始皇焚书，以愚百姓，学术一片黑暗。直到西汉时期，中国的学术才重现生机，统治者广开"献书之路"，多次组织整理图书。而成帝时征遗书于天下，刘向等领旨校书，是一次大规模的国家整理文献的行为。刘向去世后，刘歆子承父业，在已有成果的基础上，完成了大型目录学著作《七略》的编纂。而《汉志》则是在《七略》的基础上"删其要"编成的。类序在叙述学术渊源流变的过程中，揭示出《汉书·艺文志》诞生的历史背景。

六篇大序主要论述各类学术的发展情况，并对后人在传授过程中出现的弊端进行评价。其内容包括叙述各自产生的源头、作用、后世的传授情况以及作者的见解。如《兵书略》类序：

> 兵家者，盖出古司马之职，王官之武备也。《洪范》八政，八曰师。孔子曰为国者"足食足兵"，"以不教民战，是谓弃之"，明兵之重也。《易》曰"古者弦木为弧，剡木为矢，弧矢之利，以威天下"，其用上矣。后世耀金为刃，割革为甲，器械甚备。下及汤、武受命，以师克乱而济百姓，动之以仁义，行之以礼让，《司马法》是其遗事也。自春秋至于战国，出奇设伏，变诈之兵并作。汉兴，张良、韩信序次兵法，凡百八十二家，删取要用，定著三十五家。诸吕用事而盗取之。武帝时，军政杨仆捃摭遗逸，纪奏兵录，犹未能备。至于孝成，命任宏论次兵书为四种。[①]

序文首先指出了兵家来源于司马一职，与马政有关；之后引经据典，通过《尚书·洪范》《论语·子路》《易·系辞下》这三篇典籍的记载，说明最早的用兵是为了常备军事和威慑外敌；汤、武时期用兵主要是"以师克乱而济百姓"；而春秋至于战国，"出奇设伏，变诈之兵并兴"，以攻取战胜为要，用兵之法发生巨变。最后介绍了西汉时期对兵书的三次校理工作。序文通过

---

① 班固：《汉书·艺文志》，中华书局，1962年，第1762—1763页。

这种方式言简意赅地介绍了"用兵"目的的发展历程及《兵书略》产生的相关背景。

《六艺略》各小序则主要讲述该类图书的形成过程、传授情况、基本内容、得名由来等。如《六艺略》之《诗》类类序：

> 《书》曰："诗言志，歌咏言。"故哀乐之心感，而歌咏之声发。诵其言谓之诗，咏其声谓之歌。故古有采诗之官，王者所以观风俗，知得失，自考正也。孔子纯取周诗，上采殷，下取鲁，凡三百五篇，遭秦而全者，以其讽诵，不独在竹帛故也。汉兴，鲁申公为《诗》训故，而齐辕固、燕韩生皆为之传。或取《春秋》，采杂说，咸非其本义。与不得已，鲁最为近之。三家皆列于学官。又有毛公之学，自谓子夏所传，而河间献王好之，未得立。①

序文先指出诗与歌在作用及表现形式上的不同；接着介绍《诗》的产生，即以采诗为源头，采诗的目的为因果而形成《诗》。此后，孔子选诗以定《诗三百》。秦始皇焚书，《诗》以其口头流传的优势而保存。至汉代传《诗》列于学官者分为齐、鲁、韩等三家。齐、韩两家之传，"或取《春秋》，采杂说"，非其本义。鲁申公的训解，于《诗》的本义，则最为接近。另有毛公所传，但对毛公"子夏所传"的说法，用"自谓"二字表示了存疑的看法。

又如《六艺略》之《论语》类类序：

> 《论语》者，孔子应答弟子时人及弟子相与言，而接闻于夫子之语也。当时弟子各有所记。夫子既卒，门人相与辑而论纂，故谓之《论语》。汉兴，有齐、鲁之说。传《齐论》者，昌邑中尉王吉、少府宋畸、御史大夫贡禹、尚书令五鹿充宗、胶东庸生，唯王阳名家。传《鲁论语》者，常山都尉龚奋、长信少府夏侯胜、丞相韦贤、鲁扶卿、前将军萧望之、安昌侯张禹，皆名家。张氏最后而行于世。②

---

① 班固：《汉书·艺文志》，中华书局，1962年，第1708页。
② 班固：《汉书·艺文志》，中华书局，1962年，第1717页。

《论语》的基本内容及成书由来，汉代传授的齐、鲁二家，其学术传布，及其最有名于世者，陈述一清二楚。又如《六艺略》小学类类序，对汉字的产生、汉字著述及其作者、汉字的的演变、汉代的文字政策及教学与使用情况，均做了较为详细的说明。

《诸子略》小序比较简短，大都先介绍各家所出之源，及其社会功用。如论"儒家"说："儒家者流，盖出于司徒之官，助人君顺阴阳明教化者也。"《周礼·地官司徒》说司徒的职责是掌邦教，"以佐王安扰邦国"，也就是上文所说的"助人君顺阴阳明教化"。又如论"道家"说："道家者流，盖出于史官，历记成败存亡祸福古今之道，然后知秉要执本，清虚以自守，卑弱以自持，此君人南面之术也。"清姚明辉《汉志注解》引《经典释文·老子音义》说："司马氏世为史官，而太史谈《论六家要旨》，推重道家，其言道家使人精神专一，与时迁移，应物变化，旨约易操，事少功多，即秉要执本之谓也。"① 再如论"法家"说："法家者流，盖出于理官，信赏必罚，以辅礼制。"据《周礼》记载，理官即上古治狱之官，夏时称为大理，周代称为大司寇。《汉志》诸子略类序将诸子十家与周朝的各官职相匹配，其意在推阐各家学术的源头，抬高其学术地位。类序在称颂诸子学说利于治国的同时，也陈述了其学说的不足。如道家"绝去礼学，兼弃仁义"；墨家"推兼爱之意而不知别亲疏"；阴阳家的"牵于禁忌，泥于小数，舍人事而任鬼神"；法家的"残害至亲，伤恩薄厚"；名家的"苟钩鉫析乱"；纵横家的"上诈谖而弃其信"；杂家的"漫羡而无所归心"；农家的"悖上下之序"，等等。

这一类类序文还体现出了汉代以儒学为尊，以儒学为标准对诸子之学进行扬弃、整合和融通，最终形成学术融合的倾向。首先，类序中到处体现了儒学在汉代的尊贵地位。总序叙述学术史以儒学为对象，讨论儒道的兴衰，涉及诸子之学也是持批评的态度："战国从衡，真伪分争，诸子之言纷然殽乱。"②《六艺略》大序亦给六经以高度评价，并以五经配五常。在六略的编排上首冠《六艺略》，在《诸子略》中亦首列儒家，这些排序都体现出"儒学独尊"，两

① 姚明辉：《汉书艺文志注解》，引自陈国庆编《汉书艺文志注释汇编》，中华书局，1983年，第129页。
② 陈国庆：《汉书艺文志注释汇编》，中华书局，1983年，第2页。

汉时期儒学与其他诸子之学相比地位上的差异。在类序的引文中也体现了儒家思想的重要性，《汉志》类序引用儒家典籍随处可见。① 其次，汉代学者在尊崇儒学的同时，并没有扬弃其他的诸子之学，认为诸子学说"虽有弊短，合其要归，亦六经之支与流裔"②，并通过各种方法将其纳入儒学的领域中，为儒学服务。在《诸子略》类序中，班固以儒家为评价标准对其他九家起源、学术的利弊进行了评论，贯穿着汉代学术兼收并蓄的融通思想，体现出汉代"以儒学为尊"兼取各派学说学术融合的特点。

第二类序文包括《兵书略》《数术略》《方技略》等各类之后的小序，这些小序一般解释每小类学术的性质、该类的特征以及社会在利用过程中存在的问题。如《数术略》五行类类序：

> 五行者，五常之形气也。《书》云"初一曰五行，次二曰羞用五事"，言进用五事以顺五行也。貌、言、视、听、思心失，而五行之序乱，五星之变作，皆出于律历之数而分为一者也。其法亦起五德终始，推其极则无不至。而小数家因此以为吉凶，而行于世，浸以相乱。③

文中首先将金、木、水、火、土五行与儒家仁、义、礼、智、信五常相联系，认为五行是五常的形体和气质。继而略引《尚书·洪范》中的话，来阐述古代帝王用五行为始统摄规范九类社会活动，进而用貌、言、视、听、思五事从顺五行之变化，而五事之心虑失衡，五行之序就会错乱，金、木、水、火、土五大行星就会出现异常，人世间的水、旱、兵、疫也将相继发生。这些不正常的变化，全来自律历的数变，因为它们各自都在一个数位之上。④ 五行之法起源于五德终始说，其应用似乎无所不能。一些具有小技能的人应用其推

---

① 陈莉：《从汉书艺文志序言看汉代"多元一体"的学术融合》，《南都学坛》2009年第3期。

② 班固：《汉书·艺文志》，中华书局，1962年，第1746页。

③ 班固：《汉书·艺文志》，中华书局，1962年，第1769页。

④ 参见皮锡瑞：《今文尚书考证》，中华书局，1989年，第239—245页；李致忠：《三目类序释评》，北京图书馆出版社，2002年，第422—423页。

断吉凶，流行于世，五行之宗旨逐渐变得混乱。序文简要地介绍了五行的性质起源、特征和社会应用的情况。又如《方技略》医经类类序和经方类类序：

> 医经者，原人血脉经落（络）骨髓阴阳表里，以起百病之本，死生之分。而用度箴石汤火所施，调百药齐和之所宜。至齐（剂）之得，犹磁石取铁，以物相使。拙者失理，以愈为剧，以死为生。①
>
> 经方者，本草石之寒温，量疾病之浅深，假药物之滋，因气感之宜，辩（辨）五苦六辛，致水火之齐（剂），以通闭解结，反之于平。及失其宜者，以热益热，以寒增寒，精气内伤，不见于外，是其独失也。故谚曰："有病不治，常得中医。"②

医经类类序首先就点明医学经典的性质：医学经典是探究人的血脉、经络、骨髓、阴阳、表里的健康病变，发现百病的根源，分清死生界限的著作。还被用来指导箴石汤火的施行，百药调和的宜否。药剂调配适当，箴石汤火施行适宜，就会如用磁石取铁，药用病除。庸医掌握不了医理病情，就会以病愈为病情加剧，病剧将死而以为将起死为生。经方，指上古相传的医方，一谓常用之验方。③依据草药砭石的寒温，测量疾病的深浅，借助药物的滋养，因人的生理、心理、气血而制宜，分辨五苦六辛，借助水火煎熬成剂，以疏通闭塞郁结之气，使人体返回平和状态。庸医则"以热益热，以寒增寒，精气内伤，不见于外"，起了相反的作用。两篇类序，剖析医经、医方本质、作用及使用不当所造成的后果。此外，诸如权谋类类序："权谋者，以正守国，以奇用兵，先计而后战，兼形势，包阴阳，用技巧者也"；形势类类序："形势者，雷动风举，后发而先至，离合背向，变化无常，以轻疾制敌者也"；阴阳类类序："阴阳者，顺时而发，推刑德，随斗击，因五胜，假鬼神而为助者也"；技巧类类序："技巧者，习手足，便器械，积机关，以立攻守之胜者也"；历谱类类序："历谱者，序四时之位，正分至之节，会日月五星之辰，以考寒暑杀生

---

① 班固：《汉书·艺文志》，中华书局，1962年，第1776页。
② 班固：《汉书·艺文志》，中华书局，1962年，第1778页。
③ 张舜徽：《汉书艺文志通释》，华中师范大学出版社，2004年，第422页。

之实"，等等，都是着眼于其性质、功用的揭示。

这类小序在行文的过程中，仅仅简单地说明内涵，几乎都没涉及对各类学术源流的追述，大抵是因为这些书籍实用性较强，数量较少，并非当时学术界主流，处于边缘状态。《六艺略》和《诸子略》所收录的典籍大都是当时文士们关注的焦点，其所代表的学说亦是当时文坛的主流；而《兵书略》《数术略》《方技略》所辑录大多数是实用性较强的书籍，其主要是用于社会生活中，不属于文人讨论的范围之内。

三、《汉书·艺文志》类序的思想取向

从《汉志》总序，特别是从《诸子略》各家类序来看，《汉志》尊孔重儒，推崇古文经学，然而并不主张罢黜百家、儒家一元，而是主张诸子百家多元并存。[①] 以下就《汉志》类序之思想取向，略做分析。

（一）尊孔重儒

首先，《汉志》体现尊崇儒学而又整合百家之学的大一统文化思想。从分类及类目设置、排列的角度已经体现这个特点。将《六艺略》列居诸略首位，将儒家列居诸子首位，都体现尊儒崇经的时代特色。《汉志》总序介绍先秦至西汉经学的分裂、诸子的纷争以及当时典籍的存佚与聚散情况，却并没有溯源"三坟五典""八索九丘"的远古书籍。以"昔仲尼没而微言绝"开篇，推重孔子，从儒道衰微说起。把儒学典籍置于群书之首，开卷即以儒道为尊。《汉志》中首列《六艺略》，收录儒家经典，以突出其特殊地位。《汉志》推崇孔子，不仅将儒家列于先秦诸子十家之首，而且对儒家的评价最高。在《诸子略》小序中，班固把儒家之起源归于"司徒之官"，其思想学说是以"祖述尧舜，宪章文武，宗师仲尼"为基础的，而且"已试之效者也"，"于道最为高"。再次，在《汉志》类序序言中，将五经之学与"五常"之道"相须而

---

① 陈莉：《从〈汉书·艺文志〉序言看班固的学术价值取向》，《史学月刊》2009 年第 6 期。

备", 不仅把《书》《诗》《礼》《乐》《春秋》与"仁、义、礼、智、信"的"五常"之道、而且与"金、木、水、火、土"的"五行"之道进行勾连比附, 把儒家经典伦常化、神圣化。最后, 六经中之《易》, 在《汉志》类序中, 亦被拔高到五经之"原"的地位,"《易》不可见, 则乾坤或几乎息矣", 是神圣不可须臾离弃的。

（二）主张学术融合

《汉志》类序在评述诸子百家学术时, 并不是孤立地、片面地看各家学派, 而是做通观式辩析。首先追溯其渊源, 介绍其宗旨和主张, 同时评断其"所长"和"所短"。这种评断往往引用孔子的言论做参照, 以圣人之言为圭臬, 在儒学之光的烛照之下, 这种评价涂上了浓厚的儒学色彩。[①] 但又指出诸子百家之学为"六经之支与流裔", 凸显其多元并存的合理性。《诸子略》总序把诸子九流十家作为一类, 把道家、法家等九家与儒家并列, 提出诸子百家之间"其言虽殊, 辟犹水火, 相灭亦相生也","相反而皆相成也"。其次,《汉志》对诸子学说的评论, 体现了其主张学术融通的价值取向。《诸子略》类序中, 班氏以儒家的标准对各派的起源和优缺点进行了评论, 自始至终贯穿着汉代学术兼收并蓄的融通思想。认为道家"知秉要执本, 清虚以自守, 卑弱以自持"是符合"尧之克攘""《易》之嗛嗛, 一谦而四益"的; 阴阳家在于"阴阳五行说", 其所为"敬顺昊天, 历象日月星辰, 敬授民时", 亦为尊儒的汉政府所吸收; 法家类小序中指出"先代君王严明刑罚、整饬法度"的做法, 可以用来"信赏必罚"以"辅礼制"; 名家类小序中充分肯定了名家重"名", 讲求"名"与"实"相对应的观点, 肯定了名家与儒家在这点上的相通性; 认同墨家"贵俭""兼爱""上贤""右鬼""非命""上同"的观点。认为,"若能修六艺之术, 而观以九家之言, 则可以通万方之略矣"。可见《诸子略》一篇大序、十篇小序, 无不贯穿着班固以儒为本学术大融合的学术取向。

---

① 郭明志:《学术之宗, 明道之要——论汉书艺文志的目录学价值》,《古籍整理研究学刊》2003 年第 6 期。

（三）推崇古文经

班固是古文经学家，对于古文经十分推崇，对于刘歆亦十分崇拜，因而在《汉志》中秉承了刘歆尊崇古文经批判今文经的学术倾向。作为古文经学家，班固当然重视古文经，重视训诂，主张还经传之本来面目。他"所学无常师，不为章句"，不重家法、师法，十分推崇古文经。班氏通过记载刘向今文经、古文经相校之事实，来显示今文经"学残文缺"的现象。如：

> 刘向以中古文校欧阳、大小夏侯三家经文，《酒诰》脱简一，《召诰》脱简二，率简二十五字者，脱亦二十五字，简二十二字者，脱亦二十二字，文字异者七百有余，脱字数十。[①]

欧阳、大小夏侯三家是汉代今文《书》经，不仅脱简、脱字严重，甚至连篇幅与古文书经亦相差很大。又如《孝经》类类序：

> 《孝经》者，孔子为曾子陈孝道也。夫孝，天之经，地之义，民之行也。举大者言，故曰《孝经》。汉兴，长孙氏、博士江翁、少府后仓、谏大夫翼奉、安昌侯张禹传之，各自名家。经文皆同，唯孔氏壁中古文为异。"父母生之，续莫大焉"，"故亲生之膝下"，诸家说不安处，古文字读皆异。[②]

张舜徽先生《汉书艺文志通释》《孝经》条注云："刘向所言，乃据今文十八章本校之辞，谓古文本多于今文本四章也。本《志》下文颜《注》引桓谭《新论》云：'《古孝经》千八百七十二字，今异者四百余字。'可知二本在西汉末年，非特章数不同，文字亦复多异。"[③] 这里，班固是用事实来说明古文经比今文经更翔实可靠，其目的就在于向统治者说明古文经可以与今文经相互印证，可以弥补今文学"经或脱简，传或间编"的缺漏，是有利于探求儒经

---

① 班固：《汉书·艺文志》，中华书局，1962 年，第 1704 页。
② 班固：《汉书·艺文志》，中华书局，1962 年，第 1719 页。
③ 张舜徽：《汉书艺文志通释》，华中师范大学出版社，2004 年，第 241 页。

原旨、寻求真道的。

《汉志》的类序，包括总序、各大类的类序、各小类的类序，都是直接阐述学术思想要旨的文字，它们奠定了"辨章学术，考镜源流"的目录学传统。清代章学诚曾给予高度的评价："盖自刘向父子部次条别，将以辨章学术，考镜源流。非深明于道术精微、群言得失之故者，不足与此。后世部次甲乙，纪录经史，代有其人，而求能推阐大义，条别学术异同，使人由委溯源，以想见于坟籍之初者，千百之中不十一焉。"①呜呼！"非深明于道术精微、群言得失之故者，不足与此"，章氏之言审矣！向、歆父子《别录》《七略》佚失已久，班固在其书基础上编纂的《汉志》独存。一脉相传，亦中国学术之大幸欤！

---

① 章学诚撰，王重民通解：《校雠通义通解》，上海古籍出版社，2009 年，第 1 页。

第五章　《隋书·经籍志》类序

　　《隋书·经籍志》与《汉书·艺文志》被称为是中国史志目录的双璧（以下《隋书·经籍志》简称《隋志》，《汉书·艺文志》简称《汉志》）。《隋志》以四卷的篇幅，按照经、史、子、集四部分类，收录隋代现存藏书及见存各书目著录的亡佚之书，仿照《汉志》首有总序、各类附小序、各书夹小注的编纂体制，总结汉代以来至唐初的学术发展，阐述其学术源流及演变。其类序继承了《汉志》类序的优良传统，又有所发扬光大。

　　《隋志》共有类序四十八篇。计总序一篇，经、史、子、集四部大序各一篇。四部下分小类，经部有《易》、《书》、《诗》、《礼》、《乐》、《春秋》、《论语》、《孝经》、小学和异说类小序十篇，史部有正史、古史、起居注、杂史、霸史、旧事、职官、仪注、刑法、杂传、地理、谱系和簿录类小序十三篇，子部有儒家、道家、五行、法家、名家、墨家、纵横家、杂家、农家、小说家、兵家、天文、历数和医方类小序十四篇，集部有楚辞、别集和总集类小序三篇。四部之外，道经和佛经两类各有大序一篇，末有后序一篇。《隋志》和《汉志》的编纂体例基本上一样。总序一篇，为全书之纲领。大小序四十七篇，用以"辨章学术，考镜源流"。《隋志》总序中言类序有五十五篇，与今存情况不合。清代姚振宗分析了类序数目变化的原因，认为大概是以前著录的道佛十五篇，每篇都有类序，但是为了遵循《汉志》存序四篇之例，而道佛两录又在四部正文之外，故其序可以省略，省略之后又不及追改总序中关于类序数目的记载。[①]

---

　　① 姚振宗：《隋书经籍志考证》，《二十五史补编》本（第四册），开明书店，1937年，第5042页。

一、《隋书·经籍志》类序概述

《隋志》继承了《汉志》有总序、大序、小序的体例，并有进一步的改进。

总序位于《隋志》之首，综述三代以来典籍发展演变的历史，对经籍的作用、产生与流布，叙之甚详；阐述并评价各历史时期的学术发展状况，以及自春秋时孔子整理古代典籍至唐修《晋书》千余年间我国古籍流散、聚集之历史；古籍所经历的数次灾难和历代对古籍的整理活动。尤其是详细叙述了汉魏六朝目录学的发展，对当时的目录学著作给予了精当评价。

大序是附在各大类之后的序文，总括该大类学术发展、演变，并揭示对《汉志》的继承与创新。如经部的大序，首先强调学习的重要性以及古之君子学习的态度、方法，然后论述孔子殁后异说纷起导致儒家学派的分化，批评东汉谶纬之说、晋代玄言对经文的穿凿妄作而造成的"驰骋烦言，以紊彝叙，晓晓成俗，而不知变"的学术弊端。可以说，经部大序用凝练的文字总括了隋代以前经学发展、衰亡的历史进程。此外，《隋志》大序还在序末以简短的文字揭示其在分类上对《汉志》的继承与创新，如经部大序："班固列六艺为九种，或以纬书解经，合为十种。"史部大序："班固以《史记》附《春秋》，今开其事类，凡十三种，别为史部。"子部大序："《汉书》有《诸子》《兵书》《数术》《方技》之略，今合而叙之，为十四种，谓之子部。"集部大序："班固有《诗赋略》凡五种，今引而伸之，合为三种，谓之集部。""合为""开其事类""合而叙之""引而伸之"，可见《隋志》在分类上对《汉志》有继承，又有创新，或分或合，或增或减，既溯其源，又辨其流。

小序是附在各小类之后的序文，明其类目，辨其源流，是其旨趣。

如经部《书》类小序承《汉志》之传统，先述其缘起，再述孔子删《书》，撰写序文；西汉伏生口传，至欧阳、大小夏侯三家并立；孔安国为孔壁古文《尚书》作传，其传承授受渊源；东汉至晋南北朝的注解流传等，阐述得十分清晰。

在《汉志》中，史部之书附经部《春秋》类之末。至《隋志》始创史部，故史部各小序为《隋志》首创。史部各小类亦大抵先述学术缘起，再申述分类之缘由、阐明类名。如正史类类序先介绍古时史官撰写"国史"的情况，再分别记述《史记》《汉书》《三国志》成书经过和编纂体例，指出后世沿此体例编纂之史书，皆"以为正史"。最后叙述后世关于《史记》、两《汉书》、《三国志》的训释著作，并指明其分类亦属于正史。

子部各小序大体依仿《汉志》之《诸子略》《兵书略》《方技略》之小序，先释各家性质，次述其功用，再叙其传承，最后明其弊端。如儒家类小序舍弃《汉志》小序的儒家"出身"之说，直接点明儒者是"助人君明教化"的人。因为圣人之教非街谈巷说所能宣扬，需经由儒者宣而明之。故儒者的作用是用仁义之道、五常纲纪来阐扬天道人伦，教化众生。儒家源自"太宰以九两系邦国之人"，至周室道衰，纲纪散乱，孔子乃修正六经，广收门徒，宣扬圣人之教化。至战国，孟轲、子思、荀子诸人各凭己见阐发孔子之道。其后俗儒，为谋名利，依照自己对儒家学说的一知半解而偏知乱解，纷纷立说释道，致使各学派丛起林立，一时之间真假莫辨、纷然淆乱。小序用简洁凝练的语言，概括了儒家的功用、缘起、师说、传承及弊端。

集部分楚辞、别集、总集三类。楚辞类小序先述屈原创作楚辞的时代背景、楚辞的著者、得名及其创作风格，后述楚辞之结集、注解及音训。别集为集部的主体部分，其小序先阐述别集产生的时代、成因、结集的方式、流传的原因及别集类序次依据。总集小序阐述了总集的产生、序次及收录范围。

《隋志》在总集后附道经、佛经两类，亦各有大序，阐述道经的产生、道经洁斋之法、道经的流传情况，佛经的产生、佛经传入中国的过程、佛经翻译与流传情况等，为后世研究道教、佛教之源起流布，提供了珍贵的资料。

二、《隋书·经籍志》类序的内容特征及功用

（一）继承沿用《汉志》类序文字

1. 直接沿用《汉志》类序文字

《隋志》与《汉志》一脉相承，类序文字时有直接沿用之处。如《隋志》总序："至于孝成，秘藏之书颇有散亡……叙而奏之。"《汉志》总序："至成

帝时，以书颇散亡……录而奏之。"两段文字基本相同。

《隋志》中各部大序也有直接沿用《汉志》大序的情况。如《隋志》经部大序："且耕且养，三年而成一艺。""一经至数百万言。"《汉志·六艺略》大序："古之学者耕且养，三年而通一艺。""说五字之文，至于二三万言。"叙述文字大同小异。

《隋志》小序中也多有沿用《汉志》小序文字之处。尤其在子部各小序中表现最为突出。例如，在子部各类小序中，经常沿用《汉志》文字揭示某类学术的弊端。如两志儒家类类序批评俗儒哗众取宠的文字；法家类小序批评法家严苛者的"伤恩害亲"；墨家类小序批评墨家愚者"推心兼爱，而混于亲疏"；农家类小序批评"鄙者为之……而乱上下之序"，等等。虽然略有差别，但因袭之迹昭然，作者也没有丝毫遮遮掩掩的痕迹。

2. 引用《汉志》类序中引述的经典文字

在引用经传方面，《隋志》类序与《汉志》类序引用相同的地方也较常见。如《隋志》子部总序引用"《易》曰'天下同归而殊涂，一致而百虑'"；法家类小序引用"《易》曰'先王以明罚饬法'"；名家类小序引用《论语》"名不正则言不顺，言不顺则事不成"；纵横家类小序引用《论语》"诵《诗》三百，使于四方，不能专对，虽多亦奚以为"；小说家类小序引用《论语》"虽小道，必有可观者焉，致远恐泥"等等，均与《汉志》中相应类序所引用经传文字完全相同。

叙述文字的沿用，引经据典的"雷同"，这种做法符合"编述"著作的体例。类序撰写亦有先例：《汉志》类序文字也大多是从刘歆《七略》中引述而来。既然原有文字明达晓畅，内容赅言简，《隋志》作者就认为可以直接"拿来"，为我所用。

（二）辨章学术，考镜源流

类序是古代书目"辨章学术，考镜源流"的主要工具。类序配合类例，实现书目辨考和彰显学术的功能，《汉志》首创其例。《隋志》继承《汉志》精髓，利用类序阐述学术流派，考稽、剖析学术源流，可谓炉火纯青、曲尽其妙。

1.揭示学术源流、学术流派的兴衰与学术内涵

在类序中言明学术源流，师承授受，各学术流派盛衰演变轨迹，《隋志》经部类序中的一些小序比较详细。如《易》类小序：

> 昔宓羲氏始画八卦，以通神明之德，以类万物之情。盖因而重之为六十四卦。及乎三代，实为三《易》：夏曰《连山》，殷曰《归藏》，周文王作卦辞，谓之《周易》。周公又作《爻辞》，孔子为《彖》《象》《系辞》《文言》《序卦》《说卦》《杂卦》，而子夏为之传。及秦焚书，《周易》独以卜筮得存，唯失《说卦》三篇。后河内女子得之。汉初，传《易》者有田何。何授丁宽，宽授田王孙，王孙授沛人施雠、东海孟喜、琅邪梁丘贺，由是有施、孟、梁丘之学。又有东郡京房，自云受《易》于梁国焦延寿，别为京氏学，尝立，后罢。后汉，施、孟、梁丘、京氏，凡四家并立而传者甚众。汉初又有东莱费直传《易》，其本皆古字，号曰古文《易》。以授琅邪王璜，璜授沛人高相，相以授子康及兰陵母将永。故有费氏之学，行于人间，而未得立。后汉陈元、郑众皆传费氏之学，马融又为其传，以授郑玄。玄作《易》注，荀爽又作《易》传。魏代王肃、王弼并为之注。自是费氏大兴，高氏遂衰。梁丘、施氏、高氏亡于西晋。孟氏、京氏有书无师。梁、陈郑玄、王弼二注列于国学。齐代唯传郑义。至隋，王注盛行，郑学浸微，今殆绝矣。《归藏》，汉初已亡，案晋《中经》有之，唯载卜筮，不似圣人之旨。以本卦尚存，故取贯于《周易》之首，以备殷《易》之缺。①

这篇序文，有二处需说明：第一，《连山》《归藏》二书均不见于《汉志》。《连山》为隋初刘炫所伪造。《归藏》曾被疑为汉代以后人伪造，但1993年，湖北江陵王家台秦墓出土《归藏》残本，其内容与古书所引佚文基本相合。可见传本确为先秦所传。第二，《周易》，"而子夏为之传"，此子夏非孔子弟子子夏，而应是西汉人韩商，字子夏。二处均《隋志》讲述之误。但瑕不

---

① 魏徵等：《隋书》，中华书局，1962年，第912—913页。

掩瑜，通篇序文对《易》的起源，师承传授情况，相关研究著述，原原本本，阐述清晰。如西汉初田何《易》、京房《易》二家的传授兴亡情况；费直古文《易》到隋初的学术传承情况，一览无余。其辨章学术，考镜源流的意旨，体现得十分到位。

叙述各家流派的源起及学术内涵，点明其社会功用。《隋志》子部小序的写法又与经部不同，因为子部收录的是诸子百家著述，不能像经部那样剖析师承传授的异同。如子部儒家类小序：

> 儒者，所以助人君明教化者也。圣人之教，非家至而户说，故有儒者宣而明之。其大抵本于仁义及五常之道，黄帝、尧、舜、汤、文、武，咸由此则。《周官》：大宰以九两系邦国之民，其四曰儒，是也。其后陵夷衰乱，儒道废阙。仲尼祖述前代，修正六经，三千之徒并受其义。至于战国，孟轲、子思、荀卿之流宗而师之，各有著述，发明其指。所谓中庸之教，百王不易者也。俗儒为之，不顾其本，苟欲哗众，多设问难，便辞巧说，乱其大体，致令学者难晓，故曰博而寡要。[①]

这篇小序，开宗明义，首先就说明了儒者的主要社会作用及其学术内涵的根本所在，并举古代贤王的做法论证说明。进而引述文献中的记载辅助论述儒者的职责作用。接着介绍其宗师孔子的学术事迹，后续学者的著述情况。最后指出该类学术研究中后学"俗儒"的学术弊病。

史部类序与集部类序均为《隋志》首创，其类序则显得更为灵活多样。如史部杂史类小序重点叙述各类史籍缘起及内容大要：

> 自秦拨去古文，篇籍遗散。汉初，得《战国策》，盖战国游士记其策谋。其后陆贾作《楚汉春秋》，以述诛锄秦、项之事。又有《越绝》，相承以为子贡所作。后汉赵晔，又为《吴越春秋》。其属辞比事，皆不与《春秋》《史记》《汉书》相似，盖率尔而作，非史策之

---

① 魏徵等：《隋书》，中华书局，1962年，第999—1000页。

正也。灵、献之世，天下大乱，史官失其常守。博达之士，愍其废绝，各记闻见，以备遗亡。是后，群才景慕，作者甚众。又自后汉以来，学者多抄撮旧史，自为一书，或起自人皇，或断之近代，亦各其志，而体制不经。又有委巷之说，迂怪妄诞，真虚莫测。然其大抵皆帝王之事，通人君子，必博采广览，以酌其要。故备而存之，谓之杂史。[1]

上述文字中，我们不难看出："杂史"实收录了"记策谋""记史事""记闻见""抄撮旧史""记委巷之说"等类别著述。又特别指出其内容"大抵皆帝王之事"。

而正史类小序着重介绍其来龙去脉，渊源发展之迹：

古者天子、诸侯，必有国史，以纪言行。后世多务，其道弥繁。夏、殷已上，左史纪言，右史纪事。周则太史、小史、内史、外史、御史分掌其事。而诸侯之国，亦置史官。又《春秋》《国语》引周志、郑书之说，推寻事迹，似当时记事，各有职司，后又合而撰之，总成书记。其后陵夷衰乱，史官放绝。秦灭先王之典，遗制莫存。至武帝时，始置太史公，命司马谈为之，以掌其职。时天下计书，皆先上太史，副上丞相，遗文古事，靡不毕臻。谈乃据《左氏》《国语》《世本》《战国策》《楚汉春秋》，接其后事，成一家之言。谈卒，其子迁又为太史令，嗣成其志。上自黄帝，迄于炎汉，合十二本纪、十表、八志、三十世家、七十列传，谓之《史记》。迁卒以后，好事者亦颇著述，然多鄙浅，不足相继。至后汉扶风班彪，缀后传数十篇，并讥正前失。彪卒，明帝命其子固，续成其志。……自是世有著述，皆拟班、马，以为正史，作者尤广。一代之史，至数十家。唯《史记》《汉书》师法相传，并有解释。……今依其世代，聚而编之，以备正史。[2]

---

① 魏征等：《隋书》，中华书局，1962年，第962页。
② 魏征等：《隋书》，中华书局，1962年，第956—957页。

　　类序备述了正史这一类史籍产生的由来。此外，或于小序中发掘各类史籍内容特征，如杂传类小序："又汉时阮仓作《列仙图》，刘向典校经籍，始作《列仙》《列士》《列女》之传，皆因其志尚，率尔而作，不在正史。……魏文帝又作《列异》，以序鬼物奇怪之事；嵇康作《高士传》，以叙圣贤之风。"起居注类小序："起居注者，录纪人君言行动止之事。"或讲述该类史籍的发展流变，如刑法类小序："《书》述唐、虞之世，五刑有服，而夏后氏正刑有五，科条三千。……至秦，重之以苛虐，先王之正刑灭矣。汉初，萧何定律九章，其后渐更增益，令甲已下，盈溢架藏。晋初，贾充、杜预删而定之，有律，有令，有故事。梁时，又取故事之宜于时者为《梁科》。后齐武成帝时，又于麟趾殿删正刑典，谓之《麟趾格》。后周太祖，又命苏绰撰《大统式》。隋则律令格式并行。自律已下，世有改作，事在刑法志。"等等。而集部大序："文者，所以明言也。古者登高能赋，山川能祭，师旅能誓，丧纪能诔，作器能铭，则可以为大夫。言其因物骋辞，情灵无拥者也。唐歌、虞咏，商颂、周雅，叙事缘情，纷纶相袭，自斯已降，其道弥繁。世有浇淳，时移治乱，文体迁变，邪正或殊。……属以高祖少文，炀帝多忌，当路执权，逮相摈压。于是握灵蛇之珠，韫荆山之玉，转死沟壑之内者，不可胜数，草泽怨刺，于是兴焉。古者陈诗观风，斯亦所以关乎盛衰者也。"洋洋洒洒，不仅阐释了文集产生的历史渊源，历代文体迁变和辞赋文化兴衰之由；还归纳介绍了唐初以前各时期代表文人及其文风，以及辞赋文化这一类著述在流传过程中不断发展衍变的概况，并指明文集具有陈诗观风的意义，认为："斯亦所以关乎盛衰者也。"指出了其与国家盛衰息息相关，是国家兴盛存亡的反映。

2. 说明著作起源、类目由来与沿革

　　在《隋志》中，类序的另一种功用就是说明著作起源及类目由来与沿革。

　　如正史类小序："正史之设肇于《隋志》。"开宗明义，然后追溯古时天子诸侯、夏殷周和诸侯国设置史官记载国史，"秦灭先王之典，遗制莫存"，至汉武帝时，司马谈为太史公，"谈乃据《左氏》《国语》《世本》《战国策》《楚汉春秋》，接其后事，成一家之言"，其子司马迁为太史令，嗣成其志，作《史记》。至后汉班彪，作后传数十篇；班固、班昭作《汉书》。至晋时，陈寿作《三国志》。"自是世有著述，皆拟班、马，以为正史。"清晰地勾勒出

正史类著作的起源及其发展脉络。楚辞类小序论述楚辞是屈原愤懑而作《离骚》，后人仿作而兴起的一种文体，以屈原为楚人而得名。别集类小序："别集之名，盖汉东京之所创也。""后之君子，欲观其体势，而见其心灵，故别聚焉，名之为集。"言别集始创于后汉，得名于后人对文士作品的分别汇聚。总集类小序讲叙总集由晋代挚虞摘精去芜，对诗赋下各类文章条分类编而得名等，论述了类目的由来。后人虽指出其说之谬，但亦体现出作者致力于追溯学术源流的精神。集部总序："班固有《诗赋略》，凡五种，今引而伸之，合为三种，谓之集部。"阐明了集部与《汉志》诗赋略的因循沿革关系，等等。

诸如此类的类序文字，是"辨章学术，考镜源流"的又一种形式。

3. 说明典籍的删改、散佚及流传情况

通过类序说明某类典籍删改、散佚及流传情况，也是《隋志》常用的手法。

如《易》类小序："周文王作卦辞，谓之《周易》。周公又作《爻辞》，孔子为《彖》《象》《系辞》《文言》《序卦》《说卦》《杂卦》。""及秦焚书，《周易》独以卜筮得存，唯失《说卦》三篇。"

《书》类小序："《书》之所兴，盖与文字俱起。孔子观《书》周室，得虞、夏、商、周四代之典，删其善者，上自虞，下至周，为百篇，编而序之。""遭秦灭学，至汉，唯济南伏生口传二十八篇。"

《诗》类小序："孔子删《诗》，上采商，下取鲁，凡三百篇。"

霸史类小序："诸国记注，尽集秘阁。尔朱之乱，并皆散亡。"

仪注类小序："自君臣父子，六亲九族，各有上下亲疏之别。养生送死，吊恤贺庆，则有进止威仪之数。唐、虞已上，分之为三，在周因而为五……遗文余事，亦多散亡。"等等。

由于朝代变迁或当朝者好恶，以及兵火之患等造成典籍兴盛亡佚之变，典籍滥觞、删削改编及流传之绪昭然若揭。即使在一千多年后的今天，我们仍能够从《隋志》类序中窥其崖略。

（三）揭示文献内容与社会功用

1. 揭示文献内容

《隋志》类序有时还用来揭示典籍内容。沿《汉志》体例，《隋志》对收录的每部著作，仅著录书名、作者名、作者朝代、书目存佚情况，不撰提要。然类序则常用来弥补这一缺失。

如地理类小序："《书》录禹别九州，定其山川，分其圻界，条其物产，辨其贡赋。""晋世，挚虞依《禹贡》《周官》，作《畿服经》，其州郡及县分野封略事业，国邑山陵水泉，乡亭城道里土田，民物风俗，先贤旧好，靡不具悉，凡一百七十卷。"其实质是对《畿服经》等三部文献的内容做了概述。而杂史类小序："《战国策》，盖战国游士记其策谋。""陆贾作《楚汉春秋》，以述诛锄秦、项之事。"揭示文献的主题更是言简意明，使读者阅后对这二部文献的内容有了大致的了解。

此外，总序还对《隋志》之前著名书目的内容、体例做了简介："（刘）歆遂总括群篇，撮其指要，著为《七略》：一曰《辑略》，二曰《六艺略》，三曰《诸子略》，四曰《诗赋略》，五曰《兵书略》，六曰《术数略》，七曰《方技略》。大凡三万三千九十卷。""魏秘书郎郑默始制《中经》，秘书监荀勖又因《中经》，更著《新簿》，分为四部，总括群书。一曰甲部，纪六艺及小学等书；二曰乙部，有古诸子家、近世子家、兵书、兵家、术数；三曰丙部，有史记、旧事、皇览簿、杂事；四曰丁部，有诗赋、图赞、汲冢书。大凡四部合二万九千九百四十五卷。""俭又别撰《七志》：一曰《经典志》，纪六艺、小学、史记、杂传；二曰《诸子志》，纪今古诸子；三曰《文翰志》，纪诗赋；四曰《军书志》，纪兵书；五曰《阴阳志》，纪阴阳图纬；六曰《术艺志》，纪方技；七曰《图谱志》，纪地域及图书。其道、佛附见，合九条。然亦不述作者之意，但于书名之下，每立一传，而又作九篇条例，编乎首卷之中。""有处士阮孝绪，沉静寡欲，笃好坟史，博采宋、齐已来王公之家凡有书记，参校官簿，更为《七录》：一曰《经典录》，纪六艺；二曰《记传录》，纪史传；三曰《子兵录》，纪子书、兵书；四曰《文集录》，纪诗赋；五曰《技术录》，纪数术；六曰《佛录》；七曰《道录》。"等等。《七略》《中经新簿》《七志》《七录》等几部书目虽佚，正是由于《隋志》对其内容体例的揭示，使得我们在一千多年后的今天，仍能略知其大致情况。

2. 论述文献的社会功用

《隋志》无论总序还是小序，都特别强调指明文献的社会功用。总序在开篇即表明了对经籍内容及功用的极为尊崇："夫经籍也者，机神之妙旨，圣哲之能事，所以经天地，纬阴阳，正纪纲，弘道德，显仁足以利物，藏用足以独善。学之者将殖焉，不学者将落焉。大业崇之，则成钦明之德；匹夫克念，则有王公之重。其王者之所以树风声，流显号，美教化，移风俗，何莫由乎斯道？"认为经籍中蕴涵着神机妙旨，是圣贤智慧心思的体现，可用以"经天地，纬阴阳，正纪纲，弘道德"，等等。在总序结尾又言："诸子为经籍之鼓吹，文章乃政化之黼黻，皆为治之具也。"表达了诸子学说文章典籍皆为治理国家之工具的观点。诸子百家由其典籍而彰显于世，典籍文章必因宣扬某种思想而作。这种思想作为政治和教化的装饰与辅助，都是统治阶层治理国家和引导社会风气的工具。

小序则几乎周遍性地揭示了各类著作的社会功用。如《诗》类"导达心灵，歌咏情志"；《乐》类"致神祇，和邦国，谐万姓，安宾客，悦远人"；儒家助人君明教化；法家"禁淫慝，齐不轨，而辅于治"；名家"正百物，叙尊卑，列贵贱，各控名而责实，无相僭滥"；兵家"禁暴静乱"；天文类"察星辰之变，而参于政"；历数类"揆天道，察昏明，以定时日，以处百事，以辨三统，以知厄会，吉隆终始，穷理尽性，而至于命"；医方用以"除疾病，保性命"；"杂者，兼儒、墨之道，通众家之意"；"墨者，强本节用之术也"；"小说者，街说巷语之说也"，"虽小道，必有可观者焉"；"从横者，所以明辩说，善辞令"；"道者，盖为万物之奥，圣人之至赜也"，等等。这种对不同类别文献社会功用的认识，体察精微，洞烛冥冥，显现了作者不凡的见解。通过类序，作者不仅彰显了文献内容，还进一步指出了文献的社会功用。

（四）评论典籍真伪优劣

《隋志》类序对各类典籍多有评论。评论内容涉及许多方面，不一而足。如评论注解经书的作者真伪，对所传郑氏注《古文孝经》，"相传或云郑玄，其立义与玄所注诸书不同，故疑之"。评论伪书，如《春秋灾异》，"然其文辞浅俗，颠倒舛谬，不类圣人之旨。相传疑世人造伪之后，或者又加点窜，非其实录"。评论书籍内容优劣，如晋太康元年，由魏襄王家得古竹简书，经荀勖、和峤整理，认为其书"多杂碎怪妄，不可训知"；后汉赵晔所作《吴越春秋》，"盖率尔而作，非史策之正也"；刑法类典籍，因"《汉律》久亡，故事驳议，又多零失"；古史类荀悦所作《汉纪》三十篇，"言约而事详，辩论多美"。评论一个时期的书籍，如职官类小序评价宋、齐之后职官类典籍"多琐细，不足可纪"；杂史类小序评价后汉之后的学者写史体制不经，又夹杂民间传说，不可尽信。评论一类书籍，如仪注类小序评论仪注类书籍"或伤于浅近，或失于未达，不能尽其旨要。遗文余事，亦多散亡"；正史类小序评论司马迁过世之后的著述"多鄙浅，不足相继"；杂史类小序评价杂史"盖率尔而作，非史策之正也"，等等。类序不仅用来彰显文献"优秀"的一面，也揭示其"不足"的一面，使读者在学习和利用文献时，有所借鉴和选择。

（五）说明分类编目思想

《隋志》类序在分类编目方面的思想，体现在分类原则、著录说明和书目编撰三个方面。

《隋志》总序正式提出了典籍的分类原则："离其疏远，合其近密，约文绪义。"即将内容内涵相近的典籍分到一起，并使各类条理清晰，源流详实，指引了后世的典籍分类工作。整个《隋志》的文献分类，是其分类原则的具体体现。井然有序，浑然一体，我们可以窥视出作者缜密的思维和分类思想体系。此外，《隋志》类序在类别之下著录书目也有其特别之处。对文献归类的种种特殊情况，往往在类序中做特别说明。如说明该类图书的排序缘由：《易》类小序："以本卦尚存，故取贯于《周易》之首，以备殷《易》之缺。"《书》类小序："又有《尚书》逸篇"，以其"似孔壁中书之残缺者，故附《尚书》之末"。说明归类缘由：《论语》类小序："《尔雅》诸书，解古今之意，并五经总义，附于此篇。"起居注类小序："其伪国起居，唯《南燕》一卷，不可别出，附之于此。"诸如此类，皆在各类小序中说明理由。

在书目编撰的体例方面，《隋志》簿录类小序特别叙述了古时史官掌管典籍有目录的体制，孔子删《书》作序及后人效仿，指出书目的由来已久。然自汉时刘向《别录》、刘歆《七略》之后，书目"不能辨其流别，但记书名而已"，认为是书目编撰的一种倒退。《隋志》编撰者肯定了书目作类序的体制，认为类序能"剖析条流"，"推寻事迹"，如果书目只是记录书名，则"不能辨其流别"，其学术作用肯定是要大打折扣的。

毋庸讳言，《隋志》类序也存在不足之处。《四库全书总目》云："惟《经籍志》编次无法，述经学源流，每多舛误。如以《尚书》二十八篇为伏生口传，而不知伏生自有《书》教齐鲁间。以《诗序》为卫宏所润益，而不知传自毛亨。以《小戴礼记》有《月令》《明堂位》《乐记》三篇为马融所增益，而不知刘向《别录》《礼记》已载此三篇。"① 今天看来，《总目》对经学源流的意见，是正确的。《隋志》于经、子类序，追溯源流，讹误之处较多。但论其"编次无法"，则难说公允。余嘉锡先生也曾指出《隋志》大序中经、子两序的不足："依仿《汉志》，凡所论说，不能出刘、班范围，及其补叙源流，又多违失。"但同时他也给予《隋志》类序很高的评价，称其总序"说经籍之源流甚详，足以上裨《汉志》之阙"，"叙汉、魏、六朝目录书体例，与《七录·序》互有详略，皆可以供参考"，盛赞《隋志》言"史官既立，经籍于是兴焉"，开章氏（章学诚）"六经皆史"之说之先声。小序"皆独具特识，通知著作之体。固不宜因偶有疏略，概肆讥弹也"。② 平心而论，《隋志》类序虽然存在不少缺陷，但与《汉志》、《四库全书总目》类序相较，各有千秋。仅就总序、大序言，《隋志》总序、史部大序、集部大序水准就远在《汉志》《总目》之上，小序更不乏"高标独秀，挺出邓林"的优秀篇章。"悬诸日月而不刊"，良有以也！

---

① 永瑢等：《四库全书总目》，中华书局，1965年，第409页。
② 余嘉锡：《目录学发微　古书通例》，上海古籍出版社，2013年，第58—59页。

第六章 《通典》类序

唐杜佑的《通典》是我国现存最早的一部系统的、"门类俱全的"专收历代典章制度资料的图书。唐代李翰在为其所作的序言中指出《通典》"采五经群史，上自黄帝，至于我唐天宝之末，每事以类相从，举其始终，历代沿革废置及当时群士论议得失，靡不条载附之于事，如人支脉散缀于体。凡有八门，勒成二百卷，号曰《通典》。非圣人之书、乖圣人微旨不取焉，恶烦杂也。事非经国礼法程制亦所不录，弃无益也"①。

今人常将《通典》视为政书。然而在《四库全书总目》将它著录为"政书"以前，《通典》一直被认为是类书的一种。如《旧唐书·艺文志》《宋史·艺文志》等都将其收入类书一类；20 世纪 30 年代初，燕京大学图书馆编制的《燕京大学图书馆目录初稿·类书之部》也将《通典》纳入类书典制门，同时又互见于"政书"类。类书是一种将文献或文献中的资料，按其内容分门别类，组织撰述；或者条分件系，原文照录或摘录的图书。②而《通典》的实质就是一种专收典章制度的类事类书。

一、《通典》类序概况

《通典》分食货、选举、职官、礼、乐、兵、刑法、州郡、边防九门，除食货门外，每门有"总序"（大序），因而共有总序（大序）八篇，均位于每门开篇之首。每门之下根据内容的不同，又区分为若干目，有些目下还根据需要设有"小序"，共有三十四篇，其中食货门五篇、职官门五篇、礼门六篇、兵门十二篇、边防门六篇。而选举、乐、刑法、州郡这四门只有总序（大序），而无小序。若再加上《通典》全书之"前言"（总序）一篇，则《通典》

---

① 杜佑：《通典》"李翰序"，中华书局，1988 年，第 1 页。
② 夏南强：《类书通论》，湖北人民出版社，2001 年，第 40 页。

共有类序四十三篇。

唐代李翰在《通典序》中说："杜公亦自为序引，各冠篇首。"[1] 就是对《通典》各门总序的一种描述。然而这种描述并不十分精确，因为《通典》食货门是没有总序的，大概食货门前有"前言"替代总序，故省去了总序文字。[2] 在《通典》"前言"中，杜佑主要论述了编纂全书的目的和"八门"顺序安排缘由，其中关于"食货"的论述是最为详尽的，全文四分之一的文字都是关于"食货"：

> 夫理道之先在乎行教化，教化之本在乎足衣食。《易》称聚人曰财。《洪范》八政，一曰食，二曰货。《管子》曰："仓廪实，知礼节；衣食足，知荣辱。"夫子曰："既富而教。"斯之谓矣。……[3]

不仅如此，食货门下的第一目便是"田制"，该目开篇也有一则小序，其中有部分文字对食货门所辖内容及其重要性做了一定程度的补充说明：

> 谷者，人之司命也；地者，谷之所生也；人者，君之所治也。有其谷则国用备，辨其地则人食足，察其人则徭役均。知此三者，谓之治政。……[4]

由此对于食货门而言，便形成了前有"前言"，后有"小序"的情况。大概正是这个原因，作者就没有撰写食货门总序。因为即便没有总序，食货门的立类缘由等也已在前言中做了较为充分的说明。

食货门之下又分有十六条目，分别是：田制、水利田、屯田、乡党、赋税、历代盛衰户口、丁中、钱币、漕运、盐铁、鬻爵、榷酤、算缗、杂税、平准、轻重。其中田制、赋税、历代盛衰户口、钱币、漕运五个条目又各有小序一篇。

---

① 杜佑：《通典》"李翰序"，中华书局，1988 年，第 1 页。
② 夏南强：《类书通论》，湖北人民出版社，2001 年，第 113 页。
③ 杜佑：《通典》"李翰序"，中华书局，1988 年，第 1 页。
④ 杜佑：《通典》，中华书局，1988 年，第 3 页。

选举门为《通典》中篇幅最小的一门，仅有总序一篇。该序概述了选举制度的起源和演变，以及古今选举制度的差异，指出人才的多寡、素质高低取决于两个因素，即教育和政治制度：

> 夫上材盖寡，中材则多，有可移之性，敦其教方善。若不敦其教，欲求多贤，亦不可及已。非今人多不肖，古人多材能，在施政立本使之然也。①

同时《通典》作者也对当时的选举取士制度做出了评价，指出："以言取士，既已失之，考言唯华，失之愈远。若变兹道，材何远乎？"

职官门有总序一篇，小序三篇。职官门总序名为《历代官制总序》，概述了上自伏羲氏，下至大唐历朝历代职官的命名、职能、分工等制度的演化及源流，细致而不烦琐，是《通典》中篇幅较长的一篇总序。

另外，职官门之中还有《三公总叙》《东宫官叙》和《王侯总叙》三个篇目，从名称、内容和文字风格上看，它们与其它各目有明显的不同，故这三目应被视为三篇小序。

其中《三公总叙》中指出"三公"是官制中的特殊职位，虞夏商周时，三公"不必备，唯其人。语使能也"②。即遇到有一定才能的人，才设为三公，倘若没有也可以不设，宁缺毋滥。其后历代对三公的数量、称谓、功用也都有不同的设置，这在该目所列内容中也得到了佐证："后汉惟有太傅一人，谓之上公。及有太尉、司徒、司空，而无师保。……宋皆有八公之官，而不言为八公也。……齐时，三公唯有太傅。"③

而《东宫官叙》本就是对东宫官职体制进行整体概述，与其后的"太子六傅""太子宾客""太子詹事""太子庶子""太子家令"等诸条目并不是并列的关系，故通篇可视为"职官十二东宫官"的小序。

《王侯总叙》则一边编列史实，一边又夹杂作者的议论，既梳理了历代封

---

① 杜佑：《通典》，中华书局，1988 年，第 308 页。
② 杜佑：《通典》，中华书局，1988 年，第 504 页。
③ 杜佑：《通典》，中华书局，1988 年，第 506 页。

国和郡县制度的发展源流，同时又对两种制度进行了比较和评价，其结论是："虽备征利病，而终莫究详。"① 不过作者最后亦指出："但立制可久，施教得宜，君尊臣卑，干强枝弱，致人庶富，享代长远。"② 作者认为，无论何种制度，只有持久且实行得法，使皇权巩固，百姓富庶，才是长久之计。故该目通篇可以作为一篇夹杂议论的类序来看。

礼门共分为两大部分，即《历代沿革礼》和《开元礼》。其中《历代沿革礼》有六十五卷，《开元礼》有三十五卷。是《通典》一书中篇幅最大的门类，约占全书二分之一的篇幅。礼门有总序一篇，《历代沿革礼》部分有小序六篇。有小序的类目分别是：郊天上、大禘、君臣冠冕巾帻等制度、天子车辂、宾礼总叙、天子诸侯大射乡射。《开元礼》无小序。

礼门总序名为"礼序"，所撰内容大体包含三个方面：

其一，解释"礼"的由来。杜佑认为：

> 夫礼必本于太一，分而为天地，转而为阴阳，变而为四时，列
> 而为鬼神。其降曰令，其居人曰义。③

接着，杜佑引用了孔子对"礼"的论述。孔子认为礼就是"承天之道""理人之情"。孔子非常强调"礼"对于治国安邦的重要性，认为："失之者死，得之者生，故圣人以礼示之，天下国家可得而正也。"④

其二，叙述"礼"的发展与演变。这部分是该篇总序的主体内容，详细记述了自伏羲到唐开元二十年中国礼的发展和演变，指出中国的礼"自伏羲以来，五礼始彰"⑤，可分为嘉、吉、军、宾、凶五类。其间又以梳理和叙述介绍历代礼仪文献为主线，如《周礼》《周官》《礼记》《孔子三朝记》《贞观礼》《大唐开元礼》等。杜佑还对《大唐开元礼》给予很高的评价，认为其："百代

---

① 杜佑：《通典》，中华书局，1988 年，第 848 页。
② 杜佑：《通典》，中华书局，1988 年，第 850 页。
③ 杜佑：《通典》，中华书局，1988 年，第 1119 页。
④ 杜佑：《通典》，中华书局，1988 年，第 1119 页。
⑤ 杜佑：《通典》，中华书局，1988 年，第 1119 页。

之损益，三变而著明，酌乎文质，悬诸日月，可谓盛矣。"①

其三，说明《通典》礼门之下所辑录的大体内容，并对其编排顺序进行了解释。杜佑没有沿用之前"执礼者"一贯采用的"吉、凶、军、宾、嘉"的次序，重新做了排序。《通典》礼门的内容编排依次是：吉礼、嘉礼、宾礼、军礼、凶礼。杜佑认为："前古以来，凡执礼者，必以吉、凶、军、宾、嘉为次；今则以嘉、宾次吉，军、凶后宾，庶乎义类相从，终始无黩云尔。"②

此外，在这篇总序的末尾，杜佑用注的方式列举了汉代到唐代的众多"或历代传习，或因时制作"③与礼相关典制的人名。

乐门仅有总序一篇，名为《乐序》，各目均没有小序。《乐序》简述了音、声、舞、乐的由来，并指出乐的作用是"可以善人心"，使"和气不散，邪气不干"。④另外，作者认为"乐"也能昭示国家兴衰，例如：周、秦、汉"政失"，则"古乐沦缺"；及至永嘉之乱，"事有先兆"，即"胡乐荐臻"；而贞观盛世，"舞有发扬蹈厉之容"，"歌有粗和啴发之音"。"乐"之所以能起到重要的作用，原因就在于"乐"可以教化风俗，并且唯有"乐"可以"闲其邪，正其颓"。⑤

兵门有总序一篇，小序十二篇。兵门下共有十五目，第一目之首设有总序一篇即《兵序》，以及一篇小序《叙兵》。除此之外，其后十四目之首均有一段叙述文字，皆以"孙子曰……"开头，原本均应作为各目小序。但是，由于"兵五""兵七""兵十""兵十一"和"兵十五"五目篇首的叙述文字未能独立成篇，只引述孙子兵法中只言片语，或稍作注解，作为类序似有不妥。因此可视为小序的一共只有十篇而已。

作者在《兵序》中指出"兵"对于治国安邦而言，总的原则是"若制得其宜则治安，失其宜则乱危"⑥，于是援引了自商、周、秦、汉，乃至唐朝的很多史实加以佐证。所谓"得其宜"，恰如汉朝"重兵悉在京师，四边但设亭

① 杜佑：《通典》，中华书局，1988年，第1122页。
② 杜佑：《通典》，中华书局，1988年，第1122页。
③ 杜佑：《通典》，中华书局，1988年，第1122页。
④ 杜佑：《通典》，中华书局，1988年，第3587页。
⑤ 杜佑：《通典》，中华书局，1988年，第3588页。
⑥ 杜佑：《通典》，中华书局，1988年，第3779页。

障"，形成"强干弱枝"之势；而"失其宜"，则是"王纲解纽，主权外分"，如东汉时期的董卓、袁绍等。制兵之道是关乎国家生死存亡的大事，古往今来不乏有识之士探究兵法，著书立说，但作者亦指出"徒有其说，只恐虽教亦难必成"①。《兵序》末尾也对本门的组织布局进行了解说，因为"孙武所著十三篇，旨极斯道"②，所以所条列的都是与孙武著述相同或相似的内容，并按照孙武之十三篇加以分门别类。

刑法门设总序一篇，无小序。《刑法序》的内容主要分为两个部分。第一部分引述了《政典》中关于刑法由来、五刑划分以及使用原则与次序的论述。第二部分则是作者自己的观点，并对刑法门的编排做了简要说明：

> 今捃掇经史，该贯年代，若前贤有误，虽后学敢言，亦庶几成一家之书尔。前代搢绅之徒，多设三皇之言，又不载其刑法，故以五帝为首云。③

《州郡序》为州郡门总序，此外该门并未设小序。《州郡序》认为，国家划分疆域之制度是从五帝开始的，治理国家的目的在于通过控制、约束，使得"道德远覃，四夷从化"，而并非简单地评判其"封域之广狭"。作者把尧舜之治与秦、汉、隋的一系列因为扩展疆土所引发的动荡及衰败相比较，认为国家之患，"患在德不广，不患地不广"。④

此外，《州郡序》中还指出，历代论述"地理"的文献著作颇多，但这些文献"在辨区域，征因革，知要害，察风土"方面的记述事无巨细，通常篇幅浩大，且还有不少纰缪之处。因此，作者在《通典》中不可能"诞而不经，遍记杂说"，像辛氏《三秦记》、常璩《华阳国志》、罗含《湘中记》、盛弘之《荆州记》等，都没有收录进来。

边防门有总序一篇，即《边防序》。另有小序六篇。边防门是按照东夷、南蛮、西戎、北狄四个区域来组织编排的，其中东夷部分有《序略》一篇；南

---

① 杜佑：《通典》，中华书局，1988 年，第 3781 页。
② 杜佑：《通典》，中华书局，1988 年，第 3782 页。
③ 杜佑：《通典》，中华书局，1988 年，第 4190 页。
④ 杜佑：《通典》，中华书局，1988 年，第 4450 页。

蛮部分在《南蛮上》有《序略》一篇,《南蛮下》有《岭南序略》和《海南序略》各一篇;西戎部分在《西戎一》有《序略》一篇,另外在《西戎三》还有《西戎总序》一篇;北狄部分有《序略》一篇。

在总序《边防序》中,作者对于华夏之边防主要表达了两层意思:其一,将华夏与夷狄相比较,华夏"居土中",而夷狄"地偏";华夏"生物受气正",而夷狄"气梗",因而华夏在人文、礼仪、物产等诸多方面都优于夷狄,但"古之中华,多类今之夷狄"。其二,从秦朝开始,历代对戎夷的讨伐都以中华的动荡和溃乱为结局,认为"持盈知足"才是立身治国的要旨。[①]

总序以列举史实并阐述自己对国家边防的认识和主张为主,而将对夷狄各国由来及源流的梳理介绍放到了边防门的各篇小序中。

二、《通典》类序的形式与内容特征

(一)《通典》类序之形式特征

1. 大序小序可有可无,规格不一

对于类序的类型称谓,学者们的理解是有分歧的。有的认为各部之序应为总序,各类之序为小序;有的则认为总序是全书之"总序",各部和各类之序可径称为部序、类序;也有目录学家将部序和类序合起来统称小序。[②]《通典》共有序四十三篇,即全书之"前言"一篇、八门(除食货门之外)之"总序"(大序)共八篇,以及各目之"小序"共三十四篇。由于"前言"的作用在于说明全书之梗概,以及解释八门内容的顺序安排,不是针对某一门或某一类而作,如果不作为《通典》之"类序"来分析,则《通典》可视作类序的实为四十二篇。就四十二篇类序而言,尤其是其中的三十四篇小序,如前所述,并不是每个条目下都有类序,而是只有一部分条目下有类序。且这些类序的写作没什么规律可寻,作者喜欢在哪个类目下写类序就写之,感到没必要或难写

---

① 杜佑:《通典》,中华书局,1988 年,第 4978 页。
② 徐召勋:《论小序》,《江苏图书馆工作》1982 年第 2 期。

就放弃之。篇幅可长可短、论述的方式可夹叙夹议，比较随意。

2. 类序篇名之安排、形式之表述不一

首先，就《通典》四十二篇类序来看，设有篇名的类序只有二十篇。大多数类序都不设篇名，类序文字直接置于部类名称之下，虽独立成篇，但不易辨识；有的即使有显著的篇名，但表述形式不一，大体有"××总序""××序""××序略""叙××""××叙""××总叙"等多种表述形式。各门的总序大都有篇名，而且形式较为统一，但食货门没有总序，选举、职官的总序也未设篇名。而自礼门以下，各门总序均有篇名，分别是《礼序》《兵序》《刑法序》《州郡序》《边防序》。小序则大多没有篇名，有独立篇名的小序只有十三篇：职官门有《历代官制总序》《三公总叙》《东宫官叙》和《王侯总叙》四篇；礼门的宾礼目有小序《总序》一篇，嘉礼目有《君臣冠冕巾帻制度》一篇；兵门有小序《叙兵》一篇；边防门下的东夷、南蛮、西戎、北狄四目各目均有一篇《序略》，以及边防门之南蛮目之下有《岭南序略》和《海南序略》二篇小序，"西戎三"目下设有《西戎总序》一篇。

其次，从类序的篇名的形式来分析，由于《通典》作者使用了多种形式的篇名，并未对不同种类的类序篇名加以严格区分，尤其是在对小序的命名上，有些被冠以"××总序"或"××总叙"，导致单从类序的篇名上很难判断一篇类序到底是总序（大序）还是小序。

（二）《通典》类序的内容特征

1. 说明立类缘由及类目的历史沿革

类序的功能在于说明立类原因、分类沿革、学术源流等。由于《通典》是专门编列历代典章制度的类事类书，它的总序和小序除了表达作者的议论，更侧重于说明事类源流，是"在类目之前，对该类内容的一种集中介绍，起一种'导读'作用"。[①] 例如，在礼门的《君臣冠冕巾帻制度》类序中，作者写道：

① 夏南强：《类书通论》，湖北人民出版社，2001年，第22页。

上古衣毛帽皮，后代圣人见鸟兽冠角，乃作冠缨。黄帝造冕旒，始用布帛，唐虞以上，冠布无緌，夏后以牟追，以收，殷制章甫，或以斝，形制并无文。至周六冕，章数始备，故孔子曰"服周之冕"，言中礼也。洎乎幽厉衰微，秦焚六籍，图写纷杂，记注混淆。今征其实录，捃拾沿革，为《冠冕篇》云。①

这篇小序就对冠冕巾帻进行了解释，并概述源流。除此以外，作者还指出"洎乎幽厉衰微，秦焚六籍，图写纷杂，记注混淆"，因此才"征其实录，捃拾沿革，为《冠冕篇》云"。《通典》的类序内容大多如此，使读者能对该类目的内涵和对先前的各种记述该事物的文献等形成一个总体认识，然后表明作者自身的态度，以及立类缘由。

再比如职官门《历代官制总序》概括了自传说中的伏羲氏到唐开元二十四年（公元736年）历代职官制度简史。而职官门的《总序三师三公以下官属》《将军总叙》《东宫官叙》《王侯总叙》以及边防门的《东夷序略》《南蛮序略》《岭南序略》《海外序略》《西戎序略》《北狄序略》，均比较集中地针对各个主题，或叙其沿革，述其整体轮廓；或论其得失，辨其利害。

2. 表达作者的民本思想和政治理念

《通典》将食货置于八门之首，打破了此前正史志书以礼乐或天文为先的编排次序，并且食货门下又以"田制"为先。之所以这么做，缘于杜佑将食货看作是教化之本，他在总序中写道："夫理道之先在乎行教化，教化之本在乎足衣食。"这种有别于前人的类目编排，反映出杜佑富国安民的思想，揭示出作者的见识不凡之处：他认识到了经济基础对于治理国家的重要性。边防门序云："夫天生烝民而树君司牧，语治道者，固当以既庶而安为本也。"其中的"既庶而安"意指统治者应该考虑怎样才能够使老百姓生活安定。州郡门序云："夫天生烝人，树君司牧，是以一人治天下，非以天下奉一人。患在德不广，不患功不广。秦汉以后，以重敛为国富，卒众为兵强，拓境为业大，远贡为德盛。争城杀人盈城，争地杀人满野，用生人膏血，易不殖土田。小则天下怨咨，群盗蜂起；大则殒命歼族，遗恶万代，不亦谬哉！"杜佑并不认为君权

---

① 杜佑：《通典》，中华书局，1988年，第1600—1601页。

高于一切，主宰天下，相反他认为是天创造了万民之后，才开始产生创造专门管理百姓的皇帝的必要，皇帝是为管理天下百姓服务的。不仅如此，我们可以看到在边防门序中，杜佑主张"夫天生烝民而树君司牧，语治道者，固当以既庶而安为本也"。"既庶而安"才是杜佑最理想的治理的目标。① 杜佑还指出，对待"夷狄"当"来则御之，去则备之"，不主张像开元、天宝之际"边将邀宠，竞图勋伐"。不主张用战争讨伐征服周边少数民族，而是以和睦相处为贵，共生存，共享乐，这些也都是杜佑民本思想的深刻流露。

此外，杜佑主张礼乐治国，乐门《乐序》曰："古者因乐以著教，其感人深，乃移风俗。"杜佑所持的观点继承了传统儒家学派音乐思想的衣钵，对"乐"持积极肯定的态度。"乐"出于人心，音乐具有寓教于乐的功能，可以潜移默化地影响人们的思想情操，甚至可以担负移风易俗的社会责任，体现出杜佑非常重视音乐的政治教化功能。

杜佑的人才思想在选举门序中也可窥见一斑：其一，他指出："夫上材盖寡，中材则多，有可移之性，敦其教方善。若不敦其教，欲求多贤，亦不可及已。非今人多不肖，古人多材能，在施政立本，使之然也。"他认为一方面要以教育促进人才的成长，人才不是"天生"的，要靠教育才能培养人才；另一方面今人并非不如古人，人才都是在政治活动的实践中造就而成的。其二，杜佑认为"以言取士，既已失之，考言唯华，失之愈远。若变兹道，材何远乎？"他反对以言取士，批判了魏晋以来的取士制度，主张选拔人才，要注意"行备业全，事理绩茂"这几个因素，着重从实际才能方面进行人才的考察。其三，他反对"其行教也不深，其取材也务速"的选举方法，主张采用多种办法和途径选拔人才，鼓励人才发挥作用。②

同样，选举门类序中杜佑写道："自昔羲后，以物命官，事简人淳，唯以道化。上无求欲于下，下无干进于上。百姓自足，海内义安，不是贤而非愚，不沾名而尚行，推择之典，无所闻焉"；"非今人多不肖，古人多材能，在施政立本使之然也。而况以言取士，既已失之，考言唯华，失之愈远。若变兹道，材何远乎？"这是针对选仕进行的选举环节而评论的，但同时也体现出杜

---

① 宋永华、张慧：《从〈通典〉的编纂看杜佑的主要思想》，《编辑学刊》2012 年第 6 期。
② 瞿林东：《论〈通典〉的方法和旨趣》，《历史研究》1984 年第 5 期。

佑的民本思想。他认为选举官员必须多选拔贤才，进而才能更好地为百姓服务，维护百姓利益，而不搜刮于百姓；在官员考察方面，主张通过实践评判人才，不赞成以言取人。

3. 阐释类目内文献编纂原则及收录范围

《通典》礼门类序除了阐述礼的性质之外，还以很长的篇幅记叙礼的文献流传和规模。礼是《通典》中所占篇幅最多的门类，一方面是由于杜佑崇尚"以礼治国"，另一方面也是源于历代关于礼的文献数量丰富所致。"百代之损益，三变而著明，酌乎文质，悬诸日月，可谓盛矣。"而《通典》在处理礼门文献选取的时候，采用的标准是"或泛存沿革，或博采异同"。最后道出了《通典》纂集礼制"将以振端末、备顾问"的目的。

《通典》兵门在内容的编纂上与其他门类有很大的不同，没有不厌其烦地依例记载历代的军事制度，而是依照杜佑在《兵序》中所描述的"捃摭与孙武书之义相协，并颇相类者纂之"，以《孙武十三篇》和《李靖兵法》为纲，连篇累牍地大量采摘枚举历代战例事迹。①

《通典》刑法门类序中提到了作者对于该类文献的选取和编排方法："今捃掇经史，该贯年代，若前贤有误，虽后学敢言，亦庶几成一家之书尔。前代搢绅之徒，多设三皇之言，又不载其刑法，故以五帝为首云。"《通典》州郡门类序也对该门类的文献的整体情况进行了介绍，最后作者指出历代关于地理类的文献数量很多，"凡言地理者多矣……动盈百轴"，其选取标准是"撮机要者……如诞而不经，遍记杂说，何暇编举？……或览之者，不责其略焉。"可见，杜佑在"统括史志"时，不是简单地分类辑录、排比史料，而是把"会通古今"思想和治学旨趣贯穿其中。

4. 批判文献中错误观点，抒发个人学术见解

杜佑不信怪异，勇于疑古，善于求实。他在编辑《通典》时不迷信，不盲从，在编辑观上强调人事，避谈鬼怪，对古籍中记载的天人感应之类的荒诞、迷信内容，都能通过事实与分析的方法予以否定和批判。《通典》兵门类序曰："自昔智能之士皆立言作训，其胜也，或验之风鸟七曜，或参以阴阳日辰；其教阵也，或目以天地五行，或变为龙蛇鸟兽……若以风鸟可征，则谢艾

---

① 常伯工：《杜佑和他的〈通典·兵典〉》，《军事历史》1996第3期。

枭鸣牙旗而克麻秋，宋武麾折沉水而破卢循；若以日辰可凭，则邓禹因癸亥克捷，后魏乘甲子胜敌。略举一二，不其证欤？似昔贤难其道，神其事，令众心之莫测，俾指顾之皆从。"杜佑指出，自古以来军事上就有将风鸟日辰神化的现象，究其原因，无非是一些军事家故弄玄虚的结果，以致普通人对之神秘莫测，都信以为真。杜佑用了谢艾、宋武、邓禹及后魏的史实，驳斥了用兵打仗时这些阴阳五行现象的虚假性。①

同样，在看待"安史之乱"这个事件上，杜佑也在兵门类序中，从政治和军事等不同角度，用较大篇幅发表了自己的见解。据王锦贵先生研究，杜佑认为，要想避免类似事件再度发生，要想从中汲取有益的经验教训，弄清其发生的真正原因是十分必要的。杜佑认为"安史之乱"这一事件所以发生，是由于"玄宗御极，承平岁久"，"宠锡云极，骄矜遂增"。哥舒翰、安禄山雄镇边关，而京师却缺乏常备重兵。"边陲势强既如此，朝廷势弱又如彼"。"是故地逼则势疑，力侔则乱起，事理不得不然也。"为了强调事理的"不得不然"，他征引了汉高祖分封的故事："吴芮独卑弱而忠，韩、彭皆强大而悖。"于是得出最终结论："朝为伊、周，夕为梁、跖，形势驱之而至此矣。"在这里，作者没有跟随前人的观点，动辄把事件发生的原因简单归之于"肇事者"个人，而是从宏观着眼，联系社会背景，联系国家有关制度和政策，认为"事理不得不然"，"形势驱之"，这便是"安史之乱"发生的其正原因。②

杜佑的重视事实，反对臆说的思想，瞿林东先生认为，在职官门《王侯总叙》中阐述主封国者与主郡县者的争论时，得到了鲜明的反映。杜佑认为："夫君尊则理安，臣强则乱危。是故李斯相秦，坚执罢侯置守。其后立议者，以秦祚促，遂尔归非。向使胡亥不嗣，赵高不用，闾左不发，酷法不施，百姓未至离心，陈、项何由兴乱？自昔建侯，多旧国也。周立藩屏，唯数十焉，余皆先封，不废其爵。谅无择其利遂建诸国，惧其害不立郡县。"他认为秦朝的废分封、立郡县，是从"君尊""臣强"两种不同的政治结局的经验中得到的启示而抉择的；秦的"祚促"，也有许多其他具体原因，并非立郡县所致。至

---

① 骆玉安：《从〈通典〉看杜佑的编辑思想》，《河南社会科学》2007 第 5 期。

② 王锦贵：《试论〈通典〉的问世及其经世致用思想》，《北京大学学报（哲学社会科学版）》1984 年第 4 期。

于古代的建侯，都以"旧国"为基础，周朝为"藩屏"而建侯，只有几十个，这些都是当时的实际情况所决定的，并不是当时的人已经看到了"建诸国"就有利，"立郡县"就有害。在看待分封与郡县的问题上，杜佑坚持从历史实际出发，实事求是地分析问题。①

《通典》作为第一部设置类序的类书，无论在形式表述还是内容体系架构上，都存在一些明显的不足，主要表现在类序形式的规范、类序内容的针对性方面。这些方面很大程度上都不是十分严谨，具有很大的随意性。但瑕不掩瑜，杜佑筚路蓝缕的开创之功，是彪炳史册、功在千秋的。

---

① 瞿林东：《重读〈通典〉史论》，《史学理论研究》1996 年第 2 期。

第七章 《册府元龟》类序

一、《册府元龟》类序概况

《册府元龟》，原名《历代君臣事迹》，是宋代四大类书之一。宋真宗于景德二年（公元 1005 年）令王钦若、杨亿等开始编纂，景德三年四月丙子、四年八月壬寅，宋真宗曾两次亲临编修之所，查阅门类，令"编次未及伦理者改正之"。据宋代王应麟《玉海》中的记载，宋真宗曾说："朕编此书，盖取诸历代君臣德美之事，为将来取法。至于开卷览古，亦颇资于学者。"[①] 八年后编成。书成之后，又亲自改名为《册府元龟》。不仅要皇室子孙阅读学习，还赐给辅臣各一部，其目的是要君臣效法，吸取历史的经验教训，以保江山千年万代，绵延长久。由此可见他对此书的重视。《册府元龟》选材丰富，儒家经典及诸子著作之外，史书中材料采录尤多。自上古至五代，囊括全部十七史，史料全部选自北宋以前古本。所以，今天从史学研究的维度审视，《册府元龟》中的史料既可以校史，也可以补史。[②] 当然，我们今天的研究，不能仅仅局限在"校史"和"补史"的狭隘范畴。即便顺着当初编纂宗旨的路数，我们也能通过寻觅和考察历史上治与乱的经验与教训，为国家的政策和制度制定、社会治理提供参考和借鉴。尤其是其中的一千一百四十多篇类序，是编修者对各部、各类所采录资料的评述文字，虽然受时代和思想的限制，难免有糟粕的存在，但不乏思想的光华，不乏深邃的见解，在当代社会仍有重要的参考价值。

《册府元龟》鸿篇巨制，为宋代类书之冠。但由于其取材范围狭窄，且"开卷皆目所常见，无罕见异闻"（宋代袁褧《枫窗小牍》），清代以前并不为

---

① 王应麟：《玉海》，文渊阁《四库全书》本台湾商务印书馆，1983 年，第 944 册，第 473 页。

② 王钦若等编纂：《册府元龟》前言，中华书局，1960 年，第 1 册，第 1 页。

学术界所重视。近代史学大家、教育家陈垣先生校勘《册府元龟》阙文，为其作序，《册府元龟》的史料价值才开始为世人所认识。迄今的研究，也多局限在史学的领域。

《册府元龟》全书分为三十一部，每部有总序。总序相当于书目的大序，共有类序三十一篇。部下分门，相当于书目的子目。据《册府元龟》每部总序序言统计，《册府元龟》共有一千一百一十五门。分别为帝王（一百二十八门）、闰位（七十八门）、僭伪（三十七门）、列国君（四十门）、储宫（十七门）、宗室（四十二门）、外戚（二十三门）、宰辅（四十二门）、将帅（一百零六门）、台省（二十九门）、邦计（二十九门）、宪官（十五门）、谏诤（六门）、词臣（八门）、国史（十三门）、掌礼（九门）、学校（十五门）、刑法（九门）、卿监（十五门）、环卫（九门）、铨选（八门）、贡举（七门）、奉使（二十七门）、内臣（十六门）、牧守（四十二门）、令长（二十一门）、宫臣（十二门）、幕府（十六门）、陪臣（二十门）、总录（二百四十二门）和外臣部（三十四门），但其统计数据不一定准确。笔者在统计总录部下门数时，就发现比其数量多出一门，共二百四十三门。因此小序至少有一千一百一十六篇。总序小序加在一起至少有一千一百四十七篇。这一千一百四十七篇类序是《册府元龟》区别于其它类书的一大特色，它体例规范严谨，文字洗练，风格统一，体现了纂修者对历史典制沿革演变的认识，对历史人物、历史事件的评价与历史经验的总结，是《册府元龟》纂修者思想认识的直接表现，有着极高的学术研究价值。但有关的专门研究迄今尚属阙如，只有少数学者在论及《册府元龟》的体例或编纂者思想时或有涉及。

由于《册府元龟》类序数量众多，内容涉及面十分广泛，本文的研究只能是采取分类研究与个别研究相结合的方式，抓取其中的部分内容进行分析探讨，以略窥其堂奥。

二、《册府元龟》总序与小序聚类略析

（一）各部总序略析

《册府元龟》共分为三十一部，每部有总序一篇，即三十一篇。三十一部可视其为三十一大类，总序实质也就是大序，故其三十一篇总序即三十一篇大序。总序是对各部内容源流的充分揭示，不仅说明了各部下小类的数量，还对各部收录史料的范围做了概述。各部总序中对每部内容发表的议论，也是《册府元龟》编者历史观、人生观、价值观的直接体现。三十一篇总序体例较为统一，其特点也比较鲜明。

1.言经制，述源流

《册府元龟》三十一部，"部有总序，言其经制"，是《册府元龟》的惯例，即总序阐述的是历史的"必然"和制度的沿革。如帝王部总序：

> 昔洛出《书》九章，圣人则之，以为世大法。其初一曰五行：一曰水，二曰火，三曰木，四曰金，五曰土。帝王之起，必承其王气……自伏羲氏以木王，终始之传，循环五周。至于皇朝，以炎灵受命，赤精应谶，乘火德而王，混一区夏，宅土中而临万国，得天统之正序矣。[①]

类序中开门见山，认为帝王的兴起都是顺应天统，遵循五行更替之序的。上承天统得王气，国家强盛且帝位稳固。类序详细介绍了自伏羲氏至于大宋皇朝，历史上已历经的五轮循环更替沿革情况，认为其都是顺应水、火、木、金、土五行循环而相应替代，"得天统之正序"的。而一些短暂王朝的兴起，所占据的帝位不过是"闰位"，即"非正统的帝位"。闰位部总序：

[①] 王钦若等编纂，周勋初等校订：《册府元龟》，凤凰出版社，2006年，第1册，第1页。

> 仲尼有言：化合神者称皇，德合天者称帝，德合仁义者称王。
> 斯并穹昊有命，历数在躬，大庇生民，奄宅区宇者也。其或真人未
> 应，中夏多难，本非灵心之所眷，暂为人望之攸属，或绍承于大统，
> 或专据于一方，虽复置宗祊，改正朔，建官以治，向明以朝，然与受
> 河洛之符、应龙马之纪者殊矣。故载籍譬之闰余，明其非正焉。……
> 共工之迹，旧史无闻。然秦氏而下，凡八朝焉。以其声明文物，宪
> 章礼乐，方册所纪，咸有可观。至于昏弱之迹，凌夷之政，亦可为
> 鉴戒。代厥盘盂，今并著之于篇。若夫王莽、桓玄之类，皆不终其
> 身，自取其毙。唐末诸方镇，或功德无闻，或封疆至小，并存别部，
> 不得与于斯焉。①

秦始皇以来八个短命王朝，虽然短暂占据王位，亦以五行更始相标榜，
称王称帝，与"受河洛之符，应龙马之纪"的帝王却是截然不同的。但一些记
载在册的典章制度，亦有可采之处。而其昏弱的事迹，衰败的政治，则可为鉴
戒。"帝王""闰位"两部类序对历史上五行更始的王朝兴替做了整体的概括
论述，并做了严格的区别说明。读后，人们对历史上王朝纷纷扰扰的五行更始
问题就有了清晰的认知。

各部总序对每部制度典章所做的阐述，基本上都高度概括了其自上古至
五代的发展脉络，并能够对这一制度或典章追根溯源。如外戚部总序：

> 汉制以列侯尚公主，魏晋之尚主者，皆拜驸马都尉，历代遵
> 之。②

驸马都尉于汉武帝时始置，当时只是一种官职而并非公主夫婿的代称。
汉朝制度是列侯才有资格娶公主，或个别情况有娶公主后再加封列侯。到魏晋
之时，魏国何晏，晋国杜预、王济在迎娶公主之后，都被授与驸马都尉的官

---

① 王钦若等编纂，周勋初等校订：《册府元龟》，凤凰出版社，2006年，第3册，第
2017页。

② 王钦若等编纂，周勋初等校订：《册府元龟》，凤凰出版社，2006年，第4册，第
3382页。

职。以致自魏晋始，后代娶公主者皆加封驸马都尉。驸马都尉成了一种闲职，是公主夫婿的代称。类序只有短短的一句话，却在帮助我们了解源流，区分职位职责方面发挥了很大的作用。当然，也存在个别总序在追溯源流时出现谬误的情况。如将帅部总序：

> 唐尧之时，弃为后稷，兼掌司马，司马所以掌武事也。[①]

总序认为司马一职的设置从后稷起。但据汉代刘向《说苑·君道》载，当尧之时，舜为司徒，契为司马，禹为司空，后稷为田畴，夔为乐正，倕为工师，伯夷为秩宗，皋陶为大理，益掌殿禽。弃，曾被尧举为农师，被舜命为后稷，并未兼掌司马，且学术界一般认为司马掌武事一职为殷商时代始置，《册府元龟》将帅部总序这一说法恐有讹误。

各部总序叙述制度源流大都比较详尽，每篇总序都勾勒描述了该部制度的发展演变历史。储宫部总序：

> 昔三王家天下，以传于子。司马迁作《本纪》，载夏、商之世系详矣。而姒氏多父子继立，商人率兄弟相及，储嫡之制无闻焉。《礼》有《文王世子》之篇，《春秋传》载王世子会于首止，而诸侯之嫡子亦称世子。盖成周之制，天王之子称王世子，诸侯之子称世子，又皆有太子之称。秦并六国，兼皇帝而建号，汉承秦法，崇建储贰，以嫡嗣为皇太子，诸侯王之嫡子称世子焉。历世以还，遵其位号。[②]

从姒氏父子继立，到商代兄弟相传，没有立储的制度。周之时有王世子之制，到汉代继承秦朝的法度，确定建储之制，皇帝嫡子称皇太子，诸侯王嫡子称世子，自此历代遵之。储宫部总序将太子称谓的由来、确立太子这一制度的源起交代得清清楚楚。

---

① 王钦若等编纂，周勋初等校订：《册府元龟》，凤凰出版社，2006年，第5册，第3827页。

② 王钦若等编纂，周勋初等校订：《册府元龟》，凤凰出版社，2006年，第3册，第2915页。

又如宰辅部总序：

自黄帝得六相而治，舜臣于尧，举"八元""八凯"，谓之十六相。又《逸书》所记，虞、夏、商、周，世皆有四辅三公之职，非其人而不处。而六籍之载成汤居亳，初置二相，以伊尹、仲虺为之，有阿衡佐相之号。洎武丁之得傅说，爰立作相，置诸左右。成王作《周官》，著之典训，立太师、太傅、太保以为三公，又立三孤之位，皆所以论道经邦，寅亮天地，共司宰弼之事。春秋之世，寰内诸侯入为卿士，皆掌国政。秦氏之霸，始置左右丞相，御史大夫副之。后复有丞相、相国、中丞相之名。汉室之兴，置一丞相，亦有左右丞相之名，而御史大夫实亚其任，兼置太尉，仍用秦制。后以萧何为相国。孝惠、高后复置左右丞相，亦置太傅之官，未几而罢。太尉之职，盖不尝置，一丞相，武帝兼置太尉，数年而废。元狩中，置大司马以代太尉之职。征和二年，置左丞相，分长史以备两府。成帝绥和元年，改御史大夫为大司空，并大司马、丞相为三公。哀帝复以大司空为御史大夫，复置太傅，在三公之上。俄改丞相为大司徒，御史大夫复为大司空，并大司马，以备三公之位。平帝增置太师。王莽居摄，又置四辅之官。世祖中兴，但存三公之号，有太傅而不常置。建武末，改大司马为太尉，二府并去太字，是为宰相，总治众务。中平之后，事归台阁，选举诛赏，一由尚书，机衡所总，不在公府，盖有其名而无其实矣。建安之世，始罢三公官，复置丞相，以曹公居之。又有相国之号。黄初受禅，改为司徒。而中书监令专掌机密，虽有太傅、太尉、司徒、司空之官，不预朝政。厥后定制，大丞相第一品，又置相国，以司马二王相继为之，末年增置太保。吴、蜀鼎国，皆有丞相，而吴氏复有左右之名，二邦政事率以尚书总统。而吴有大司马、左右大司马、太尉、司徒、司空及帝太傅。蜀亦有司徒、大司马之号，其平尚书事、录尚书事、领中外诸军事，总统国事，皆为宰相之任。晋武之初，有太宰、太傅、太保，是为上公；以太尉、司徒、司空为三公；复有大司马、大将军，凡八公，同时并置，而无丞相之名。惠帝复置丞相，俄顷而罢，后置司徒。元帝渡江，罢司徒为丞相，以王导居之。导卒，又罢丞相为司徒府。三公之职，虽无所改，而司徒、丞相两不并置。中书之署实总机要，是为宰相，以毗大政。宋孝武复置丞相，而司徒之府如故，又有相国之官。齐氏以丞相、相国著为赠典。梁罢相国，置丞相，兼置司徒，又有太保、大司马、大将军、太尉、司空开府仪同三司，是为诸公。陈以相国列于丞相之上，并太宰、太保、大司马、大将军，凡六号，亦有赠秩。然而相国是为尊崇之位，非寻常之秩，丞相之任亦废置靡定。魏晋以来，多以他官参掌机密，或委知政事，毗赞朝政，录尚书事，居门下领中书，或总朝权，或管朝政，或单侍中，皆为宰相。唯侍中机密所出，不必他名，常为宰辅之职。元魏以太师、太傅、太保为三师，大司马、大将军为二大，又有三公之名。然尤重门下之官，多以侍中辅政，枢宰之任，归于省闼，北齐初，置丞相，复分左右，而居侍中之职者，皆秉国政。宇文建国，远遵周治，改三师为三公，置三孤以为之二。分司徒、司马、司空，以备六官之职，而无复太尉、三师之号。宣帝复置四辅之官，又置左右丞相，既而罢，为大丞相。隋置三师、三公，参议国之大事，朝之众务，总于台阁，内史令纳言，是为宰辅。或以他官参掌机事，及专掌朝政者，并为辅弼。其后纳言为侍内。唐室受命，悉仍隋制。武德初，改内史令为中书令，侍内为侍中，并左右仆射，是为四辅。至贞观末，除仆射者，必加同中书门下三品，方为宰相。而中书令、侍中之名，自龙朔至天宝，凡经四易，（中书令为右相，为内史，为紫微令，复为右相；侍中为左相，为纳言，为黄监，复为左相，凡四易名而侍中复旧。）而常为宰相。其单任仆射，不复预于机政。先天以前，宰相多至十余人。开元之后，尝二人至三人。天宝之末，勋贤并建，备位者众，然秉钧当国亦不过一二人。由武德贞观以来，但加同中书门下三品，及平章事，知政事，参掌机务，参与政事，平章军国重事者，皆为宰相。（唐初，宰相尝于门下省议事，谓之政事堂。永淳中，裴炎为中书令，以中书就政，事遂移在中书省。开元中，张说奏改政事堂为中书门下，政事印为中书门下之印。）其后，唯侍中、中书令及平章事是为正宰相之任。五代相承，未之或改。①

宰辅之制上古至五代，多有变迁。自上古六相、十六相始，虞夏商周世皆有四辅三公之职。置左右二相、佐相，以太师、太傅、太保为三公。秦代除了设置左右丞相，还设立了御史大夫的职位。汉代沿用秦朝的制度，但御史大夫还兼任了太尉的职务。汉武帝在废除太尉之职后，设立大司马取而代之。汉成帝改御史大夫之职为大司空，与大司马、丞相一起称为三公。汉哀帝则将大司空与御史大夫之职交相改换，又设立了太傅之称凌驾在三公之上，另将丞相改为大司徒，与大司空、大司马一并称为三公。汉平帝时增设太师之职。晋武帝时，以太宰、太傅、太保为上公，以太尉、司徒、司空为三公，另有大司马、大将军，共有八公。隋代设置三师三公参议国政，朝廷事务总领于内史令。唐代沿用隋代旧制，改内史令为中书令，侍内为侍中，与左右仆射一起称为四辅。太宗贞观年间几经易名，宰辅之职为官者众多，最后只有侍中、中书令与平章事才是正宰相之职。五代年间承袭了这个制度，没有改变。全篇类序叙述宰辅这一朝廷最重要职位的源流演变，十分清晰明了。

2. 界定收录史料畛域，晓以惩诫之理

《册府元龟》各部总序大都有一个统一的格式，即在每篇类序的最后，都说明各个部类有多少门数，如帝王部一百二十八门，闰位部七十八门，僭伪部三十七门，等等。

除了对每部门数进行统计说明，部分总序还说明了每部收录史料的起止时间。虽然《册府元龟》收集史料的大范围是从上古时代至五代年间，但每部收录史料的具体起止时间还是略有不同的。如僭伪部总序："今自西晋之后，洎唐宋诸国，论次其事类。"②僭伪部收集史料的时间范围是从西晋至宋代；列国君部总序："今之所纪，自春秋以来，列国君臣善败之迹，讫于七国，为

---

① 王钦若等编纂，周勋初等校订：《册府元龟》，凤凰出版社，2006年，第4册，第3476—3477页。

② 王钦若等编纂，周勋初等校订：《册府元龟》，凤凰出版社，2006年，第3册，第2466页。

列国君部凡四十门。"① 列国君部收集史料的时间范围是从春秋年间到战国七雄争霸时期。

《册府元龟》各部总序不仅说明了每部收录史料的起止时间，还界定了每部收录史料的内容范围，在界定内容范围时往往穿插着议论，行文中晓以惩戒之理。闰位部总序：

> 若夫王莽、桓玄之类，皆不终其身，自取其毙。唐末诸方镇，或功德无闻，或封疆至小，并存别部，不与于斯焉。②

《册府元龟》编者认为王莽、桓玄之流是咎由自取，不得善终，其事迹没有选入闰位部的资格，甚至在宰辅部类序中也认为王莽居太师之职也是不足称道的，即窃国夺位者不宜入闰位部。此外，无功无德与封疆之地特别小的唐末藩镇亦没有选入闰位部的资格。

宗室部总序：

> 或以德行振，或以才艺升，或以悖逆废，或以荒怠黜，或以猜忌摈，或以至亲显，并著之简编，垂夫龟鉴，见善善之有因，恶恶之无爽也。③

帝王宗室或以品行、才艺而闻达，或以忤逆、荒淫而废黜受罚，或因受猜忌而摈弃，或因至亲而显赫，善恶对待皆有其成因。将正反方面史料都收入宗室部，就是为了让后人引以为鉴。学校部总序："若乃自负好胜，争名忌前，亦著于篇以示惩艾。"④ 即将恃才自傲、沽名钓誉者作为反面教材，亦收录入

---

① 王钦若等编纂，周勋初等校订：《册府元龟》，凤凰出版社，2006年，第3册，第2619页。

② 王钦若等编纂，周勋初等校订：《册府元龟》，凤凰出版社，2006年，第3册，第2017页。

③ 王钦若等编纂，周勋初等校订：《册府元龟》，凤凰出版社，2006年，第4册，第2972页。

④ 王钦若等编纂，周勋初等校订：《册府元龟》，凤凰出版社，2006年，第7册，第6868页。

正文中，以示惩戒。收录史料时，采取实事求是的态度，不粉饰史实，不改易史料，客观地议论是非，说明"善有善报，恶有恶报"的道理。

（二）各部小序聚类略析

1. 帝王部、闰位部、僭伪部和列国君部类序

《册府元龟》中，帝王部一百二十八门，闰位部七十八门，僭伪部三十七门，列国君部四十门，收集的都是当权者的事迹。上古及历代帝王入帝王部，非正统的君主入闰位部。其中秦始皇虽统一六国，与其后代君主却皆入闰位部；割据一方的君主如三国时期的蜀国、吴国君主亦入闰位部。非正统的政权入僭伪部，春秋战国期间列国君主入列国君部。这四部之下门类多有相似相近者，但由于史料收集的对象有区别，类目所统摄内容就有一定的差异。

（1）宣扬君权神授，维护正统的儒家观念

在封建社会，帝王是神一般的存在。在《册府元龟》这样一本由皇帝监修，属意文治的鸿篇巨制中，对君权神授的宣扬与称颂是随处可见的。首先体现在颂扬统治者祖宗荫德与介绍出生情况神异的相关类序中。在帝王部类序中，这一类内容尤多，如帝系类小序："明乎受天命、膺帝期者，盖以祖宗实有茂德，所以后世承乎发祥。"①认为帝系是承应天命而产生的，帝王出生是由于祖宗积有茂德；诞圣类小序："夫帝王之生，必有休应，岂非天命所属，历数斯在，警生灵之耳目，为天飞之兆朕者乎？"②宣扬帝王的出生都有征应，是天命所归。这些小序内容，不厌其烦地，一而再，再而三地反复表明：君权神授，一个人能做帝王，决不是偶然的。

除了正面宣扬帝王是天命所归，天命所属，《册府元龟》闰位部、僭伪部和列国君部相似类目的小序，还反映了《册府元龟》编者维护正统的思想。

闰位部氏号类小序之对应于"帝系"，类名本身就反映出它们的区别。"自秦盗周鼎，二世而灭，赤伏之末，孙刘并起，江表四代，介于南纪。"③即使是"千古一帝"的秦始皇；雄踞江东的孙权；自称"皇叔"，占据"千府

---

① 王钦若等编纂，周勋初等校订：《册府元龟》，凤凰出版社，2006年，第1册，第2页。
② 王钦若等编纂，周勋初等校订：《册府元龟》，凤凰出版社，2006年，第1册，第16页。
③ 王钦若等编纂，周勋初等校订：《册府元龟》，凤凰出版社，2006年，第3册，第2018页。

之国"的刘备，都没有资格入帝王部，反映了《册府元龟》编者对正统君权的维护。

闰位部诞生类小序："夫天命所佑，运历攸归。有开必先，休应斯见。故其生也，必有祯符之朕、神灵之纪，以启其祚焉。非独乘五胜而起，继三微而王者有是征也。至于居余分之次，擅一方之地者，亦复嘉祥贵象，兆于厥初。斯盖上稽灵心，虽殊于天序；下观人事，亦异于常民。"① 与帝王部诞圣类小序相同的是，"闰位"为王者出生也有征应，"异于常民"，为"天命所佑"。只是闰位统治者并非正统君主，编者用"诞生"而非"诞圣"为类目名，"生"与"圣"一字之别，态度彰显。

在"名讳"类类序的叙述中，对比也十分鲜明。帝王部名讳类小序：

> 周官小史掌王之名讳。名讳之起，由周道也。上古帝王敦尚质朴，名号虽建，制度未备，故尧、舜则有放勋、重华之名，而禹、汤又去唐、虞之文，从高阳之质，以名为号。先儒之说，或以为名，或以为字，或以为谥；而《尚书》所纪，即皆褒德之称，盖传述之异也。自汉以来，所记详矣。至若贵易讳而难知，避五行之胜伏，亦皆有旨焉。②

上古帝王崇尚质朴，名号虽建，制度未备，是以名讳称呼，并无讲究。汉代以后帝王名讳史书记载详细。帝王所起名字，要百姓容易避讳而难知，"避五行之胜伏"，有一定的宗旨。

与之相应的闰位部名讳类小序：

> 名以制义，所以著象类之说；讳不逼下，所以申臣子之情。是知名讳之来，古今通道。而余分之在位，亦偏方之所奉。虽本以嘉称，期于象德，或求诸义训，契彼未然。盖成败之有端，若符应之素

---

① 王钦若等编纂，周勋初等校订：《册府元龟》，凤凰出版社，2006 年，第 3 册，第 2022 页。

② 王钦若等编纂，周勋初等校订：《册府元龟》，凤凰出版社，2006 年，第 1 册，第 28 页。

定。然则稽之人事，察彼天道，谅盛衰之在德，岂名称之足云乎？[①]

与帝王部叙述基调不同，成败天定，盛衰在于是否有德行，并非靠改换名讳字获取。类序作者对闰位部名讳类所收君主改换名字的行为进行了否定。至于僭伪部、列国君部，虽然收录的也是南北朝五胡十六国君主、五代十国的君主、春秋战国时期诸侯国君主的资料，就不设置"圣诞""圣生"之类的类目了，代之以"姓系""锡命"类目。列国君部的特色类目"勤王"类和"献捷"类，所表彰的更是君权至上思想，强调的是列国君主与周天子的君臣关系。勤王类小序：

> 自周室微弱，诸侯力政，征伐之出，靡由天子。勤王之举，兆于此矣。乃有为兵车之会，以尊王室；平戎狄之乱，以救猾夏。或修职贡朝聘之礼，或兴仗顺伐罪之师，以至纠合齐盟，缮完都邑，请籴邻国，备预天灾。盖夹辅之所存，亦大义之可见，桓文之举，未或不由斯道也。[②]

献捷类小序：

> 《春秋》之义，凡诸侯有四夷之功，则献捷于王，所以表杀敌之为果，示我武之惟扬。由是操仗大功，悬首藁邸，恺歌斯作，用警不庭者矣。至有尊奉霸王，协比同盟，爰行执讯之仪，用敦睦邻之好，既渎遗俘之礼，有愧不污之典，褒贬之义，旧典存焉。[③]

这两篇类序都褒扬了列国君主对周天子有君臣之义，认为尊王室，抗入

[①] 王钦若等编纂，周勋初等校订：《册府元龟》，凤凰出版社，2006年，第3册，第2023页。

[②] 王钦若等编纂，周勋初等校订：《册府元龟》，凤凰出版社，2006年，第3册，第2682页。

[③] 王钦若等编纂，周勋初等校订：《册府元龟》，凤凰出版社，2006年，第3册，第2687页。

侵，修贡聘之礼，兴伐罪之师……都是列国君主值得表彰的大义行动。战胜四夷，献捷朝廷，是为了扬威海内，警示不贡不敬者。至于列国国君订立同盟，尊奉霸主，兴师问罪，武力胁迫邻国，则显然是违背礼义，不合典制的行为。类序一方面反映了《册府元龟》编者对正统君权的维护，另一方面则是对君权至上观念的宣扬。

僭伪部的非正统政权即使建国立都，亦是名不正言不顺。但向正统政权称藩纳贡，则还是值得称许的行为。称藩类小序：

> 粤自晋氏中微，生灵板荡，致滔天之乘间，咸割地以争雄。莫不窃号假王，开祚建社，据都会之要，拥啸聚之众，人自为国，沛焉肆志。然而永嘉南迁，天命未改，晋之恩德，尚结人心，号令所行，威怀不远。则有请命述职，乃心本朝，假宠乞灵，以备外御。虽负固专制，崎岖遏阻，而通使奉贡，恭达款诚。斯所以示义于天下，抗衡于邻国者也。①

晋朝衰败，各地枭雄拥地自重，纷纷建立政权，"窃号假王"，专制肆志。但仍能心向正统本朝，自称藩国，通使奉贡。这也是他们示义于天下，抗衡邻国的举措。

（2）推崇纳谏用贤、重视民心所向

唐太宗"以人为镜"，美誉千年。魏徵进谏、唐太宗纳谏的君臣故事也常被人称道，成为君臣相处的典范。《册府元龟》作为一部供帝王翻阅的史学类书，自然要对君臣相处之道加以论述，对君主纳谏用贤更是加倍推崇。然而历史上并非每位君主都有纳谏之雅量，用贤之远见。纳谏需能听取逆耳直言，用贤需勿存疑忌。帝王部和闰位部都有失政、疑忌和恶直三个类目，帝王部恶直类小序：

---

① 王钦若等编纂，周勋初等校订：《册府元龟》，凤凰出版社，2006年，第3册，第2591页。

《传》曰：事君勿欺也而犯之。又曰：有犯而无隐。故古之良臣，挺謇谔之志，励骨鲠之节，内怀忠爱，情均休戚，故有犯颜色，触忌讳，献替可否，补救阙失，言必逆耳，事乃利国。自非人主廓容纳之量，克己降意，则龙鳞人逆，鲜或不怒。至有励斧钺以震威，建官司以监谤，下幽絷之诏，行黜弃之典，乃使良士结舌，嘉言攸伏，良可戒哉！《书》曰："予违汝弼，汝无面从。"又曰："有言逆于汝心，必求诸道。"诚哉，为邦之丕训也！[①]

帝王部疑忌类小序：

自古驾御豪杰，弹压区宇，必推己以及物，执中以作孚，坦荡为怀，从容肆体，尧、舜、禹、汤率由是矣。……矧乃天资峻刻，旧恶是念，欲加之罪，其无辞乎？《书》曰："任贤勿贰。"又曰："任贤由己。"盖圣哲之明训也！[②]

臣子待君若有隐瞒就有欺君之罪。发现君主有错的地方，不惜冒犯君威而进谏，说明这个臣子风骨铮铮。忠言逆耳，但是对国家有益，君主一定要听取他的建议，有容纳臣子给自己当面难堪的雅量。若是君主没有容人之量，对进谏之人横加刑罚，会导致忠臣有话不敢说，从而杜绝言路。这是帝王最应该注意的。帝王特别不能胸怀狭窄，对冒犯过自己的人耿耿于怀，峻刻报复。如若君主要用贤才，就不要有任何疑忌，用人不疑，疑人不用，务必使贤者人尽其才，为国家出力。

帝王部有求贤、任贤、褒贤、礼贤等类序；闰位部也有礼贤、好贤、求贤的类序。内容偏重虽各有不同，但均突出了贤才的重要。列国君部则有失贤和害贤两个类目，害贤类小序："夫贤者，国之纪，人之望，兴亡治乱之所系焉。在昔周道陵迟，诸侯强盛，家部之伍，惟俊是泽，斯所以建定霸之业，

---

① 王钦若等编纂，周勋初等校订：《册府元龟》，凤凰出版社，2006年，第2册，第2001页。

② 王钦若等编纂，周勋初等校订：《册府元龟》，凤凰出版社，2006年，第2册，第2005页。

成夹辅之勋者也。"①失贤类小序:"古语曰:'千里一贤,犹云比肩。'言希有也。又曰:'黄金累千,不如一贤。'谓难得也。"②贤才维系着一个国家的兴盛与衰亡,是成就霸业的不二依靠,黄金千两比不上一位贤才,贤才如此稀有且难得,君主用贤还来不及,怎么能害贤、失贤呢?

　　当然,作为帝王,不仅要纳谏任贤,更要重视民心所向,得民心者得天下。帝王部和闰位部与德行、功业相关的类目都强调了君主得民心的重要性。帝王部帝德类小序:"是知贵为万乘,富有四海,在乎以百姓心为心,万物利为利。"贵为天子,富有天下,也不能逞私心、谋私利,要为天下百姓和万物着想。创业类小序:"任能以协力,拨乱反正,与民休息。天人合符,乃膺大宝。有以知天造草昧,王业之艰难也。"③创业艰难,拨乱反正之后,要与民休养生息,得到民心拥戴。天意与民心相合,才能登临帝位。闰位部勖业类小序:"咸能驱策贤智而任其谋,训练骁果而尽其力。勤身征伐,以清外侮,积日累劳,以稔民听。"④任用贤能而尽其谋,训练骁勇而尽其力。亲自征伐,外清敌侮,积日累劳,了解民心,得到民心,才能成就勖业。僭伪部则有勖伐类而非勖业类。僭伪部勖伐类小序:"观其通变之略,制胜之谋,宁前智而后愚,固百虑而一致,盖善恶诡趣,安危异效。其故何哉? 逆顺之势殊,而亿兆之心异也。"⑤僭伪者虽能得意于一时,但终究不能长久,原因就在于失去了民心,失去了千千万万百姓的拥戴!《册府元龟》各部类目的安排,类序内容的撰写,可以说费了很大的心力,字斟句酌,值得细心体会。

　　(3)敬神崇礼、以孝德教化治国

　　巩固君主制,规范人们的思想和行为,"礼"的制约是最重要的手段。明乎此,帝王部、闰位部、僭伪部和列国君部都有不少与"礼"相关的类目,帝

---

①　王钦若等编纂,周勋初等校订:《册府元龟》,凤凰出版社,2006年,第3册,第2911页。

②　王钦若等编纂,周勋初等校订:《册府元龟》,凤凰出版社,2006年,第3册,第2906页。

③　王钦若等编纂,周勋初等校订:《册府元龟》,凤凰出版社,2006年,第1册,第46页。

④　王钦若等编纂,周勋初等校订:《册府元龟》,凤凰出版社,2006年,第3册,第2028页。

⑤　王钦若等编纂,周勋初等校订:《册府元龟》,凤凰出版社,2006年,第3册,第2490页。

王部尤其名目众多。可以分为三个方面：

一是敬神明，重孝道。对于天地神祇的祭祀礼仪是践行这一理念的第一步。帝王部崇祭祀类小序：

> 《书》曰："先王顾諟天之明命，以承上下神祇。"《洪范》八政，三曰祀。《礼》大宗伯之职，曰以吉礼事邦国之鬼神祇。故祭天曰燔柴，祭地曰瘗埋，祭山曰庪县，祭川曰浮沉，祭星曰布，祭风曰磔。是类是禡，师祭也；既伯既祷，马祭也。除恶之祭为袚，会福之祭曰襘，告事求福曰祷，道上之祭为祖，洁意以享为禋，以类祭神为禷。祭司命为祊，祭豕先为禂，月祭为祽，祷雨为雩，祷明为禜。是以圣王为之典礼，民之精爽不贰，齐肃聪明者，神或降之。乃有神明之官，各司其序，不相乱也。……故祭之言察也，察者至也，言人事至于鬼神也。是知神不可慢，祭不可黩，盖享于至诚者耳，岂牺牲玉帛云乎哉！①

闰位部崇祀类小序：

> 古者天子祭天地，禋六宗，四方山川，迨夫七祀。凡有功及于物，德施于下，生民仰赖，灵贶昭达，苟非此族，靡著于典。故《周礼》之法，所以驭神；《洪范》之政，厥用成教。非鬼而祭谓之谄，匮神乏祀必速祸。圣人之制祭祀也，不亦重乎！虽嬴秦强暴，祠官罔废，八神致享，稍异古制，孙、刘跨据，旧章克举。宋、齐而下，咸有司存。牢具珪币，随时损益。自非至诚明德，或增慢黩者耳。②

祭祀自然诸神有一套规范的礼法。祭天地、祭山川，师祭、马祭，祷雨、

---

① 王钦若等编纂，周勋初等校订：《册府元龟》，凤凰出版社，2006年，第1册，第322页。

② 王钦若等编纂，周勋初等校订：《册府元龟》，凤凰出版社，2006年，第3册，第2157页。

祷明，等等，名目繁多，典礼隆重，礼法谨严。一是因为祭祀是将人事求于鬼神，并以为对神灵不敬则灾祸速临，不可轻慢。祭祀过程中的先后、等级、制度约束，庄严肃穆的环境氛围，也是对现有君臣等级森严，制度规范的肯定。二是君权神授，君主祭祀可以直通神灵，上达天命。礼法执行的繁复过程，也是对君主的神化过程。即使非正统的秦、吴、蜀、宋、齐政权，祭祀神祇的礼仪，虽或异于古制，也是必不可少的。

除了天地山川等自然界神明，对祖先神祇的重视就更重要了。帝王部等四个部类都有"奉先"类目，大多谈到了建庙配祀祭奠之事。帝王部奉先类小序：

> 《传》曰："慎终追远，民德归厚矣。"孟子曰："君子不以天下俭其亲。"故王者富有四海，风化兆庶，莫不推因心之孝，奉如在之灵。叙昭穆而举禘祫，祖有功而宗有德，申严配于上帝，饬庙貌于都邑。①

闰位部奉先类小序：

> 夫有国家者，曷尝不宗祀以本仁，作庙以观德，尊祖以致孝，奉先以尽礼。②

僭伪部奉先类小序：

> 夫有国家者，必尊尊亲亲以敦厚风教，虽盗有皇器，窃据神乡，亦考寻古昔，稽合礼文，以为崇荐之事不可忘，归尊之义不可废，所以表孝飨而慰神灵也。③

---

① 王钦若等编纂，周勋初等校订：《册府元龟》，凤凰出版社，2006年，第1册，第279页。

② 王钦若等编纂，周勋初等校订：《册府元龟》，凤凰出版社，2006年，第3册，第2114页。

③ 王钦若等编纂，周勋初等校订：《册府元龟》，凤凰出版社，2006年，第3册，第2516页。

列国君部奉先类小序：

> 夫祀者国之大事，孝者人之本与，邦君敦行，史册垂美。[①]

尊祖奉先，建庙配祀，无须节俭。帝王祭祀先祖修建的庙宇，规模可拟于城邑。对供奉先祖如此讲究，是为了慎终追远，有益于风化。即使是窃国盗位之流，也会考稽旧典，依照礼仪祭祀先祖。对先祖的重视，是讲求孝道，引领风气，垂美史册的美德懿行，也是名正言顺，对自己帝王身份的宣告。

统治者以礼治国，以礼教来巩固自己的地位，天地君亲，对普通百姓来说，君主是神灵、亲人般的存在。作为君主，自己当然更要重孝道，以身作则，成为天下黎民注重孝道的典范。帝王部孝德类小序中就阐述了这个道理：

> 夫德教加于百姓，刑于四海者，天子之孝也。若乃总制区宇，尊居宸极，至性内发，玄化潜运，率土之滨，民德归厚矣。其或在田处晦，祗载之德已隆；膺期抚运，奉养之诚弥竭。至于逮事靡及，追怀罔极，因心创钜，时思永感，哀动左右，风化天下。《传》曰："君子笃于亲，则民兴于仁。"盖圣人之教，不肃而成，不严而治，由兹道也。[②]

闰位部孝德类小序：

> 夫孝，德之本也。故王者之德，莫大于孝。上所以宁宗庙，下所以教人民，导扬徽声，感励风俗，莫加于此焉。[③]

---

① 王钦若等编纂，周勋初等校订：《册府元龟》，凤凰出版社，2006年，第3册，第2628页。

② 王钦若等编纂，周勋初等校订：《册府元龟》，凤凰出版社，2006年，第1册，第269页。

③ 王钦若等编纂，周勋初等校订：《册府元龟》，凤凰出版社，2006年，第3册，第2113页。

统治者践行孝德，就能够风化天下，为四海万民作出表率。民心敦厚，圣人之教，便能不肃而成，不严而治。《孝经》中说："夫孝，天之经也，地之义也，民之行也。""教民亲爱，莫善于孝。"推崇孝道，是天经地义的行为。也是教民亲善友爱的方法。

二是施行教化。统治者对儒、释、道的推崇，缘于儒、释、道是以礼治国、施行教化、辅助治理国家的工具。儒家能助统治者教化万民，释、道两家则能神化统治者的地位，使民听天由命，安分守己。帝王部崇儒术小序：

> 《周官》太宰之职，以九两系邦国之民，其一曰儒，盖六艺之谓也。而太史公以为列君臣父子之礼，序夫妇长幼之别，虽百家不能易。故历代致治之后，何莫由斯道也已！乃有朝舍干戈，暮习俎豆，诚知夫天下之重，非可马上而治。文武之道，布在方策，有条不紊，可举而行。[①]

闰位部崇儒小序：

> 昔鲁哀公闻仲尼之对，终身不敢戏儒。言加信，行加义，故以区区小国，与周升降。盖能重圣人之教而保世延祚者也。彼孙、刘而下，咸裂壤分王，历世绵久。非独山川之阻，甲兵之利，诚亦典刑不忘，风教可尚也。[②]

僭伪部崇儒小序：

> 夫设庠序之教，振洙泗之风，有国者所以化民成俗也。自晋室

---

① 王钦若等编纂，周勋初等校订：《册府元龟》，凤凰出版社，2006年，第1册，第521页。

② 王钦若等编纂，周勋初等校订：《册府元龟》，凤凰出版社，2006年，第3册，第2166页。

板荡，群雄竞起，跨州连县，僭窃大号。而或崇尚儒术，建设学校，明饮射之礼，旌鸿硕之才，亦区区之至也。①

这三篇类序都说明了不管是天下太平还是群雄四起的动荡年代，无论是正统帝王还是占据一隅的"闰位"之君、僭窃大号的"伪主"，统治者都是崇尚儒术，推重儒家，兴建学校，以广施教化，使庶民知晓君臣父子之礼，夫妇长幼之别的。重视儒家，教化万民，是治理天下，保世延祚的根本所在。

帝王部尚黄老小序：

黄帝曰："观天之道，执天之行，尽矣。"《老子》曰："我无为而民自化，我好静而民自正。"信所谓知之，修练涤除，冲览拱默，垂衣而致治，犹龙变化而莫测，本其妙用，归诸自然。故乃凝神御变，抱一执契，无可无不可者矣。②

闰位部崇释老小序：

司马迁之序六家，谈大道之要，其论详矣。自竺乾之典流于中夏，述苦空之旨，显悲济之用，奉其教者，又岂胜道哉！江表之世，崇尚斯笃，乃至增建净刹，讲求梵译，度桑门之众，申血食之业，营斋造像，极其信向。而玄元之训，亦资演畅。东魏、北齐，暨于朱氏，何莫由斯也已！其或冥符玄感，神期吻合，胅蠁之应，非可度思。若乃殖众德之本，以济于仁恕；洞无为之妙，以臻于清净，斯固有助于治者也。③

---

① 王钦若等编纂，周勋初等校订：《册府元龟》，凤凰出版社，2006 年，第 3 册，第 2553 页。

② 王钦若等编纂，周勋初等校订：《册府元龟》，凤凰出版社，2006 年，第 1 册，第 554 页。

③ 王钦若等编纂，周勋初等校订：《册府元龟》，凤凰出版社，2006 年，第 3 册，第 2170 页。

老子云："我无为而民自化，我好静而民自正。"道家崇尚无为之治，《册府元龟》编者认为，作为帝王，就要像道家所说的那样，无为而治，让臣子百姓感到神秘莫测，做到垂拱而治。司马谈（类序中说司马迁，当为讹误）论六家旨要，说得已经很明白了。而释教述苦空之旨，显慈悲济世之用，信佛之众，不可胜数。南北朝时期崇尚佛教，大修寺庙，建造佛像。冥符感应，种种说法，是不可测度的。但如果移植佛家众德的根本学说于仁恕，洞悉道家无为的妙用，运用于治国，使国家安宁，这就都是有助于国家治理的。

三是施行仁政，以德治国。帝王部诸如慈爱、养老、宽恕、仁慈、愍征役、慎罚夫、宽刑类等；闰位部诸如恤征役、仁爱、惠民、奖善、养老类等，占据了帝王部和闰位部类序较大的篇幅。它们都是对统治者施行仁政，以德治国的倡导和劝诫。帝王部仁慈类小序：

> 儒有百行，仁为之宗，道有三宝，慈居其首。君人者本之以成帝德，行之以宅天下，天下之民爱而戴之，何莫由斯之道也！……《书》曰："好生之德，洽于民心。"又曰："民罔常怀，怀于有仁。"其此之谓欤？[1]

仁慈是儒家所有行为的根本，是大道运行最大的宝藏，践行仁政可得民心、得天下，身受万民景仰爱戴。

帝王部养老类小序：

> 《礼》曰："年之贵乎天下，久矣。"故有虞氏养老以燕礼，夏后氏以飨礼，商人以食礼，周人修而兼用之。必以八月，诸物老成，顺其时气，以助养育。天子袒而割牲，侯王设酱，公卿馔珍，所以老穷不遗，强不犯弱，众不暴寡，明长幼之序，兴揖让之风，习乡上齿之义备矣。[2]

---

[1] 王钦若等编纂，周勋初等校订：《册府元龟》，凤凰出版社，2006年，第1册，第449页。

[2] 王钦若等编纂，周勋初等校订：《册府元龟》，凤凰出版社，2006年，第1册，第575页。

敬老养老的传统可追溯至虞、夏、商、周。天子公侯善待老人，可以带动社会上良好的习气。类序中溯源的事例虽然远久，然而其讲仁义、尊老养老的仁爱思想是值得帝王借鉴的。

闰位部惠民类小序：

> 《书》称先王之德，曰保惠于庶民，又曰子惠困穷，又曰惠鲜鳏寡。盖恤艰周急，资无赈乏，历代之令典也。汉道既衰，方国列峙，咸能抚养萌庶，救其穷绝。发仓廪之积，弛山泽之禁，给粮种以资其用，废林苑以还其主。用能消弭灾沴，保集流徙，使下无菜色而安于土著者，由兹道也。然而秦号富强，蜀称天府，施惠济众，史无其传。①

统治者最大的德行就是使庶民受惠，尤其要施惠于贫穷困苦、鳏寡孤独的民众。在他们穷困绝望之时，开仓救济，解除渔猎禁令，拨给粮种，发还林苑，种种措施都是消除灾难，安置流民，使民无菜色，安居乐业的正确举措。然而秦朝虽号称富强，蜀国自称天府之国，史书却没有施惠救济民众的记录，是不可效法的。

2. 宰辅部和将帅部类序

宰辅与将帅是帝王的左膀右臂，是国家安内攘外的重要角色。宰辅、将帅资料以其职位相似的重要性，在《册府元龟》中占据了较大的篇幅。身居宰辅之位者或多将帅之才，辅佐朝廷，将帅职责亦时有与宰辅相同之处。故两部类目设置时有相同，类序内容则有所侧重。

（1）宰辅、将帅，君王之股肱

不同于其他部类职官，宰辅、将帅对于国家的治理和安全，有至关重要的职责。宰辅部总序开篇明义，下笔就点明其职责和对于帝王和国家的重要性：

---

① 王钦若等编纂，周勋初等校订：《册府元龟》，凤凰出版社，2006年，第3册，第2178页。

　　夫辅相之职，所以左右天子，总领庶尹，弥纶机务，宣翼统纪，燮调元化，甄叙流品，亲附百姓，镇抚四夷，裁决庶政，班布王度，乃其任也。是故公台之任，无所不总。与元首而同体，乃谓之股肱；秉邦国之会要，乃譬之钧轴。百官承式，治本之是系；万邦为宪，民瞻之所在。①

宰辅的职责是在天子旁边总领百官，处理机务，宣扬和维护纲纪，协调教化，甄别考察和安排官秩，使百姓亲附朝廷，镇守安抚四夷，裁决政事，颁布法规制度。他们就像帝王身体的一部分，被称之为股肱之臣。他们秉持国家的枢要，就像制陶转轮上面的轴。他们是百官楷模，万邦效法，是国家治理、民望所归的关键人物。在接下来的"佐命"类序中，再次论述宰辅、将帅辅佐帝王建立功勋，才能之出类拔萃。宰辅部佐命类小序：

　　《说命》曰："若济巨川，用汝作舟楫。"夫天造草昧，真人抚运，允资英杰，截济时难，故有感会风云，奋起草莽，朝舍屠钓之业，夕为廊庙之器，倚任如手足，相谐如律吕，服劳保乂，旷日持久，厥有成绩，纪于太常。降及秦汉，世资战力，以强国之术，干好谋之主，运筹帷幄，指踪将佐，转祸为福，易危从安，罄竭力贞，辅成景业者，何可胜道哉！乃至运属阳九，雄视一方，亦必有纵横之才，倜傥之士，咸能矢陈远驭，赞集洪勋者矣。②

将帅部佐命类小序：

　　夫帝王之兴也，必有命世之人杰，折冲之虎臣，周旋翼从，夷

---

　　① 王钦若等编纂，周勋初等校订：《册府元龟》，凤凰出版社，2006年，第4册，第3476页。

　　② 王钦若等编纂，周勋初等校订：《册府元龟》，凤凰出版社，2006年，第4册，第3478页。

凶戡难，然后大勋以集，归运斯格，御天下之图，制亿兆之命者也。……莫不有毅勇之士为之爪牙，奋扬威武，式遏乱略，周旋夷险，勤宣忠力，搴旗以克敌，略地以辟国，用能震天声而消群慝，厉舆师而一众志，成乐推欣戴之美，享利建世及之报，功成名立，为方策之所称述，其不伟欤？^①

两篇类序都是以说明宰辅将帅的重要性开头，认为帝王的兴起，必伴有人中豪杰、治世能臣，他们就是帝王创业的辅佐人选。类序充分肯定宰辅、将帅对于帝王的辅助作用，认为宰辅、将帅是帝王创立基业开创盛世的必要条件。无论是宰辅之才的运筹帷幄，辅成大业，还是将帅之才的搴旗克敌，略地辟国，都是辅佐帝王成就大业不可或缺的。

宰辅、将帅职位重要，任命时需慎重，罢免时也应三思。位居宰辅者位高权重，为国家建立过汗马功劳，或告老还乡，或因疾隐退，莫不是最好的结局。宰辅部罢免类小序：

> 若夫韦贤告老，赐安车而就第；李通辞疾，以特进而奉朝请，斯乃进退以礼，君臣俱得。至若无所发明，号为烦碎，赐策以罢，理亦宜之。其徇私忘公，忌贤作威，逃戮而退，幸亦多矣。乃有见嫉奸邪，遭罹谗毁，志虽中屈，道亦无辱，虽复幅巾归田，柴车即路，斯以见伯玉卷而怀之，子文三已无愠之志焉。^②

位居宰辅者功成身退，告老请辞，能全君臣之礼。若在其位不谋其政，赐策告归，也合乎常理。也有宰辅在任期徇私忘公，嫉妒贤才，作威作福的，可免死退职，幸免于刑罚。至于遭妒陷害，空有抱负难以施展，罢免归田，那是他们藏身避祸的一种方式吧！将帅引咎卸任，《册府元龟》编写者认为也是值得推崇的。将帅部引咎类小序：

① 王钦若等编纂，周勋初等校订：《册府元龟》，凤凰出版社，2006 年，第 5 册，第3836 页。
② 王钦若等编纂，周勋初等校订：《册府元龟》，凤凰出版社，2006 年，第 4 册，第3737 页。

虎兕出匣，守者之过。师律或否，咎将谁执？其有处万夫之长，当闻外之寄，失先人之志，贻脱辐之凶。或督摄过严，颇致携畔；或号令不振，动为纠纷；或固守而靡终，或屡动而无状。谋虑非远，悔吝斯至。而能露章自劾，素服请吏，乞还旄节，愿上印绶，不尤人而求免，惟责己以负愧。复有庭辩主帅之直，独当偏伍之罪。不以谗口而怨上，不以私憾而害公。①

主帅对麾下错失勇负全责，不怨天尤人，不求免罪，引咎辞职是最恰当的举措。

（2）宰辅将帅之才的担当

宰辅，文韬武略，能出将入相。宰辅部出镇类小序："昔陆贾有言曰：'天下安，注意相；天下危，注意将。'汉宣亦云：'边境有事，左右之臣皆将相也。'盖夫天子之宰，弼谐庶绩，居乎内，则镇国家，抚百姓，使卿大夫各任其职；处乎外，则握兵要，司民政，俾郡国县道承其风。虽分任迭处，而周旋委赖，其义均矣。"② 机略类小序："夫蕴经纶之才，登宰辅之任，当朝廷多事之际，属黔首艰难之日，傥不能转彼祸机，运夫良画，则先圣所谓危而不持，颠而不扶者也。"③ 天下安危，系于将相。边境祸起，宰辅亦可领兵为将。天子的宰辅，内镇朝纲，安抚百姓；外掌兵权、教化民风。总之，担宰辅之任者，能文能武，在国家危难时刻，要敢于担当，能力挽狂澜，能转危为安。

将帅，于两军对阵，攻坚克难之时，要义不顾亲，忠诚国事。将帅部不顾亲小序："威以克爱，良将所以有功；义以灭亲，忠臣所以徇节。盖夫授钺而出，固敌是求，师律尚严，军事贵断。故有忘家徇国，以义掩恩。九族陷于寇仇，攻之而弗顾；六亲干于约束，杀之而无赦。三军感义而心奋，万夫畏

---

① 王钦若等编纂，周勋初等校订：《册府元龟》，凤凰出版社，2006年，第5册，第4738页。

② 王钦若等编纂，周勋初等校订：《册府元龟》，凤凰出版社，2006年，第4册，第3638页。

③ 王钦若等编纂，周勋初等校订：《册府元龟》，凤凰出版社，2006年，第4册，第3654页。

威而股栗，故能排祸难于社稷，戮鲸鲵于边圉。"①国家危难之时，临危受命，公而忘家则是将帅应有的职责和本分。受命忘家类小序：

> 《传》曰："将受命之日，则忘其家，临军约束，则忘其亲。"盖军旅之事，安危攸司。将帅之任，社稷是毗。固当以孝而资忠，以义而割爱。受诏引道，初无辨严。忧国忘身，靡顾私室。聋英烈之风概，为忠毅之模楷。宜乎锡以土宇，纪之祈尝者哉！②

如若战时碰到特殊情况，将帅要能随机应变，更要敢于担当。矫命而胜类小序："夫兵用诡道，智尚先见。应变贵于神速，转祸在于俄顷，又岂俟白丈人以救火，同守株而待兔哉！故曰：'将在外，君命有所不受。'又曰：'苟利国家，专之可也。'"③，当然，虽说将在外君命有所不受，但在皇权至上的年代，矫命的风险是很大的，甚至冒险成功以后还需请罪。可这种为国家敢于承担风险的精神，却是将帅临阵决策不可不具备的。

3. 台省等朝廷职能部门类序

台省等朝廷各职能部门，是国家日常运行的中枢，地位举足轻重。其类序涉及人、事等众多方面，比如任职者的品性、才能、职责、行为举止，朝廷大事的筹划、处理，制度的制定与执行，等等。知人善任，人尽其用，《册府元龟》的编写者认为是最重要的。因此，几乎各部都安排撰写了"选任"类小序。朝廷各部门官员的选拔，不尽相同，这些部类的选任类小序内容也各有特色。

台省即尚书省的别称，亦有将三省和御史台合称为台省的说法。台省部选任类小序："夫知人则哲，能官人安民则惠，大禹之训也。慎简乃僚，其惟

---

① 王钦若等编纂，周勋初等校订：《册府元龟》，凤凰出版社，2006年，第5册，第4742页。

② 王钦若等编纂，周勋初等校订：《册府元龟》，凤凰出版社，2006年，第5册，第4745页。

③ 王钦若等编纂，周勋初等校订：《册府元龟》，凤凰出版社，2006年，第5册，第4889页。

吉士，周穆之命也。盖邦国治乱在乎庶官，选贤任能，其来尚矣。"①选官选贤任能，是先哲圣王的古训，也是自古以来的传统。具体职能部门应该在此前提下，选择最适合的人选，如宪官、卿监，选官就宜以正直的品德考察为首。宪官部选任类小序：

> 夫宪官之职，大则佐三公统理之业，以宣导风化；小则正百官纪纲之事，以纠察是非。故汉魏以还，事任尤重。至于选用，必举贤才，乃有负睿谔之称，彰才职之誉。持法平允，敷奏详明，端慎克成，其官政婞直，不畏于权幸。继乃执我公宪，助兹朝治，使豪戚敛手，奸邪屏迹，允所谓邦之司直焉。为官择人，于斯为善矣。②

虽然同样是推举贤才，但辅佐三公之外，宪官更要能纠察是非，敢于面谏君主，不畏权贵，正直刚毅，震慑豪戚奸邪。而卿监部选任类小序则有区别："夫卿监之列，其位重矣。官象河海，职贰台衮，苟非其人，焉可虚授？然则便僻侧媚，群言之攸弃；中正清直，公朝之所尚。则有内贞外顺，博闻多识，推行实之攸异，称治迹之第一。"③其人选更注重清正忠直，能够在文武百官中做出表率。

学校部的"选任"，则着眼于大雅鸿儒，博闻强记之士。其选任类小序：

> 自汉承秦弊，宗尚经术，求稽古之士，重学官之选。历代而下，虽废置或异，而授受之际，未尝轻焉。观其延登鸿硕，优隆体貌，崇其位著，厚其禄廪，岂徒冗太官之食，重高门之地而已，亦将以发挥典籍，申明治具，顾有益于风教耳。非夫大雅宏达，博闻强识，究先王之法言，蕴专门之案业，式可莫二，籍甚有闻，即何以称法

---

① 王钦若等编纂，周勋初等校订：《册府元龟》，凤凰出版社，2006 年，第 6 册，第 5144 页。

② 王钦若等编纂，周勋初等校订：《册府元龟》，凤凰出版社，2006 年，第 6 册，第 5817 页。

③ 王钦若等编纂，周勋初等校订：《册府元龟》，凤凰出版社，2006 年，第 7 册，第 7173 页。

师之望，恢教授之业，敷畅先儒之微旨，诱掖方来之俊士，以丹青帝载而化民成俗者哉！ [①]

类序撰写者先站在政治的高度，肯定学校管理者的职位对于国家治理的重要性。然后又从任职者个人的品行操守、能力、名望等多方面论述其人选的素质问题，最后点明学校教学之宗旨。可见，虽然各部门多有"选任"类序，但其内容针对性极强，根本无一雷同，而是五彩纷呈，各具特色。

4. 牧守部和令长部类序

牧守是州郡的长官，令长是一县之长，相对于庙堂之高，牧守、令长是封建社会实实在在的百姓父母官，可谓权专而任重。牧守部选任类小序：

> 专制千里，其为威重可知矣。故推择之际，未尝轻焉。乃有密迩都邑，俯介戎貊，或豪猾恣横，或寇攘为孽。至乃干戈甫定，水旱相仍，疲赢赖其惠绥，强暴资其式遏。由是选循良之器，求真干之用，分符以往，专城而居，足以为王庙之藩屏，黔民之师长者矣。 [②]

令长部选任类小序：

> 令长参五等之列，布一同之政，苟非选任，曷补风化？所以蕴干才而有声，因笃行而辟召。若非务其干蛊，守以廉勤，恕察民情，精深理道，则曷能与于此哉！故曰："正理之本，必在于亲人；亲人之官，莫切于令长。"斯之谓矣。 [③]

牧守专制千里，独当一面。治地有的还靠近边境，与夷寇相邻。有时战

---

① 王钦若等编纂，周勋初等校订：《册府元龟》，凤凰出版社，2006年，第7册，第6868页。

② 王钦若等编纂，周勋初等校订：《册府元龟》，凤凰出版社，2006年，第8册，第7727页。

③ 王钦若等编纂，周勋初等校订：《册府元龟》，凤凰出版社，2006年，第8册，第8096页。

火刚熄，水旱灾害就接踵而来。贫穷困苦、老弱病残者需要赈济，豪强恶霸靠其遏制打压。因之，一定要选择具有真才实学、奉公守法、清正廉洁、重农富民的"循吏"担当。外足以抵御夷寇入侵，内可为百姓良师长者。而令长的人选则必须为良善之辈，廉洁勤俭，体察民情，亲近百姓。

5. 铨选部和贡举部类序

铨选与贡举都是替国家选择人才，铨选部考课类，贡举部考试类、对策类，都是收录历代国家考察甄选人才的方法和事例。从这两部类序中，可以一窥铨选与贡举制的大要：铨选考课，重点在于"明试以稽其功，循名以核其实"①，即考察官吏任内的业绩，考察其所作所为。贡举考试，汉魏南北朝之前，都是举荐贤能之士；科举制度制定后，考试选才在于"较艺实之精微，察器识之优异"②，即考察比较考生是否具备真才实学，考察其对事物见解的高下优劣。

（三）《册府元龟》单部类序例析

1. 邦计部类序

邦计即国家大计，关系财政、户籍、赋税、田制、钱币、俸禄等国家经济命脉，是国库收入与支出的运筹计划。邦计部包括选任、材略、褒宠、经费、济军、输财、户籍、迁徙、赋税、蠲免、山泽、田制、河渠、漕运、钱币、平籴、常平、屯田、榷酤、关市、丝帛、俸禄、鬻爵赎罪、重敛、希旨、交结、旷败、诬枉、贪污等二十九门。计总序一篇，小序二十九篇，共有类序三十篇。这些类序，涉及官吏人选的选择与褒奖，国家财政经费的使用，军费的开支，人口户籍和迁徙，赋税收入与蠲免，山林田地河渠及漕运制度，钱币和市场贸易，屯田，薪水和鬻爵赎罪制度，官吏不法行为及其处理等众多方面。编写者类目设置周详，资料搜集全面，组织排列有序，类序中抒发见解，时有卓识。如经费类小序："周官太宰之职，以九式均节财用，又置国用，必于岁之杪，量入以为出，此邦家经费之制也。盖夫富有诸夏，维御群品，必慎

---

① 王钦若等编纂，周勋初等校订：《册府元龟》，凤凰出版社，2006 年，第 7 册，第 7335 页。

② 王钦若等编纂，周勋初等校订：《册府元龟》，凤凰出版社，2006 年，第 7 册，第 7422 页。

财赋，以均用度。若乃兵戎、祭祀之给，禄廪、赐予之数，乘舆之奉养，庶事之供拟，固亦有常制矣。"①认为"量入为出""慎财赋均用度"是经费使用与调度的要旨，不能以国库充盈而挥霍无度。蠲复类小序专门议论赋税减免问题：

> 古者使民以时，赋调有数，盖以备国用，均民力也。其或天灾流行，水旱作沴，兵革之后，必有凶年。故哀其疾苦，而有复除之制。……其后或王者之里，行幸所过，给军之劳苦，疾疫之灾，及吏民之产子，孝弟力田者，有时蠲之。晁错所谓德泽加于万民，民愈勤农。民不困乏，天下安宁；岁熟且美，则民大富乐矣！爱人之道，斯为最焉。②

水旱天灾、战争兵祸情况下可以免除或减免百姓赋税；疾病瘟疫流行区域、帝王籍贯、帝王巡行经过地域可以免除或减免该地赋税；特殊情况下，如吏民生了孩子、百姓孝弟力田，也可减免赋税。类序对蠲免民众赋税的制度表述得十分清楚，认为这种行为也是体现统治者爱民的最好举措。贪污类小序：

> 《诗》云："贪人败类。"《传》云："贪以败官为墨。"盖贪而不败者，未始有也。夫小人纵欲弃义，贪冒崇侈，心甚丘壑，莫之盈厌。语利于市，犹为不可，况夫总管榷之任，举飞漕之职，内度经费，外调舆赋，罔能避白圭之玷，全素丝之洁，惟以取舍由己，奢僭是图；虐下以刑，倾众以势，侵盗于国，诛求于民，聚敛积实，不知纪极；以至苞苴盈门，箪箧不饬，罹罪罟，伏欧刀而不悔焉。何徇财渎货之至是也！③

① 王钦若等编纂，周勋初等校订：《册府元龟》，凤凰出版社，2006年，第6册，第5486页。

② 王钦若等编纂，周勋初等校订：《册府元龟》，凤凰出版社，2006年，第6册，第5543页。

③ 王钦若等编纂，周勋初等校订：《册府元龟》，凤凰出版社，2006年，第6册，第5810页。

小序先引用经典中的论述，指出贪而不败者从来未有。认为贪污奢侈者，心如丘壑，不会有满足。特别是主管财政大权者，执掌内外经费调拨使用，如果一味的奢侈僭越，作威作福，盗窃国家财产，搜刮民众财富，以致贿赂盈门，贪污奇珍异宝满室，到头来肯定会身陷囹圄，引颈受戮。最后以"怎么能爱财如命到这种地步"的慨叹收束论述，给后人以警示。

2. 学校部类序

学校部在《册府元龟》中是颇有特色的一部，共有选任、世业、教授、侍讲、讲论、师道、辩博、恩奖、奏议、注释、撰集、小学、目录、刊校、仇嫉十五门，计总序一篇、小序十五篇，共有类序十六篇。部内资料包括师资的选任，教授世家，学生的教授、帝王的侍讲、友朋之间的讲论，尊师之道，辩论通博，帝王的恩惠奖励，奏议，文献的注释、撰集、校勘，文字声韵训诂之学，目录学，等等。内容涉及教师、教学、尊师、辩论、文献整理等诸多与学术相关的领域。世业类小序："自夫子之以《诗》《礼》授伯鱼而有趋庭之训，其后汉武表章六经，始立博士，开弟子员，设科射策，劝以官禄，学者寝盛，盖获利使之然尔。故有父子讲习，以著专门之称；世家祖述，以成传业之美。莫不达章句之要，精诂训之说，克缵前绪，见推当时。"①指出父子相承，世代教授传业解惑成为美谈这种社会状况之所以出现，是朝廷"设科射策，劝以官禄"，使其"获利"。即读书考试，成为普通民众跻身官吏阶层的台阶，成为获取利益的途径。因此，社会才会有读书者增多，子承父业，相继教授的现象。而目录学的问世，是缘于社会学术需求的关系。目录类小序："夫四科之设，所趣不同；六艺之端，为学亦异。自微言既绝，说郛遂多，诸子玄兴，群儒纷纠，兵农杂说，其徒实繁。然而学者斯勤，述者弥众，广搜并购，既显于好文；强学专门，颇患于寡要。故前之达者，分其例类，使有条不紊，求者可以俯观也。"②"四科""六艺"，学术区分，本来就有门类。诸子百家，著述繁杂，学者难得要领。因此，区分类例，提要钩玄的目录学是应社会的需求而问世的。两篇类序均从所论述事物产生的社会背景分析入手，水到渠成，论断

---

① 王钦若等编纂，周勋初等校订:《册府元龟》，凤凰出版社，2006年，第7册，第6875页。

② 王钦若等编纂，周勋初等校订:《册府元龟》，凤凰出版社，2006年，第7册，第7010页。

尤见作者功力。注释类和刊校类小序则关乎文献的整理与传承。刊校类小序：

> 仲尼曰："文王既没，文不在兹乎？"故曰自卫反鲁，删定经艺，而门人达者，亦有所刊正焉。既而遭秦煨烬，会汉巫蛊，编简散逸，微言殆绝，虽故老相传，得于口占，坏壁之获，固多古文，颇或遗脱，率用裁择。既而学校斯建，传习弥广，龟鸟之变，鱼鲁之殊，盖有之矣。矧复师资迭授，覃研无废，增以章句，为之训传，又多乎哉！故英儒博闻之士，潜心大业，探求精义，正其阙误，芟其繁乱。或蒙被诏令，典校延阁；或上书自陈，求给笔札。至于前世之载记，百家之述作，亦或扬榷其缪戾，考正其异同，缝其漏而质其非，翦其芜而撮其要，朱紫之有别，淄渑之不混。六经之旨既明，四部之文维叙，后来以之折衷，学者于兹蒙益，非好古博雅之君子，畴克预于此哉！ ①

儒家经典，遭遇秦始皇的焚书坑儒，汉初的巫蛊之祸，散佚颇多；故老口头传授保存下来的，错讹之处难免；孔壁所出用古文字撰写的，文字多遗脱难识。学校成立之后的教学，文字流变和传承产生讹误，亦不可避免。何况老师一代接一代地讲授研究经典，撰述传注章句训诂之作众多，见解各异。因此硕学博闻之士或接受帝王诏令，或毛遂自荐，从事文献的典校勘误。至于诸子百家著述，刊校者主要是扬弃其谬误，考正其异同，补苴其遗漏，驳斥其错误，芟除其芜杂，撮举其要义。总之，刊校工作使正确与错讹截然区分，文献的标准文本彰显于世。六经之旨要由此明白无误，四部之文献由此文从字顺。使后代奉之为标准的文本，后来的学者会受益无穷。这个工作，非好古而且学识博雅的人，是不能参与的。这篇小序的内容十分丰富，由儒家经典的劫难导致产生讹误，孔壁经典的古文字遗脱、辨认产生讹误，经典教学和研究成果产生讹误等，引出刊校工作的重要性。既而论述对儒家经典、百家著述刊校所做的具体工作内容，最后论述刊校工作的历史功绩和参与刊校工作者的素养。文

---

① 王钦若等编纂，周勋初等校订：《册府元龟》，凤凰出版社，2006 年，第 7 册，第 7012 页。

章思路清晰，因果源流剖析透彻，是站在历史的高度表述出来的深邃见解。

3. 总录部类序

总录部是《册府元龟》中最大的一部，共有二百四十三门（总序表述为二百四十二门，系计算错误）。总序一篇，小序二百四十三篇，共计类序二百四十四篇。据其总序介绍，内容大抵涉及人伦的九个方面：秉性、见识、道德、善行、爱好、学艺、天命、人事、恶举。其中"天命"与"人事"，编者采录的是与"命运、定数""家荫""结姻"相关的人伦资料。其余分别为"性之品""识之品""德行之品""好尚之品""艺术之品""恶之品"方面的人伦资料。"道德"与"善行"归为"德行"一类，又是总录部中占据内容最多的部分。总序："若夫敦仁孝之本，宣忠义之烈，丰友悌之爱，昭贤懿之名，敦信以待人，克让而后已，诚明昭感，阴骘敷被，俭约是守，长厚成俗，撝挹以自牧，矜慎而用全。或恪居厥官，世济明德。励清白之节，勤干蛊之业，循守常道，韬晦其才，或图报旧恩，固辞爵赏，解纷竞之患，远势利之交，不处嫌疑之间，安于贫窭之际，独守介节，放于隐居，以至改过自新，报怨以德，轻财好施，分灾救患，敦托孤之义，俭节终之礼者，皆德行之品也。"可见，"德行"类包括了孝、忠、忠烈、义、友爱、贤、仁、信等所有儒家核心价值观的人伦资料。编写者这部分类目设置最多，区分也最细密。如高洁类小序和清廉类小序：

> 夫修身立操，不以穷改节；砥名厉号，不以利伤行。矖然高举，毅然有守。义不苟取，志不易常。盖夫洁廉之士，笃尚清白者，尝从事于斯矣。故曰："穷视其所不为，贫视其所不取。"虽有饥寒之忧，犹无滋垢之污。故志愈高而行愈洁，身益困而名益彰。俾贪者励其廉隅，懦夫有所立志，斯诚至士守道者之所趋也。若乃不受其问遗，靡干于乡邑，非其粟而不飧，非其衣而不服，介然自修，终焉弥固，克尚贞洁，匪为华行，亦何代无其人哉！[①]
>
> 夫砥石励节，不以利污行；恶衣菲食，所以志于道；洁己以进，

---

① 王钦若等编纂，周勋初等校订：《册府元龟》，凤凰出版社，2006 年，第 9 册，第9356 页。

临财以廉；处脂膏而不能自润，委货财而不亏其义；克全其操，动不累高；不以身之察察，而受物之汶汶者，斯君子之至行也。中古以下，盖不乏其人焉。乃有居贫守约，寡欲易足，靡受馈饷，不荣资产，处官遵量人之用，在困无苟得之志，非夫立义为富，秉德不回者，亦奚以臻此哉！古人有云："贫者视其不取，老者戒之在得。"盖亦固穷自守，不为义疚者，鲜矣夫！①

　　两篇类序论述的共同点是"洁"，即不贪图钱财宝物。两者都是砥砺名节，注重操守，不接受别人的馈赠钱物。但前者更强调品德的高尚纯洁，"义不苟取，志不易常"，不改变自己坚守的道义，不改变自己一贯的志向。故该类目下收录最早的资料为不吃周粟，饿死首阳山的伯夷、叔齐事迹；后者更注重行为的正当纯洁，"洁己以进，临财以廉"，干干净净地进取仕途，清清白白地为国家处理财务。所以该类目下收录最早的资料为拒受献玉，以不贪为宝的子罕的事迹。类序撰写者认为，无论"高洁"还是"清廉"，其人品都是高尚的。不管在穷愁潦倒的困境中，还是在身居高位的优渥条件下，都能洁身自好，而不是损人利己，或接受馈赠贿赂，或窃取国家财物，至少是于世无害，值得推崇的。因此，就将历史上这两类人的有关事迹采录归类，并在类序中予以评述表彰。

（四）《册府元龟》类序的功用

　　类书一向被认为只是辑而不作，分门别类收录各种书籍中的资料，没有编者的见解，没有多少创新的内容。但有的类书在每个部类之前或之后撰写的类序，却给了编者发挥的空间，可以用或多或少的篇幅来抒发编纂者的情怀，展示其学术造诣。《册府元龟》类序就是经过撰写者深思熟虑写就的，其目的是使读者在阅读所采录的资料之前，能够对所述部类内容有简要的了解，且能明晓编者采录这些材料的真正用意。类序撰写者对部类内知识的梳理和介绍，有的是对每个类目内容的剖析，有的是对每个类目主题思想的归纳。

---

① 王钦若等编纂，周勋初等校订：《册府元龟》，凤凰出版社，2006年，第9册，第9388页。

1. 指引阅读，效法典范

宋真宗在即位后的第八年，即景德二年，"载命群儒，共司缀缉"，组织编纂大型史学类书《册府元龟》，书中撰有类序一千多篇，最初由参与纂修的编修官分别撰写，"后来真宗认为序出众手，体例不一，自大中祥符元年二月丙午开始，遂择李维、钱惟演、刘筠、夏竦、陈彭年等六人撰写，撰后交杨亿审定"①。杨亿、钱惟演等人都是当时的学界翘楚，宋真宗礼遇有加。类序的最终审定，他们可谓字斟句酌，煞费苦心。类序多引经据典，剖析源流，或说明类目内涵，奉经传思想为正统；或就各种现象、史实表明态度，以供君臣阅览借鉴。

《册府元龟》初名《历代君臣事迹》，修这部书的主要目的，是为了"用存典刑"，"欲著前代事实，为将来典法，使开卷者动有资益"。②除却书中采录的史实可以作为客观典范，供阅读参考外，撰修者在类序中亦多亮出本人的见解，以为后世阅读的参考和指引。如总录部高尚类小序：

> 《易》曰："高尚其事。"仲尼之称儒有不臣不仕者焉，斯盖抱朴以自守，处晦而无闷，不降其志，独善其身，绝俗以高蹈，确乎其不可拔也。三代以还，乃有耻厕家陪之列，不嗅骄居之饵，弃卿相之位，辞封爵之富，安车征聘而麾屈，公府交辟而不起，虽复蒲帛贲于丘园，羔雁陈于庭户，视之蔑如也。非夫德充于内，道茂乎己，厉行无爽，处躬有裕，又安能不陨获而充诎哉！然而当时之君，亦曷尝不优容全度，以成其高世之节。今并采其事迹，著之于篇。或有虽在早岁，抗志而避名，暨及晚年，逢辰而贵仕。出处有道，亦无愧焉。③

这篇类序表达了几层意思：第一层意思是引述经传和孔子的理论，说明

---

① 刘乃和：《〈册府元龟〉新探》序，《文献》1982 年第 4 期。

② 王应麟：《玉海》，文渊阁《四库全书》本，台湾商务印书馆，1983 年，第 944 册，第 473 页。

③ 王钦若等编纂，周勋初等校订：《册府元龟》，凤凰出版社，2006 年，第 9 册，第 9008 页。

儒者中有这种抱朴自守，独善其身，不与统治者合作的人。这种人的行为也是高尚的行为。第二层意思是引述历史上"高尚者"的众多事例，这些事例都是门类中所收录的：耻厕身家臣之列，不嗅骄居之饵，弃卿相之位，辞封爵之富，国家安车征聘而不屈从，公府交相辟召而不顺应。虽加上送至家中的货物堆砌如丘山，他们也瞧不起。第三层意思是这些人高尚名节的成就，是与当时的君主宽容大度分不开的，当时的统治者容忍了这些人不合作的行为。第四层意思是这些人中间，有的是早年为了名节而不与统治者合作，晚年在他们认为合适的时候出来做官，也是可以问心无愧的。类序主要是告诉后代的君主：虽然这些"高尚"之士不与统治者合作，但他们的"洁身自好"，其实是与君王的统治"无碍"的。君王对他们宽容大度，在成就他们名声的同时，也可以同时博取天下百姓认为自己宽宏大度能容纳人的美誉。前代君王对待"高尚者"的做法，是应该效法的。

当然，给臣子树立标杆，以为典范，《册府元龟》这方面采录的内容就更多了。类序撰写者指引臣子阅读的同时，亦常常鲜明地表达了自己的观点。如宰辅部退让类小序：

> 刘向有言曰："舜命九官，济济相让，和之至也。"《传》曰："群后德让。"是知让之为德也，至矣。矧廊庙之上，辅弼之职，佐佑天子，燮理阴阳，外抚四夷，内安百姓，其为任也重矣。而有副兹具瞻，允膺登用，乃能厉贞退之节，崇谦挹之风，或推功以相先，或举德以自代，发于诚恳，盖非矫饰，固足以激奔竞之风，惩贪冒之党。与夫鹈在梁而濡翼，负且乘而致寇，兴积薪之叹，思五鼎之食者，不可同年而语也。①

《册府元龟》宰辅部、将帅部都有"退让"门，可见编修者对宰辅、将帅"退让"美德的重视。这篇类序，对宰辅出自诚心，"或推功以相先，或举德以自代"的退让行为给予高度评价。认为可以抑制社会各阶层对名利的追逐，惩

---

① 王钦若等编纂，周勋初等校订：《册府元龟》，凤凰出版社，2006年，第4册，第3718页。

治贪图财利的朋党的滋生。最后引经据典，连用四个典故。引《诗经》和《易经》中的两个典故是说明居宰辅之位，才能不称职者，必将招致祸患。引《史记》《汉书》中的两个典故，则是对《史记》中汲黯嫉妒资历不如己而官职后来居上者的言辞，对《汉书》中主父偃贪图高官厚禄的言行表达出明显的鄙视。一褒一贬，垂范后世的用心显露无遗。

2. 劝诫警世，引为龟鉴

宋真宗是《册府元龟》的监修者，对《册府元龟》的引书范围、门类、编排次序等都一一过问，对其编撰异常重视，也对《册府元龟》类序的撰写提出过具体意见。据《玉海》记载：

> 景德四年九月戊辰，上谓辅臣曰："观所著篇序，援据经史，颇尽体要，而诫劝之理，有所未尽也。"钦若等曰："自缵集此书，发凡起例，类事分门，皆上禀圣意，授之群官，间有凝滞，皆答陈论。今蒙宣谕，动以惩劝为本，垂世之急务也。"[1]

宋真宗对各篇类序予以肯定，只是觉得诫劝之理的编撰精神没有贯彻始终，王钦若马上信誓旦旦，表示一定将诫劝之理，龟鉴后世作为类序撰写的根本。可见"诫劝之理"是类序中的重要主题。《册府元龟》是集群臣之力编撰而成，由王钦若统领，但学术上真正主事的却是杨亿[2]，杨亿更是《册府元龟》类序最后的审定者。据史书记载，杨亿生性耿直，风骨凛然，真宗时为翰林学士、户部郎中，知制诰，文格雄健，才思敏捷。由他来审定各篇类序，强化诫劝之理，可谓是合适人选。在宋真宗的直接干预下，《册府元龟》类序莫不秉承旨意，宣晓诫劝之理，以为后世龟鉴。总录部不忠类小序：

> 古人有言曰："竭身命以徇国，经夷险而一节者，忠臣也。"若乃三精雾昏，四海波荡，乃有体被组绶，世隆宠渥，靡排死以立操，

---

[1] 王应麟：《玉海》，文渊阁《四库全书》本，台湾商务印书馆，1983年，第944册，第473页。

[2] 刘乃和：《〈册府元龟〉新探》序，《文献》1982年第4期。

翻谋身而败名。或当难而逃归，或临危而不救，缔交于凶虐之伍，阿旨于权幸之门，以至怀贰受节，挟私谋事，草板檄以内毁，画计策而反攻，盖废三纲之正道，使百代之可诛，岂独人神之所弃？今古共耻者也！书之于策，可以为训。[①]

什么样的臣子是忠？什么样的臣子是不忠？类序用两种情况下臣子的表现对前者的定位做了回答。对前者的定位是舍身殉国，在与外国的斗争中始终不变节。后者的定位则是虽世代承受恩宠，在国家动荡、危难之时，不仅不能奋不顾身，勇赴国难，反而贪生怕死，败坏名节：有的临难脱逃；有的对自己国家军队临危不救；交结敌军；巴结权贵；心怀贰心，接受敌方任命，为自己某利益；甚至替敌人书写檄文；出计谋反攻自己的国家。这种不忠的臣子废弃三纲的正统道德观，使百代千秋的人看到其行为都感到切齿可杀。难道仅仅是人神都唾弃吗？古今都以为耻而千古唾骂呢！类序作者笔端感情一泻而下，列举种种不忠行为的同时，对其进行了酣畅淋漓的谴责和鞭挞。落笔更直接点明"书之于策，可以为训"，其劝诫警世，以为龟鉴的用心，丝毫没有遮掩，而是直接表达。再看内臣部朋党类小序：

夫亲丹扆，游黄阁，上应躔次，下闻谋议，其来久矣。自两汉之季，五代已往，或值王道浸衰，朝纲靡振，本以宫闱之职，遂参枢衡之任，共相树置，递为表里。乃有擢自行伍，膺节制之权；拔于寒微，践公台之贵。吹嘘所至，羽翼斯生。故无益于为邦，但有紊于政治。观夫贤愚之用舍，乃知时运之污隆耳。[②]

宦官，是帝王与臣子之间上传下达，传递信息的人物。两汉至五代期间，在王道衰败、朝纲不振的时候，一些宦官，本应承担的是宫闱中职务，却参与担任了朝廷中枢治理国家的重任。他们互相勾结，安置亲信，狼狈为奸。有的

---

① 王钦若等编纂，周勋初等校订：《册府元龟》，凤凰出版社，2006 年，第 11 册，第 10700 页。

② 王钦若等编纂，周勋初等校订：《册府元龟》，凤凰出版社，2006 年，第 8 册，第 7703 页。

拔自行伍，掌握了节制军队的大权；有的出身贫寒，却跻身公卿大夫之列。他们相互吹捧，羽翼滋生，形成朋党，非但无益于国家治理，反而造成政治的紊乱。类序作者对宦官专权，树立朋党，担任国家重要职位，祸害国家的历史事实进行了批判，为后代帝王敲响了警钟，可谓振聋发聩。

《册府元龟》部类齐全，类序形式规格统一，大序小序完备。类序内容着眼于指引阅读，效法典范；劝诫警世，引为龟鉴，观点明晰，表述规范。大序明晰制度源流，于考镜源流之旨，庶几近之；小序则别开生面，以亮明观点，指引阅读为要，亦为类书类序的一大特色。

第八章　《文献通考》类序（上）

在继承杜佑《通典》的基础上，元代马端临进一步扩充其门类、增广其内容，编纂出了中国历史上又一部历代典制汇集的长篇巨制《文献通考》。《文献通考》分类详细，条理清晰，收录资料上起传说中的黄帝，下迄南宋宁宗嘉定年间，详赡而完备。全书共分二十四考（亦称作门），计三百四十八卷。二十四考的具体内容包括：《田赋考》七卷；《钱币考》二卷；《户口考》二卷；《职役考》二卷；《征榷考》六卷；《市籴考》二卷；《土贡考》一卷；《国用考》五卷；《选举考》十二卷；《学校考》七卷；《职官考》二十一卷；《郊社考》二十三卷；《宗庙考》十五卷；《王礼考》二十二卷；《乐考》二十一卷；《兵考》十三卷；《刑考》十二卷；《经籍考》七十六卷；《帝系考》十卷；《封建考》十八卷；《象纬考》十七卷；《物异考》二十卷；《舆地考》九卷；《四裔考》二十五卷。相比于杜佑的《通典》，马端临不仅补充了唐玄宗天宝以后至宋宁宗嘉定以前的典章经制，而且增加了门类。其中经籍、帝系、封建、象纬、物异五考就是原来杜佑的《通典》所没有的。全书在体例上别具一格。正文部分由"文""献""按"组成，前人典籍中的史料谓之"文"，前贤各种议论谓之"献"，文献后面的"按"语即所谓"考"。"文"一律注明出处，"献"更不埋没前贤，"按"则断以己意。"文"与"献"往往就同一问题同时列出针锋相对的意见，这使该著本身充满了学术张力。"按"语的部分更有特色，马氏既是这些文献的编者，同时也是这些文献的"裁判"。为便于对其自序、类序内容的了解，本文先对其自序和小序内容略做介绍剖析。

一、《文献通考》自序及各考小序略析

（一）《文献通考》自序略析

《文献通考》自序提纲挈领，集中体现了马端临史学理论的汇通思想。他认为："理乱兴衰，不相因者也，晋之得国异乎汉，隋之丧邦殊乎唐，代各有史，自足以该一代之始终，无以参稽互察为也。典章经制，实相因者也，殷因夏，周因殷，继周者之损益，百世可知。"因此，须要"审制度，考宪章"，详尽汇载中国历代典章制度演变的历史，考察其兴隆衰变之原因，为"经邦稽古"者参考。自序还叙述了写作本书的初衷，并介绍了本书在继承《通典》十八个门类的基础上进一步增加了经籍、帝系、封建、象纬、物异五考的情况。

除此之外，马端临在《文献通考·自序》中还十分具体地提出了自己对"文献"二字的见解和二十四篇小序的内容特征：

> 凡叙事则本之经史，而参以历代会要，以及百家传记之书，信而有征者从之，乖异传疑者不录，所谓"文"也。凡论事则先取当时臣僚之奏疏，以及近代诸儒之评论，以至名流之燕谈，稗官之纪录，凡一话一言可以订典故之得失，证史传之是非者，则采而录之，所谓"献"也。其载诸史传及纪录而可疑，稽诸先儒之论辩而未当者，研精覃思，悠然有得，则窃著己意，附其后焉。……而其每门著述之成规，考订之新意，各以小序详之。①

"文献"二字的释义，虽因仍旧说，但较之先贤的泛泛而言，马氏的阐释具体到位，可见此书功力的深入扎实。而参考历代典籍之多，资料之丰富，体例之新颖，头绪之清晰，就序言视之，感觉前无古人。就编排形式而言，马端临改变了《汉书·艺文志》以来，将各类小序置于各类图书或资料之后或之首

---

① 马端临著，上海师范大学古籍研究所、华东师范大学古籍研究所点校：《文献通考》，中华书局，2011 年，第 3 页。

的做法，集全书总序与各考小序于一体，放置书前，供读者比照参看，构成了《文献通考》的类序体系，也给人耳目一新之感。小序的内容，则是作者有关每门"著述之成规，考订之新意"的见解。

（二）《文献通考》小序略析

1.《田赋考》小序

古之帝王未尝以天下自私也，故天子之地千里，公、侯皆方百里，伯七十里，子、男五十里，而王畿之内复有公卿大夫采地禄邑，各私其土，子其人，而子孙世守之。其土壤之肥硗，生齿之登耗，视之如其家，不烦考核而奸伪无所容，故其时天下之田悉属于官。民仰给于官者也，故受田于官，食其力而输其赋，仰事俯育，一视同仁，而无甚贫甚富之民，此三代之制也。秦始以宇内自私，一人独运于其上，而守宰之任骤更数易，视其地如传舍，而间里之情伪，虽贤且智者不能周知也。守宰之迁除，其岁月有限，而田土之还受，其奸敝无穷，故秦汉以来，官不复可授田，遂为庶人之私有，亦其势然也。虽其间如元魏之泰和、李唐之贞观，稍欲复三代之规，然不久而其制遂隳者，盖以不封建而井田不可复行故也。三代而上，天下非天子所得私也，秦废封建，而始以天下奉一人矣。三代以上，田产非庶人所得私也，秦废井田，而始捐田产以予百姓矣。秦于其当与者取之，所当取者与之，然所袭既久，反古实难。欲复封建，是自割裂其土宇以启纷争；欲复井田，是强夺民之田亩以召怨讟。书生之论所以不可行也。随田之在民者税之，而不复问其多寡，始于商鞅。随民之有田者税之，而不复视其丁中，始于杨炎。三代井田之良法坏于鞅，唐租庸调之良法坏于炎。二人之事，君子所羞称，而后之为国者莫不一遵其法，一或变之，则反至于烦扰无稽，而国与民俱受其病，则以古今异宜故也。作《田赋考》第一，叙历代因田制赋之规，而以水利、屯田、官田附焉。凡七卷。[1]

这篇小序高度概括了中国古代几千年田赋的沿革与变迁，如从封建到郡县，从天子和诸侯独占田地到田地为庶民私有，从随田在民的人口赋税到按田地的多寡赋税，进而分析了封建与郡县田赋上的得失利弊，封建田赋"无甚贫甚富之民"，田土为庶民私有，于是贫富悬殊之势成。虽然三代井田之良法坏于商鞅，唐租庸调之良法坏于杨炎，但"后之为国者莫不一遵其法，一或变之，则反至于烦扰无稽，而国与民俱受其病，则以古今异宜故也"。作者对秦实行的郡县制，及由此而来的田赋制度，还有唐代杨炎实行的两税制，持否定态度。但结论是：封建不可能复辟，井田制不可复行，古今时代不一样了。

2.《钱币考》小序

生民所资，曰衣与食；物之无关于衣食而实适于用者，曰珠、玉、五金。先王以为衣食之具未足以周民用也，于是以适用之物作为货币以权之，故上古之世，以珠、玉为上币，黄金为中币，刀、布为下币。然珠、玉、黄金为世难得之货，至若权轻重，通贫富，而可以通行者，惟铜而已，故九府圜法自周以来未之有改也。然古者俗朴而用简，故钱有余；后世俗侈而用靡，故钱不足。于是钱之直日轻，钱之数日多。数多而直轻，则其致远也难。自唐以来，始制为飞券、钞引之属，以通商贾之厚赍贸易者，其法盖执券、引以取钱，而非以券、引为钱也。宋庆历以来，蜀始有交子；建炎以来，东南始有会子。自交、会既行，而始直以楮为钱矣。夫珠、玉、黄金，可贵之物也，铜虽无足贵，而适用之物也。以其可贵且适用者制币而通行，古人之意也。至于以楮为币，则始以无用为用矣。举方尺腐败之券，而足以奔走一世，寒藉以衣，饥藉以食，贫藉以富，盖未之有。然铜重而楮轻，鼓铸繁难而印造简易，今舍其重且难者，而用其轻且易者，而又下免犯铜之禁，上无搜铜之苛，亦一便也。

---

[1] 马端临著，上海师范大学古籍研究所、华东师范大学古籍研究所点校：《文献通考》，中华书局，2011年，第3—4页。

作《钱币考》第二。凡二卷。[①]

　　《钱币考》虽然只有两卷，在二十四考中属于篇幅较小的一个门类，可它不失为一部简洁的古代货币史，为我们勾勒了宋以前"历代钱币之制"，其类序更是体现马氏"会通之旨"的典范之作。《钱币考》类序论述了我国古代从金、铜、布等实物变为纸币的货币演变史，认为以珠、玉、金、刀、布等实物为币，仍然是以有用为用，到了以方尺易腐的薄纸为币，便开始"以无用为用"，这是人类货币史上的里程碑。轻薄的纸币能"以无用为用"，是由于有背后支撑它的国家信用，有了强大的国家信用担保，"无用"的纸币才变得"有用"，能使人们"寒藉以衣，饥藉以食，贫藉以富"。从"上古之世"的实物货币，到唐代执飞券、钞引以取币，再到宋代真正"以楮为币"，这篇不足五百字的类序，阐述了古代货币的源流演变，还辨析了飞券、钞引与交子、会子的本质区别，更揭示了货币变化的深刻动因。

3.《户口考》小序

　　古者户口少，而皆才智之人；后世生齿繁，而多窳惰之辈。钧是人也，古之人，方其为士，则道问学；及其为农，则力稼穑；及其为兵，则善战阵。投之所向，无不如意。是以千里之邦，万家之聚，皆足以世守其国，而扞城其民，民众则其国强，民寡则其国弱，盖当时国之与立者，民也。光岳既分，风气日漓，民生其间，才益乏而智益劣。士拘于文墨，而授之介胄则惭；农安于犁锄，而问之刀笔则废。以至九流、百工、释老之徒，食土之毛者，日以繁夥，其肩摩袂接，三屏不足以满隙者，总总也，于是民之多寡，不足为国之盛衰。官既无藉于民之材，而徒欲多为之法，以征其身，户调、口赋，日增月益，上之人厌弃贱薄，不倚民为重，而民益穷苦憔悴，只以身为累矣。作《户口考》第三，叙历代户口之数与其赋役，而

以奴婢、占役附焉。凡二卷。^①

这篇小序，透露出马端临"民贵君轻"的思想。他认为：在古代，士、农、兵，浑然一体。正因为他们可以如此专心本分地做好自己份内之事，所以国家的发展才离不开他们。后来时代发展，百姓的人数增多。数量虽多了，但是质量却没随之上升，士善文墨的却以披甲上阵为耻，农民安于耕作而不通文墨。游手好闲之徒日益增多，民众数量的多寡与国力的兴衰没有直接的关系，人民开始成为国家剥削的对象。从不长的小序中，马端临深刻剖析了人民地位的变迁，从国之根本到任统治者宰割、盘剥的对象，也论述了最早的以人数为基础的赋税的根源。^②

4.《职役考》小序

役民者官也，役于官者民也。郡有守，县有令，乡有长，里有正，其位不同，而皆役民者也。在军旅则执干戈，兴土木则亲畚锸，调征行则负羁绁，以至追胥、力作之任，其事不同，而皆役于官者也。役民者逸，役于官者劳，其理则然。然则乡长、里正非役也，后世乃虐用其民，为乡长、里正者，不胜诛求之苛，各萌避免之意，而始命之曰户役矣。唐宋而后，下之任户役者，其费日重；上之议户役者，其制日详。于是曰差，曰雇，曰义，纷纭杂袭，而法出奸生，莫能禁止。噫！成周之里宰、党长，皆有禄秩之命官；两汉之三老、啬夫，皆有誉望之名士，盖后世之任户役者也，曷尝凌暴之至此极乎！作《职役考》第四，叙历代役法之详，而以复除附焉。凡二卷。^③

---

① 马端临著，上海师范大学古籍研究所、华东师范大学古籍研究所点校：《文献通考》，中华书局，2011年，第5页。
② 朱梦霞：《从〈文献通考·自序〉看马端临的治学精神》，《青海师范大学民族师范学院学报》2016年第1期。
③ 马端临著，上海师范大学古籍研究所、华东师范大学古籍研究所点校：《文献通考》，中华书局，2011年，第5—6页。

《职役考》的小序进一步体现了马端临的民本思想。其中第一句话就是"役民者官也，役于官者民也"，这句话一针见血地指出了官民之间的关系。民即百姓，只能听由官吏的指挥、奴役、压迫。唐、宋以后，各种设置盘剥百姓的制度日益详备，"曰差，曰雇，曰义，纷纭杂袭，而法出奸生，莫能禁止"。农民户役则日益繁重，唐、宋时期官吏对百姓的剥削和压迫，已达到史无前例的地步。

5.《征榷考》小序

> 征榷之途有二：一曰山泽，茶、盐、坑冶是也；二曰关市，酒酤、征商是也。羞言利者，则曰县官当食租衣税而已，而欲与民庶争货殖之利，非王者之事也。善言利者，则曰山海天地之藏，而豪强擅之，关市货物之聚，而商贾擅之，取之于豪强、商贾，以助国家之经费，而毋专仰给于百姓之赋税，是崇本抑末之意，乃经国之远图也。自是说立，而后之加详于征榷者，莫不以藉口，征之不已，则并其利源夺之，官自煮盐、酤酒、采茶、铸铁，以至市易之属。利源日广，利额日重，官既不能自办，而豪强商贾之徒又不可复擅，然既以立为课额，则有司者不任其亏减，于是又为均派之法。或计口而课盐钱，或望户而榷酒酤，或于民之有田者计其顷亩，令于赋税之时带纳，以求及额，而征榷遍于天下矣。盖昔之榷利，曰取之豪强、商贾之徒，以优农民，及其久也，则农民不获豪强、商贾之利，而代受豪强、商贾之权。有识者知其苛横，而国计所需，不可止也。作《征榷考》第五，首叙历代征商之法，盐铁始于齐，则次之；榷酤始于汉，榷茶始于唐，则又次之；杂征敛者，若津渡、间架之属，以至汉之告缗，唐之率贷，宋之经、总制钱，皆衰世一切之法也，又次之。凡六卷。[①]

该考的小序首先解释了"征榷"的含义，即官家取民之利叫"征"，官方

---

① 马端临著，上海师范大学古籍研究所、华东师范大学古籍研究所点校：《文献通考》，中华书局，2011年，第6页。

独专其利叫"榷","征榷"就是古代的税制。类序详详细细地叙述了这一制度的发展及其"变异"而产生的弊端，最后交待了这一门的结构安排："首叙历代征商之法，盐铁始于齐，则次之；榷酤始于汉，榷茶始于唐，则又次之；杂征敛者，若津渡、间架之属，以至汉之告缗，唐之率贷，宋之经、总制钱，皆衰世一切之法也，又次之。"他历叙了汉代的告缗、唐代的率贷、宋代的经制钱和总制钱，虽然这些赋税的名目花样繁多，实质都是变着法儿征收重税，所以结论是：它们"皆衰世一切之法"。

6.《市籴考》小序

　　市者，商贾之事也。古之帝王，其物货取之任土所贡而有余，未有国家而市物者也。而市之说则昉于《周官》之泉府，后世因之，曰均输，曰市易，曰和买，皆以泉府藉口者也。籴者，民庶之事。古之帝王，其米粟取之什一所赋而有余，未有国家而籴粟者也。而籴之说则昉于齐桓公、魏文侯之平籴，后世因之，曰常平，曰义仓，曰和籴，皆以平籴藉口者也。然泉府与平籴之立法也，皆所以便民。方其滞于民用也，则官买之、籴之；及其适于民用也，则官卖之、粜之。盖懋迁有无，曲为贫民之地，初未尝有一毫征利富国之意。然沿袭既久，古意浸失。其市物也，亦诿曰榷蓄贾居货待价之谋；及其久也，则官自效商贾之为，而指为富国之术矣。其籴粟也，亦诿曰救贫民谷贱钱荒之弊；及其久也，则官未尝有及民之惠，而徒利积粟之入矣。至其极弊，则名曰和买、和籴，而强配数目，不给价直，鞭笞取足，视同常赋。盖古人恤民之事，后世反藉以厉民，不可不究其颠末也。作《市籴考》第六。凡二卷。①

《市籴考》小序开始追溯了买卖的源头，认为买卖是商家的行为，非国家的行为。考订"籴"的起源，官府市籴之初，主要是为了方便百姓，买之于货物方滞之时，卖之于百姓欲买之际，当货物滞销时官府买进，等百姓需要时

① 马端临著，上海师范大学古籍研究所、华东师范大学古籍研究所点校：《文献通考》，中华书局，2011年，第6—7页。

再卖出；官方不是通过低买高卖来赚取差价。然而这一政策到了后世却成了统治者搜括民财的借口。"然沿袭既久，古意浸失。……后世反藉以厉民，不可不究其颠末也。"官府借"榷蓄贾居货待价之谋"为名，行奸商暴利聚敛之实；籴粜以"救贫民谷贱钱荒之弊"为幌子，而坐收囤货居奇之利。马端临犀利地指出官府直接垄断市场交易，市籴从前世的便民利民，变成了后世的扰民"厉民"。这篇类序有考有论——以稽考辨其源流，以论析"究其颠末"。

7.《土贡考》小序

　　《禹贡》，八州皆有贡物，而冀州独无之；甸服有米粟之输，而余四服俱无之。说者以为王畿之外，八州俱以田赋所当供者市易所贡之物，故不输粟，然则土贡即租税也。汉唐以来，任土所贡，无代无之，著之令甲，犹曰当其租入。然叔季之世，务为苛横，往往租自租而贡自贡矣。至于珍禽、奇兽、亵服、异味，或荒淫之君降旨取索，或奸谄之臣希意创贡，往往有出于经常之外者。甚至捐留官赋，阴增民输，而命之曰"羡余"，以供贡奉，上下相蒙，苟悦其名，而于百姓则重困矣。作《土贡考》第七。凡一卷。①

　　《通典》在经济史方面仅有《食货典》一类，而《文献通考》里却将它细分为田赋、钱币、户口、职役、征榷、市籴、土贡、国用等八考。《土贡考》小序追溯至大禹时期，揭示了土贡制度的历史沿革，不难看出贡赋逐渐分离，土贡成为统治阶级勒索财货，玩物以供享乐的手段这一历史沿革的轨迹。②

8.《国用考》小序

　　贾山《至言》曰："昔者，周盖千八百国，以九州之民养千八百国之君，君有余财，民有余力，而颂声作。秦皇帝以千八百之民自养，力罢不能胜其役，财尽而不能胜其求。一君之身耳，所自养

　　① 马端临著，上海师范大学古籍研究所、华东师范大学古籍研究所点校：《文献通考》，中华书局，2011年，第7页。
　　② 肖也珍：《读马端临的〈文献通考·土贡〉》，《杭州师范学院学报（社会科学版）》1987年第1期。

者驰骋弋猎之娱，天下弗能供也。"然则国之废兴非财也，财少而国延，财多而国促，其效可睹矣。然自《周官》六典有太府，又有王府、内府，且有"惟王不会"之说，后之为国者因之。两汉财赋曰大农者，国家之帑藏也，曰少府、曰水衡者，人主之私蓄也。唐既有转运、度支，而复有琼林、大盈；宋既有户部、三司，而复有封桩、内藏。于是天下之财，其归于上者，复有公私。恭俭贤主，常捐内帑以济军国之用，故民裕而其祚昌；淫侈僻王，至糜外府以供耳目之娱，故财匮而其民怨。此又历代制国用者龟鉴也。作《国用考》第八，叙历代财计首末，而以漕运、赈恤、蠲贷附焉。凡五卷。[①]

在《国用考》小序中，马端临借用贾山陈述的事实，表明了"国之废兴非财"的观点。汉代以来，国家有专门的财政府库，君主有自己的私家金库。恭俭的贤明君主，常常把自己的私藏金库拿出来，以济军国之用；骄奢淫逸的君主，则反而把国家金库的钱拿来，以供自己寻欢作乐。前者导致的结果是：百姓富裕，国家昌盛，国祚长久；后者产生的结果是国家财政匮乏，百姓怨恨滋生。这就是龟鉴。类序没有发议论，引述之外，通篇平述历代沿革，而主旨尽在不言中矣。

9.《选举考》小序

古之用人，德行为首，才能次之。虞朝载采，亦有九德，周家宾兴，考其德行，于才不屑屑也。两汉以来，刺史、守、相得以专辟召之权；魏晋而后，九品中正得以司人物之柄。皆考之以里闾之毁誉，而试之以曹掾之职业，然后俾之入备王官，以阶清显。盖其为法，虽有愧于古人德行之举，而犹可以得才能之士也。至于隋而州郡僚属皆命于铨曹，搢绅发轫悉由于科目。自以铨曹署官，而所按者资格而已，于是勘籍小吏，得以司升沉之权；自以科目取士，而所试者词章而已，于是操觚末技，得以阶荣进之路。夫其始进也，

---

① 马端临著，上海师范大学古籍研究所、华东师范大学古籍研究所点校：《文献通考》，中华书局，2011年，第7—8页。

试之以操觚末技，而专主于词章；其既仕也，付之于勘籍小吏，而专校其资格，于是选贤与能之意，无复存者矣。然此二法者，历数百年而不可以复更，一或更之则荡无法度，而侥滥者愈不可澄汰，亦独何哉！又古人之取士，盖将以官之。三代之时，法制虽简，而考核本明，毁誉既公，而贤愚自判。往往当时士之被举者，未有不入官，初非有二途也。降及后世，巧伪日甚，而法令亦滋多，遂以科目为取士之途，铨选为举官之途，二者各自为防闲检柅之法。至唐则以试士属之礼部，试吏属之吏部，于是科目之法、铨选之法，日新月异，不相为谋。盖有举于礼部而不得官者，不举于礼部而得官者，而士之所以进身之涂辙亦复不一，不可比而同之也，于是立举士、举官两门以该之。作《选举考》第九。凡十二卷。[①]

《选举考》类序回顾了上古至隋唐时期察举至科举制度的演变，认为科举"专主词章"，"选贤与能之意，无复存者"。但马端临在比较古今选举制度优劣后也指出，上古举士与举官合而为一，被举士也即意味着被举官，贤士同时也就是能吏，隋唐科举取士后举士与举官分为二途。《选举考》荟萃了这一历史进程的文献资料，类序进一步分析了二者分途的深层原因："降及后世，巧伪日甚，而法令亦滋多，遂以科目为取士之途，铨选为举官之途，二者各自为防闲检柅之法。"就唐代而言，"试士属之礼部，试吏属之吏部"，于是又出现另外的问题：举于礼部的士或许久不得官，举于吏部的官可能并未由取士之途。取士与选官分途原为防微杜渐，后来变为入仕之途径不一，入仕之途增多，吏部、礼部彼此没有协调沟通。

10.《学校考》小序

古之教者，家有塾，党有庠，术有序，国有学，所谓学校，至不一也。然惟国学有司乐、司成，专主教事，而州、闾、乡、党之学，则未闻有司职教之任者。及考《周礼·地官》：党正各掌其党

---

① 马端临著，上海师范大学古籍研究所、华东师范大学古籍研究所点校：《文献通考》，中华书局，2011年，第8页。

之政令教治，孟月属民而读法，祭祀则以礼属民；州长掌其州之教
治政令，考其德行道艺，纠其过恶而劝戒之。然后知党正即一党之
师也，州长即一州之师也，以至下之为比长、闾胥，上之为乡、遂
大夫，莫不皆然。盖古之为吏者，其德行道艺，俱足以为人之师表，
故发政施令，无非教也。以至使民兴贤，出使长之；使民兴能，入
使治之。盖役之则为民，教之则为士，官之则为吏，钧是人也。秦
汉以来，儒与吏始异趋，政与教始殊途。于是曰郡守，曰县令，则
吏所以治其民；曰博士官，曰文学掾，则师所以教其弟子。二者漠
然不相为谋，所用非所教，所教非所用。士方其从学也，曰习读；
及进而登仕版，则弃其诗书礼乐之旧习，而从事乎簿书期会之新规。
古人有言曰："吾闻学而后入政，未闻以政学者。"后之为吏者，皆
以政学者也。自其以政学，则儒者之学术皆筌蹄也，国家之学宫皆
刍狗也，民何由而见先王之治哉！又况荣途捷径，旁午杂出，盖未
尝由学而升者滔滔也。于是所谓学者，姑视为粉饰太平之一事，而
庸人俗吏直以为无益于兴衰理乱之故矣。作《学校考》第十，叙历
代学校之制，及祠祭褒赠先圣先师之首末，幸学养老之仪，而郡国
乡党之学附见焉。凡七卷。[①]

马端临在这段《学校考》小序中讨论了古之"教者"的种类及名称，并
指出"盖古之为吏者，其德行道艺俱足以为人之师表，故发政施令，无非教
也"，即古代为吏之人，其实都是"教者"。但是自秦汉以来，"儒与吏始异
趋，政与教始殊途"，"吏"和"教"逐步分化，从而导致"所用非所教，所
教非所用"，"后之为吏者，皆以政学者也"。于是他尖锐地批评当时儒学的学
术教化真理被践踏，儒学只不过是一种向上爬的工具，那些所谓的学者都只是
一味地"粉饰太平"，甚至学校教育无益于国家治理的观念都产生了。

---

① 马端临著，上海师范大学古籍研究所、华东师范大学古籍研究所点校：《文献通考》，中
华书局，2011年，第9页。

11.《职官考》小序

古者因事设官，量能授职，无清浊之殊，无内外之别，无文武之异，何也？唐虞之时，禹宅揆，契掌教，皋陶明刑，伯夷典礼，羲和掌历，夔典乐，益作虞，垂共工。盖精而论道经邦，粗而饬财辨器，其位皆公卿也，其人皆圣贤也。后之居位临民者，则自诡以清高，而下视曲艺多能之流；其执技事上者，则自安于鄙俗，而难语以辅世长民之事。于是审音，治历、医、祝之流，特设其官以处之，谓之杂流，摈不得与搢绅伍，而官之清浊始分矣。昔在成周，设官分职，缀衣、趣马，俱籲俊之流，官伯、内宰，尽兴贤之侣。逮夫汉代，此意犹存，故以儒者为侍中，以贤士郎署。如周昌、袁盎、汲黯、孔安国之徒，得以出入宫禁，陪侍晏私，陈谊格非，拾遗补过。其才能卓异者，至为公卿将相，为国家任大事，霍光、张安世是也。中汉以来，此意不存，于是非阉宦嬖幸，不得以日侍宫庭，而贤能搢绅，特以之备员表著。汉有宫中、府中之分，唐有南司、北司之党，职掌不相为谋，品流亦复殊异，而官之内外始分矣。古者文以经邦，武以拨乱，其在大臣，则出可以将，入可以相；其在小臣，则簪笔可以待问，荷戈可以前驱。后世人才日衰，不供器使，司文墨者不能知战阵，被介胄者不复识简编，于是官人者制为左右两选，而官之文武始分矣。至于有侍中、给事中之官，而未尝司宫禁之事，是名内而实外也。有太尉、司马之官，而未尝司兵戎之事，是名武而实文也。太常有卿佐而未尝审音乐，将作有监贰而未尝谙营缮，不过为儒臣养望之官，是名浊而实清也。尚书令在汉为司牍小吏，而后世则为大臣所不敢当之穹官；校尉在汉为兵师要职，而后世则为武弁所不齿之冗秩。盖官之名同而古今之崇卑悬绝如此。参稽互考，曲畅旁通，而因革之故可以类推。作《职官考》第十一，首叙官制次序、官数，内官则自公师宰相而下，外官则自州牧郡守而下，以至散官、禄秩、品从之详。凡二十一卷。①

《职官考》类序在追溯古代官制源流的基础上，进一步阐述了同一官名其权力和司职的变化，如侍中在秦汉出入宫禁以侍从皇帝左右，是宫中职位较低的侍从官员，由于一直在皇帝身边与闻朝政，逐渐变为皇帝宠信贵重的职务，到晋、唐、北宋事实上就是宰相，再不必司宫禁之事，该职便"名内而实外"；太尉、司马等职秦汉原为荷戟前驱的武将，唐宋后却成为三公文臣，该职便"名武而实文"，太常原为司乐官，后世成了儒臣养望的闲职，该职便"名浊而实清"。"尚书令在汉为司牍小吏"，唐以后变成位极人臣的显宦，该职便似卑而实尊。从这种古今资料的编纂中，马端临既从因而观变，又由变以显因。

12.《郊祀考》和《宗庙考》小序

《郊特牲》曰："礼之所尊，尊其义也。失其义，陈其数，祝、史之事也。故其数可陈也，其义难知也。"荀卿子曰："不知其义，谨守其数，慎不敢损益，父子相传，以持王公。是故三代虽亡，治法犹存，是官人百吏之所以取禄秩也。"然则义者，祭之理也；数者，祭之仪也。古者人习于礼，故家国之祭祀，其品节仪文，祝、史、有司皆能知之，然其义则非儒宗讲师不能明也。周衰礼废，而其仪亡矣。秦汉以来，诸儒口耳所授、简册所载，特能言其义理而已，《戴记》是也。《仪礼》所言，止于卿士大夫之礼；六典所载，特以其有关于职掌者则言之，而国之大祀，盖未有能知其品节仪文者。汉郑康成深于礼学，作为传注，颇能补经之所未备，然以谶纬之言而释经，以秦汉之事而拟三代，此其所以舛也。盖古者郊与明堂之祀，祭天而已，秦汉始有五帝、泰一之祠，而以古者郊祀、明堂之礼礼之，盖出于方士不经之说。而郑注《礼经》二祭，曰天，曰帝，或以为灵威仰，或以为耀魄宝，袭方士纬书之荒诞，而不知其非。夫礼莫先

---

① 马端临著，上海师范大学古籍研究所、华东师范大学古籍研究所点校：《文献通考》，中华书局，2011年，第9—11页。

于祭，祭莫重于天，而天之名义且乖异如此，则其他节目注释虽复博赡，不知其果得《礼经》之意否乎？王肃诸儒虽引正论以力排之，然魏晋以来祀天之礼，尝参酌王、郑二说而迭用之，竟不能偏废也。至于禘、祫之节，宗祧之数，《礼经》之明文无所稽据，而注家之聚讼莫适折衷，其丛杂牴牾，与郊祀之说无以异也。近世三山信斋杨氏得考亭、勉斋之遗文奥义，著为《祭礼》一书，词义正大，考订精核，足为千载不刊之典。然其所述一本经文，不复以注疏之说挽补，故经之所不及者，则阔略不接续。杜氏《通典》之书，有祭礼则参用经注之文，两存王、郑之说，虽通畅易晓，而不如杨氏之纯正。今并录其说，次及历代祭祀礼仪本末，而唐开元、宋政和二礼书中所载诸祀仪注并详著焉。作《郊祀考》第十二，以叙古今天神地祇之祀，首郊，次明堂，次后土，次雩，次五帝，次日月、星辰、寒暑，次六宗、四方，次社稷、山川，次封禅，次高禖，次八蜡，次五祀，次籍田、祭先农，次亲蚕、祭先蚕，次祈禳，次告祭，而后以杂祠、淫祠终焉。凡二十三卷。作《宗庙考》第十三，以叙古今人鬼之祀，首国家宗庙，次时享，次祫、禘，次功臣配享，次祠先代君臣，次诸侯宗庙，而以大夫、士庶宗庙时享终焉。凡十五卷。[①]

《文献通考》在杜佑《通典》的基础上，将"礼"扩充并分解为郊祀、宗庙和王礼三考。这一部分小序实际是将《郊祀考》和《宗庙考》两考小序合并为一体。在这篇小序中马端临首先列举了秦汉以来记叙"礼""仪"之书，如《戴记》《仪礼》、六典、《礼经》《祭礼》《通典》，并论述其各自得失，指出自己在"并录其说，次及历代祭祀礼仪本末，而唐开元、宋政和二礼书中所载诸祀仪注并详著焉"的基础上形成了《郊祀考》和《宗庙考》两考，其中《郊祀考》记录"古今天神地祇之祀"；《宗庙考》则记"古今人鬼之祀"。小序在最后还列出了两考内所辖类目。

---

① 马端临著，上海师范大学古籍研究所、华东师范大学古籍研究所点校：《文献通考》，中华书局，2011年，第11—12页。

13.《王礼考》小序

　　古者经礼、礼仪，皆曰三百，盖无有能知其节目之详者矣。然总其凡有五，曰吉、凶、军、宾、嘉；举其大有六，曰冠、昏、丧、祭、乡、相见。此先王制礼之略也。秦汉而后，因革不同：有古有而今无者，如大射、聘礼、士相见、乡饮酒、投壶之类是也；有古无而今有者，如圣节、上寿、上尊号、拜表之类是也；有其事通乎古今而后世未尝制为一定之礼者，若臣庶以下冠、昏、丧、祭是也。凡若是者，皆本无沿革，不烦纪录，而通乎古今而代有因革者，惟国家祭祀、学校、选举，以至朝仪、巡狩、田猎、冠冕、服章、圭璧、符玺、车旗、卤簿，及凶礼之国恤耳。今除国祀、学校、选举已有专门外，朝仪已下则总谓之"王礼"，而备著历代之事迹焉。盖本晦庵《仪礼经传通解》，所谓王朝之礼也。其本无沿革者，若古礼则经传所载、先儒所述，自有专书可以寻求，毋庸赘叙，若今礼则虽不能无失，而议礼制度又非书生所得预闻也，是以亦不复措辞焉。作《王礼考》第十四。凡二十二卷。①

　　《王礼考》类序一起笔就说："古者经礼、礼仪，皆曰三百，盖无有能知其节目之详者矣。"对这些经礼、礼仪只能述其大概，诚实的指出已无从考证具体数量和名称。接下来他将礼分为三种情况："古有而今无者""古无而今有者"和"其事通乎古今而后世未尝制为一定之礼者"。有些礼仪古有而今无，有些则古无而今有，有些事通乎古今而礼未必有定制，这三种"本无沿革"的情况，每种情况都属名实俱异。"惟国家祭祀、学校、选举，以至朝仪、巡狩、田猎、冠冕、服章、圭璧、符玺、车旗、卤簿，及凶礼之国恤"这一类礼制，才"通乎古今而代有因革"。马端临认为"本无沿革"者"不烦纪录"，"通乎古今而代有因革者"才值得探究。

---

　　① 马端临著，上海师范大学古籍研究所、华东师范大学古籍研究所点校：《文献通考》，中华书局，2011年，第12—13页。

14.《乐考》小序

《记》曰："声音之道，与政通矣。故审乐以知政。"盖言乐之正
哇，有关于时之理乱也。然自三代以后，号为历年多、施泽久，而
民安乐之者，汉、唐与宋。汉莫盛于文景之时，然至孝武时，河间
献王始献雅乐，天子下太乐官常存肄之，岁时以备数，然不常御，
常御及郊庙皆非雅声，至哀帝时始罢郑声，用雅乐，而汉之运祚且
移于王莽矣。唐莫盛于贞观、开元之时，然所用者多教坊俗乐，太
常阅工人常肄习之，其不可教者乃习雅乐，然则其所谓乐者可知矣。
宋莫盛于天圣、景祐之时，然当时胡瑗、李照、阮逸、范镇之徒，拳
拳以律吕未谐，声音未正为忧，而卒不克更置，至政和时始制《大晟
乐》，自谓古雅，而宋之土宇且陷入女真矣。盖古者因乐以观政，而
后世则方其发政施仁之时，未暇制乐，及其承平之后，纲纪法度皆
已具举，敌国外患皆已销亡，君相他无所施为，学士大夫他无所论
说，然后始及制乐，乐既成而政已衄，国已衰矣。昔隋开皇中制乐，
用何妥之说，而摈万宝常之议。及乐成，宝常听之，泫然曰："乐
声淫厉而哀，不久天下将尽。"噫！使当时一用宝常之议，能救隋
之亡乎？然宝常虽不能制乐以保隋之长存，而犹能听乐而知隋之必
亡，其宿悟神解，亦有过人者。窃尝以为世之兴衰理乱固未必由乐，
然若欲议乐，必如师旷、州鸠、万宝常、王令言之徒。其自得之妙，
岂有法之可传者？而后之君子，乃欲强为议论，究律吕于黍之纵横，
求正哇于声之清浊；或证之以残缺断烂之简编、埋没销蚀之尺量，
而自谓得之，何异刻舟、覆蕉、叩槃、扪烛之为？愚固不知其说也。
作《乐考》第十五，首叙历代乐制，次律吕制度，次八音之属，各
分雅部、胡部、俗部，以尽古今乐器之本末，次乐县，次乐歌，次
乐舞，次散乐、鼓吹，而以彻乐终焉。凡十五卷。[①]

---

① 马端临著，上海师范大学古籍研究所、华东师范大学古籍研究所点校：《文献通考》，中华书局，2011年，第13—14页。

《乐考》小序之所论与《王礼考》小序相近。《乐经》到底亡于何时，甚至是否存在《乐经》，从汉代至现代迄无定论。《礼记·乐记》称乐与政通，君臣"审乐以知政"。马端临对此高度怀疑，他说"汉莫盛于文景之时，然至孝武时河间献王始献雅乐"，武帝并不喜欢这些雅乐，宫廷及郊庙演奏的"皆非雅声"，到哀帝时开始"罢郑声，用雅乐，而汉之运祚且移于王莽矣"。隋唐而后雅乐基本消亡，即使贞观和开元盛世教坊也全用"郑声"。一方面古代技术很难保存音乐，另一方面人们欣赏音乐喜新厌旧，所以无论雅乐、俗乐"总把新桃换旧符"，很多音乐名实不符或名实俱异。

除此之外，他在论及音乐的作用时，也大力批判了古人"声音之道，与政通矣。故审乐以知政"的观点。他认为强行以政治兴亡来佐证音乐的喜怒哀乐是不对的。国家兴亡有它自己的规律，音乐本身也自有它的规律，其中的奥妙也不是一般的等闲之辈所能真正体悟的。毕竟，师旷、州鸠、万宝常、王令言只有一个，其他人能真正懂得音乐真谛的也是微乎其微，说自己知道的，也不过是自以为是罢了。所以不要枉论音乐，也不能强行将其与政治的兴衰相应和。总之，无论是哪种，都得重视它自己本身的发展规律，不可穿凿附会。[1]

15.《兵考》小序

按《周官·小司徒》："五人为伍，五伍为两，四两为卒，五卒为旅，五旅为师，五师为军。上地家七人，可任也者家三人；中地家六人，可任也者二家五人；下地家五人，可任也者家二人。"此教练之数也。《司马法》："地方一里为井，四井为邑，四邑为邱，四邱为甸，甸六十四井，有戎马四匹、兵车一乘、牛十二头、甲士三人、卒七十二人。"此调发之数也。教练则不厌其多，故凡食土之毛者，除老弱不任事之外，家家使之为兵，人人使之知兵，故虽至小之国，胜兵万数可指顾而集也。调发则不厌其简，甸六十四井，为五百一十二家，而所调者止七十五人，是六家调发其出一人也。每甸姑通以中地二家五人计之，五百一十二家可任者一千二百八十人，

---

① 朱梦霞：《从〈文献通考·自序〉看马端临的治学精神》，《青海师范大学民族师范学院学报》2016 年第 1 期。

而所调者止七十五人，是十六次调发方及一人也。教练必多，则人皆习于兵革；调发必简，则人不疲于征战。此古者用兵制胜之道也。后世士自为士，农自为农，工商末技自为工商末技，凡此四民者，平时不识甲兵为何物，而所谓兵者乃出于四民之外。故为兵者甚寡，知兵者甚少，一有征战，则尽数驱之以当锋刃，无有休息之期，甚则以未尝训练之民而使之战，是弃民也。唐宋以来，始专用募兵，于是兵与民判然为二途，诿曰教养于平时而驱用于一旦。然其季世，则兵数愈多而骄悍，而劣弱，为害不浅，不惟足以疲国力，而反足以促国祚矣。作《兵考》第十六，首叙历代兵制，次禁卫及郡国之兵，次教阅之制，次车战、舟师、马政、军器。凡十三卷。①

马端临认为，用兵之道在于"教练必多""调发必简"。然后世士、农、工、商四民"平时不识甲兵为何物，而所谓兵者乃出于四民之外"，所以"为兵者甚寡，知兵者甚少"。这种情况到唐宋开始发生变化，出现了"专用募兵"，"于是兵与民判然为二途"。但这种制度仍然有它的弊端："不惟足以疲国力"，反而促使国家的加速灭亡。

16.《刑考》小序

昔汉陈咸言："为人议法，当依于轻，虽有百金之利，慎无与人重比。"盖汉承秦法，过于严酷，重以武、宣之君，张、赵之臣，淫刑喜杀，习以为常，咸之言盖有激也。窃尝以为劓、刵、椓、黥，蚩尤之刑也，而唐虞遵之；收孥、赤族，亡秦之法也，而汉魏以来遵之。以贤圣之君而不免袭乱虐之制，由是观之，咸言尤为可味也。汉文除肉刑，善矣，而以髡笞代之。髡法过轻，而略无惩创；笞法过重，而至于死亡。其后乃去笞而独用髡，减死罪一等即止于髡钳，进髡钳一等即入于死，而深文酷吏务从重比，故死刑不胜其众，魏晋以来病之。然不知减笞数而使之不死，乃徒欲复肉刑以全其生，肉刑卒不可复，遂独以髡钳为生刑。所欲活者傅生议，于是伤人者或折腰体，而才翦其毛发；所欲陷者与死比，于是犯罪者既已刑杀，而复诛其宗亲。轻重失宜，莫此为甚。及隋唐以来，始制五刑，曰笞、杖、徒、流、死。此五者即有虞所谓鞭、朴、流宅，虽圣人复起，不可偏废也。若夫苟慕轻刑之名，而不恤惠奸之患，杀人者不死，伤人者不刑，俾无辜罹毒虐者，抱沉冤而莫伸，而舞文利赇贿者，无后患之可惕，则亦非圣人明刑弼教之本意也。作《刑考》第十七，首刑制，次徒流，次详谳，次赎刑、赦宥。凡十二卷。[①]

《刑考》类序十分沉痛地说："窃尝以为劓、刵、椓、黥，蚩尤之刑也，而唐虞遵之；收孥、赤族，亡秦之法也，而汉魏以来遵之。"不管是盛世还是衰世，历朝施刑的名称虽有变化，但酷刑的实质并无不同，行刑的目的都是维护专制统治。"深文酷吏"岂止秦朝独有，文景之治的"盛世"何曾不然？汉武帝的"盛世"又哪能例外？"贤圣之君""袭乱虐之制"，在刑法中是一种普遍现象。马端临对统治者滥施酷刑的做法颇有微辞，故引述了陈咸"议法宜轻，以人为重"的观点。但又不赞同废除刑法，他在《刑考》类序中说："隋唐以来，始制五刑，曰笞、杖、徒、流、死。此五者即有虞所谓鞭、朴、流宅，虽圣人复起，不可偏废也。"认同隋唐以来推行的五刑制度。

17.《经籍考》小序

昔秦燔经籍而独存医药、卜筮、种树之书，学者抱恨终古。然以今考之，《易》与《春秋》二经首末具存，《诗》亡其六篇，或以为笙诗元无其辞，是《诗》亦未尝亡也。《礼》本无成书，《戴记》杂出汉儒所编，《仪礼》十七篇及六典最晚出，六典仅亡《冬官》，然其书纯驳相半，其存亡未足为经之疵也。独虞、夏、商、周之书，亡其四十六篇耳。然则秦所燔，除《书》之外，俱未尝亡也。若医药、卜筮、种树之书，当时虽未尝废锢，而并无一卷流传至今者，以此

---

① 马端临著，上海师范大学古籍研究所、华东师范大学古籍研究所点校：《文献通考》，中华书局，2011 年，第 14—15 页。

见圣经贤传终古不朽，而小道异端虽存必亡，初不以世主之好恶为
之兴废也。汉、隋、唐、宋之史，俱有《艺文志》，然《汉志》所载
之书，以《隋志》考之，十已亡其六七，以《宋志》考之，隋唐亦
复如是，岂亦秦为之厄哉！昌黎公所谓为之也易，则其传之也不远，
岂不信然！夫书之传者已鲜，传而能著者加鲜，蓄而能阅者尤加鲜
焉。宋皇祐时，命名儒王尧臣等作《崇文总目》，记馆阁所储之书而
论列于其下方，然止及经、史，而亦多缺略，子集则但有其名目而
已。近世昭德晁氏公武有《读书记》，直斋陈氏振孙有《书录解题》，
皆聚其家藏之书而评之。今所录先以四代史志列其目，其存于近世而
可考者，则采诸家书目所评，并旁搜史传、文集、杂说、诗话。凡
议论所及，可以纪其著作之本末，考其流传之真伪，订其文理之纯
驳者，则具载焉，俾览之者如入群玉之府，而阅木天之藏。不特有
其书者，稍加研究，即可以洞究旨趣；虽无其书者，味兹题品，亦
可粗窥端倪，盖殚见洽闻之一也。作《经籍考》第十八，经之类十
有三，史之类十有四，子之类二十有二，集之类六。凡七十六卷。[①]

《经籍考》是《文献通考》中颇有特色的内容。马端临在自序里叙述他撰
《经籍考》的取材和目的时说："今所录，先以四代史志列其目，其存于近世而
可考者，则采诸家书目所评，并旁搜史传、文集、杂说、诗话，凡议论所及，
可以纪其著作之本末，考其流传之真伪，订其文理之纯驳者，则具载焉。"揭
示他是通过辑众家之说以考真伪，从而创立辑录解题书目体例的。[②]他将史志
目录纲要性的提示和私家目录的解题、诸史本传、诸家传记、家传、墓志铭、
序跋、题辞、语录、笔记、策对、书信等中的相关内容辑录出来，并归属于同
一主题之下，再加以删浮汰繁、裁剪打磨，最终成为一套更全面、更完备的解

---

① 马端临著，上海师范大学古籍研究所、华东师范大学古籍研究所点校：《文献通考》，中
华书局，2011 年，第 15—16 页。
② 李峰：《〈文献通考·经籍考〉——中国宋代重要的史志目录》，《江西图书馆学刊》
2006 年第 3 期。

题系统。① 虽然是一种资料的辑录，但花费的时间精力难以想象，其参考价值亦有目共睹。类序则集中交待了五个方面的问题：著录范围以现存图书为主；辑录对象由诸家书目所评和名流议论两大类组成；辑录内容严格地锁定在纪本末、考真伪、订纯驳三个层面；辑录方式通过"具载"来进行；辑录目的是为人们最终步入"殚见洽闻"的境地而导夫先路。②

18.《帝系考》小序

昔太史公言："儒者断其义，驰说者骋其辞，不务综其始终。"盖讥世之学者以空言著书，而历代统系无所考订也。于是作为《三代世表》，自黄帝以下谱之。然五帝之事远矣，而迁必欲详其世次，按图而索，往往牴牾，故欧阳公复讥其不能缺所不知，而务多闻以为胜。然自三代以后，至于近世，史牒所载，昭然可考，始学者童而习之，屈伸指而得其大概，至其传世历年之延促，枝分派别之远近，猝然而问，虽华颠钜儒不能以遽对，则以无统系之书故也。今仿王溥唐及五代《会要》之体，首叙帝王之姓氏出处，及其享国之期、改元之数，以及各代之始终，次及后妃、皇子、公主、皇族，其可考者悉著于篇，而历代所以尊崇之礼、册命之仪，并附见焉。作《帝系考》第十九。凡十卷。③

《帝系考》类序引司马迁《十二诸侯年表》中的话说："儒者断其义，驰说者骋其辞，不务综其始终。"只"断其义"易流于凭空臆断，只"骋其辞"易流于游谈无根，而"综其终始"则要综合考察本末源流，它既需要渊博的学识，也离不开综合的功力，否则就难以溯流而追源，不能原始以要终。十卷《帝系考》从民族的始祖黄帝一直叙述到南宋末，类序交待该考的先后层次：

---

① 柳燕：《〈文献通考·经籍考·集部〉对宋代文学的阐说》，《湖北大学学报（哲学社会科学版）》2012 年第 5 期。

② 杨寄林、董文武：《〈文献通考·经籍考〉"诸评具载"的独特方式》，《史学月刊》2006 年第 4 期。

③ 马端临著，上海师范大学古籍研究所、华东师范大学古籍研究所点校：《文献通考》，中华书局，2011 年，第 16 页。

"首叙帝王之姓氏出处，及其享国之期、改元之数，以及各代之始终，次及后妃、皇子、公主、皇族，其可考者悉著于篇。"《帝系考》使历朝历代"传世历年之延促，枝分派别之远近"一目了然，使"三代以后，至于近世"，昭然可考。

19.《封建考》小序

封建莫知其所从始也。……盖古之帝王未尝以天下为己私，而古之诸侯亦未尝视封内为己物，上下之际，均一至公，非如后世分疆画土，争城争地，必若是其截然也。秦既灭六国，举宇内而郡县之，尺土一民始皆视为己有，再传而后，刘项与群雄共裂其地而分王。高祖既诛项氏之后，凡当时诸侯王之自立者，与为项氏所立者，皆击灭之，然后裂土以封韩、彭、英、卢、张、吴之属，盖自是非汉之功臣不得王矣。逮数年之后，反者九起，异姓诸侯王多已夷灭，于是悉取其地以王子弟亲属，如荆、吴、齐、楚、淮南之类，盖自是非汉之同姓不得王矣。然一再传而后，贾谊、晁错之徒，拳拳有诸侯强大之虑，以为亲者无分地而疏者，逼天子必为子孙之忧，于是或分其國，或削其地，其负强而动如七国者，则六师移之。盖西汉之封建，其初则剿灭异代所封，而以畀其功臣；继而剿灭异姓诸侯，而以畀其同宗；又继而剿灭疏属刘氏王，而以畀其子孙。盖检制益密而猜防益深矣。昔汤武虽以征伐取天下，然商惟十一征；周惟灭国者五十，其余诸侯皆袭前代所封，未闻尽以宇内易置而封其私人。周虽大封同姓，然文昭武穆之邦，与国咸休，亦未闻成康而后，复畏文武之族远逼而必欲夷灭之，以建置己之子孙也。愚尝谓必有公天下之心而后可以行封建。自其出于公心，则选贤与能，而小大相维之势，足以绵千载；自其出于私心，则忌疏畏逼，而上下相猜之形，不能以一朝居矣。景武之后，令诸侯王不得治民补吏，于是诸侯虽有君国子民之名，不过食其邑入而已，土地甲兵不可得而擅矣。然则汉虽惩秦之弊，复行封建，然为人上者苟慕美名，而实无唐、虞、三代之公心，为诸侯者既获裂土，则遽欲效春秋战国之余习，故不久而遂废。逮汉之亡，议者以为乏藩屏之助，而成孤立之势。然愚又尝夷考历代之故，魏文帝忌其诸弟，帝子受封有同幽絷，再传之后，主势稍弱，司马氏父子即攘臂取之，曾无顾惮。晋武封国至多，宗藩强壮，俱自得以领兵卒，置官属，可谓惩魏之弊矣，然八王首难，阻兵安忍，反以召五胡之衅。宋、齐皇子俱童孺当方面，名为藩镇，而实受制于典签、长史之手，每一易主，则前帝之子孙歼焉，而运祚卒以不永。梁武享国最久，诸子孙皆以盛年雄材出为邦伯，专制一方，可谓惩宋、齐之弊矣，然诸王拥兵，捐置君父，卒不能止侯景之难。然则魏、宋、齐疏忌骨肉，固以取亡；而晋、梁崇奖宗藩，亦不能救乱。于是封建之得失不可复议，而王绾、李斯、陆士衡、柳宗元辈所论之是非，亦不可得而偏废矣。今所论著，三皇而后至春秋之前，国名之见于经传而事迹可考者略著之，如共工、防风氏，以至邘、鄐、樊、桧之类是也。春秋十二列国，既有太史世家详其事迹，不复赘叙，姑纪其世代历年而已。若诸小国之事迹，见于《春秋》三传、杂记者，则仿世家之例，叙其梗概，邾、莒、许、滕以下是也。汉初诸侯王、王子侯、功臣外戚恩泽侯，则悉本马、班二史年表，东汉以后无年表可据，则采摭诸传，各订其受封传授之本末而备著焉。列侯不世袭始于唐，亲王不世袭始于宋，则姑志其始受封者之名氏而已。作《封建考》第二十。凡十八卷。[①]（按：原文过长，引用时有删节）

马端临在《封建考》类序中十分清晰地表明了自己的观点："愚尝谓必有公天下之心而后可以行封建。自其出于公心，则选贤与能，而小大相维之势，足以绵千载；自其出于私心，则忌疏畏逼，而上下相猜之形，不能以一朝居矣。"他认为秦废除封建制是出于一己之私，汉恢复封建制同样是出于一己之私。该类序历叙了汉以后各朝各代封建的沿革异同，汉、魏、宋、齐、梁、陈都在分封，可每一朝诸侯的处境待遇都不一样，有的专制一方，有的形同幽

---

① 马端临著，上海师范大学古籍研究所、华东师范大学古籍研究所点校：《文献通考》，中华书局，2011年，第18—19页。

禁，这便是所谓"名同而实异"。不管是强藩还是削藩都难保江山永驻，只能导致骨肉相残，国破家亡。马氏在类序中困惑地感叹："魏、宋、齐疏忌骨肉，固以取亡；而晋、梁崇奖宗藩，亦不能救乱。"于是，封建制彻底寿终正寝，"列侯不世袭始于唐，亲王不世袭始于宋"。

20.《象纬考》小序

昔三代之时，俱有太史，其所职掌者，察天文、记时政，盖合占候、纪载之事，以一人司之。汉时，太史公掌天官，不治民，而绌史记、金匮、石室之书，犹是任也。至宣帝时，以其官为令，行太史公文书，其修撰之职，以他官领之，于是太史之官，唯知占候而已。盖必二任合而为一，则象纬有变，纪录无遗，斯可以考一代天文运行之常变，而推其休祥。然二任之隳废离隔，不相为谋，盖已久矣。昔《春秋》日食不书日，而史氏以为官失之，可见当时掌占候与司纪载者各为一人，故疏略如此。又尝考之，春秋二百四十二年，而日食三十六；自鲁定公十五年至汉高帝之三年，其间二百九十三年，而搜考史传，书日食凡七而已，然则遗缺不书者多矣。自汉而后，史录具在，天下一家之时，纪载者递相沿袭，无以知其得失也。及南北分裂之后，国各有史，今考之：南自宋武帝永初元年至陈后主祯明二年，北自魏明帝泰常五年至隋文帝开皇八年，此一百六十九年之间，《南史》所书日食仅三十六，而《北史》所书乃七十九，其间年岁之相合者才二十七，又有年合而月不合者。夫同此一苍旻也，食于北者其数过倍于南，理之所必无者，而又日月不相吻合，岂天有二日乎？盖史氏之差谬牴牾，其失大矣。悬象著明，莫大乎日月，虽庸奴举目可知，而所书薄蚀之谬且如此，则星辰之迟留、伏逆、陵犯、往来，其所纪述，岂足凭乎？姑述故事，广异闻耳。天文志莫详于晋、隋，至丹元子之《步天歌》，尤为简明。宋两朝史志言诸星去极之远近，中兴史志采近世诸儒之论，亦多前史所未发，故择其尤明畅有味者具列于篇。作《象纬考》第二十一，首三垣、二十八宿之星名、度数，次天汉起没，次日月、五星行度，次七曜之变，次云气。凡十七卷。①

　　"象纬"就是古代极具迷信色彩的象数谶纬。方士儒生通过什么异图谶语、河图洛书、占星望气来预示祥瑞灾异、吉凶祸福和兴衰气运，其哲学基础就是汉儒的天人感应。就天象记载而言，《象纬考》类序先考察上古至汉代记天象史官的演变：上古"察天文、记时政"，由太史"一人司之"。到汉宣帝太史只记天象，修史则改"以他官领之"，二任分离以后天文与时政"不相为谋"。类序指出"自鲁定公十五年至汉高帝之三年，其间二百九十三年，而搜考史传，书日食凡七而已，然则遗缺不书者多矣"，可想史官对天象的记载是如何疏略。由于具有高度的理性精神，马端临由史料的考订认识到天人感应的荒谬，所以他在类序结尾时交待《天象考》的目的只是"姑述故事，广异闻耳"。意思是说，《天象考》聊记一些前朝有关天象的旧事，说些奇闻逸事给大家添雅兴、增见闻。史家是姑妄言之，大家不妨姑妄听之。

21.《物异考》小序

　　《记》曰："国家将兴，必有祯祥；国家将亡，必有妖孽。"盖天地之间，有妖必有祥，因其气之所感，而证应随之。自伏胜作《五行传》，班孟坚而下踵其说，附以各代证应为《五行志》，始言妖而不言祥。然则阴阳五行之气，独能为妖孽而不能为祯祥乎？其亦不达理矣。虽然，妖祥之说固未易言也。治世则凤凰见，故有虞之时有来仪之祥；然汉桓帝元嘉之初、灵帝光和之际，凤凰亦屡见矣，而桓、灵非治安之时也。诛杀过当，其应为恒寒，故秦始皇时有四月雨雪之异；然汉文帝之四年亦以六月雨雪矣，而汉文帝非淫刑之主也。斩蛇夜哭，在秦则为妖，在汉则为祥，而概谓之龙蛇之孽可乎？僵树虫文，在汉昭帝则为妖，在宣帝则为祥，而概谓之木不曲直可乎？前史于此不得其说，于是穿凿附会，强求证应而采有所不通。窃尝以为物之反常者，异也，其祥则为凤凰、麒麟、甘露、醴泉、庆云、

---

①　马端临著，上海师范大学古籍研究所、华东师范大学古籍研究所点校：《文献通考》，中华书局，2011年，第19—20页。

芝草，其妖则山崩、川竭、水涌、地震、豕祸、鱼孽。妖祥不同，然皆反常而罕见者，均谓之异可也，故今取历代史《五行志》所书，并旁搜诸史本纪及传记中所载祥瑞，随其朋类，附入各门，不曰妖，不曰祥，而总名之曰物异。如恒雨、恒旸、恒燠、恒寒、恒风、水潦、水灾之属，俱妖也，不可言祥，故仍前史之旧名。至如魏晋时鱼集武库屋上，前史所谓鱼孽也；若周武王之白鱼入舟，则祥而非孽。然妖祥虽殊，而其为异一尔，故均谓之鱼异。秦孝公时，马生人，前史所谓马祸也；若伏羲之龙马负图，则祥而非祸。然妖祥虽殊，而其为异亦一尔，故均谓之马异。其余鸟兽、昆虫、草木、金石，以至童谣、诗谶之属，前史谓之羽虫、毛虫、龙蛇之孽，或曰诗妖、华孽，今所述皆并载妖祥，故不曰妖，不曰孽，而均以"异"名之，其豕祸、鼠妖，则无祥可述，故亦仍前史之旧名，至于木不曲直者，木失其常性而为妖，如桑谷共生之类是也。若雨木冰，乃寒气胁木而成冰，其咎不在木也，而刘向以雨木冰为木不曲直。华孽者，花失其常性而为妖，如冬桃李华之类是也。若冰花乃冰有异而结花，其咎不在花也，而《唐志》以冰花为华孽。二者俱失其伦类，今革而正之，俱以入恒寒门，附雨雹之后。又前志以鼠妖为青眚、青祥，物自动为木沴金，物自坏为金沴木，其说俱后学所未谕，今以鼠妖、青眚各自为一门，而自动、自坏直以其事名之，庶览者易晓云。作《物异考》第二十二。凡二十卷。①

这是一篇受郑樵《通志·灾祥略》类序影响而撰写的类序。班固《汉书·五行志》依据《洪范》金、木、水、火、土五行相关学说，将历史上天地间灾异变化现象，附会为人世间出现的休咎征验，广征博采，载于史籍之中。后代史书因循，莫之或异。《灾祥略》类序举典籍中实例论证之，认为其不过是自然现象，只言其"灾"不言其"祥"非当，"国不可以灾祥论兴衰"，"家不可以变怪论休咎"，故设"灾祥略"之名，统摄所采摘史书中的有关资料。

① 马端临著，上海师范大学古籍研究所、华东师范大学古籍研究所点校：《文献通考》，中华书局，2011年，第20—21页。

然所设仅天、地、日、月等寥寥几个条目，内容也名实不副，多为古人传统观念的天、地、人间自然灾异现象的记载，不及"祥瑞"现象的记述。这篇类序在采纳郑氏观点的基础上更进了一步。首先基于相关理论和事实提出质疑：难道阴阳五行之气，只能附会妖孽而不能成就祯祥吗？显然是不符合常理的！继而举"凤凰现"于史上治世和乱世，春夏"飘雪"反常现象发生在秦始皇暴君统治之际和汉文帝明主治政之时等四个事例，驳斥妖祥说穿凿附会之非，认为"物之反常者，异也"，世间的反常现象，不过是正常现象的异化而已！"反常而罕见者，均谓之异可也"！"物异考"之设置，自然名正言顺矣。接着同样采取"摆事实，讲道理"的方法，列举史籍中记载的史实，说明《物异考》下一些具体条目立目、材料归类的理由。通篇类序既符合类书类序文体体例，又以论说文体的方法呈现，具有辩证唯物的思想和很强的说服力。而类序下无论是条目的设置与安排，内容的丰富与多样，材料的取舍与归类，也远超郑氏《通志·灾祥略》的规模。"青出于蓝而胜于蓝"，马氏的见识与文采，彬彬乎后来居上矣。

22.《舆地考》小序

昔尧时禹别九州，至舜分为十二州，周职方复分为九州而又与禹异。汉承秦分天下为郡、国，而复以十三州统之。晋时分州为十九。自晋以后，为州采多，所统采狭，且建治之地亦不一所。姑以扬州言之，自汉以来，或治历阳，或治寿春，或治曲阿，或治合肥，或治建业，而唐始治广陵。至南北分裂之后，务为夸大，侨置诸州，以会稽为东扬，京口为南徐，广陵为南兖，历阳为南豫，历城为南冀，襄阳为南雍。鲁郡在禹迹为徐州，而汉则属豫州所领；陈留在禹迹为豫州，而晋则属兖州所领。离析碎裂，循名失实，而禹迹之九州采不复可考矣。夹漈郑氏曰："州县之设，有时而更；山川之秀，千古不易。故《禹贡》分州，必以山川定疆界，使兖州可移，而济、河之兖州不可移；梁州可迁，而华阳、黑水之梁州不可迁。故《禹贡》为万世不易之书。后之作史者主于郡县，故州县移易，其书遂废矣。"善哉言也！杜氏《通典》亦以历代郡县析于禹九州之中。今所论著，九州则以禹迹所统为准，沿而下之，府、州、军、监则以宋朝所置为准，溯而上之，而备历代之沿革焉。至冀之幽、朔，雍之银、夏，南粤之交趾，元未尝入宋之职方者，则以唐郡为准，追考前代，以补其缺；而于每州总论之下，复各为一图，先以春秋时诸国之可考者分入九州，次则及秦、汉、晋、隋、唐、宋所分郡县，考其地理，悉以附禹九州之下，而汉以来各州刺史、州牧所领之郡，其不合禹九州者悉改而正之。作《舆地考》第二十三。凡九卷。[①]

《舆地考》类序中，马端临对国家地理的分布情况追溯到尧时期，"昔尧时禹别九州，至舜分为十二州，周职方复分为九州而又与禹异。汉承秦分天下为郡、国，而复以十三州统之"。简单的两句话，我们大致就知道了最初天下在禹时分为九州，尔后分为十二州，至汉时又分为了十三州，最后虽几经变易，但整体仍是以禹时的九州为准。所以马端临说："今所论著，九州则以禹迹为准，沿而下之，府、州、军、监则以宋朝所置为准，溯而上之，则备历代之沿革焉。"至此，我们可见马端临在追溯现今的地理划分时，让我们知道了《禹贡》所分的九州如何成了现在的模样。[②]

23.《四裔考》小序

昔先王疆理天下，制立五服，所谓蛮夷戎狄，其在要、荒之内，九州之中者，则被之声教，疆以戎索。唐、虞、三代之际，其详不可得而知矣，《春秋》所录，如蛮则荆、舒之属也，夷则莱夷之属也，戎则山戎、北戎、陆浑、赤驹之属也，狄则赤狄、白狄、皋落、鲜虞之属也。载之经传，如齐桓之所攘，魏绛之所和，其种类虽曰戎狄，而皆错处于华地，故不容不有以制服而羁縻之。至于沙碛之滨、瘴海之外，固未尝穷兵黩武，绝大漠、逾悬度，必欲郡县其部

---

① 马端临著，上海师范大学古籍研究所、华东师范大学古籍研究所点校：《文献通考》，中华书局，2011年，第21—22页。

② 朱梦霞：《从〈文献通考·自序〉看马端临的治学精神》，《青海师范大学民族师范学院学报》2016年第1期，第65—70页。

落、衣冠其旆旄，以震耀当时，而夸示后世也。秦始皇既并六国，始北却匈奴，南取百粤。至汉武帝时，东并朝鲜，西收甘、凉，南辟交趾、珠崖，北斥朔方、河南，以至车师、大宛、夜郎、昆明之属，俱遣信使，赍重贿，招来而羁置之，俾得通于上国，窥其广大，割齐民以附夷狄，弊所恃以事无用。自是之后，世谨梯航，历代载记所叙，其风气之差殊、习俗之诡异，可考而索，至其世代传授之详，则固不能以备知也。作《四裔考》第二十四。凡二十五卷。①

《四裔考》小序追溯了汉武帝之前蛮夷戎狄的发展演变，及历代边防政策。但是自汉武之后，"历代载记所叙，其风气之差殊、习俗之诡异，可考而索，至其世代传授之详，则固不能以备知也"。《四裔考》分东裔、南裔、西裔、北裔四部分内容多来自《通典·边防》，但内容比后者更加丰富。类序说明了文献多为四裔风气、习俗之记载资料，至于其国家世代传授的记述，则不能考索备知。

---

① 马端临著，上海师范大学古籍研究所、华东师范大学古籍研究所点校：《文献通考》，中华书局，2011年，第23页。

第九章 《文献通考》类序（下）

二、"通"与"考"：《文献通考》类序的学理意义

　　《文献通考》这部典章制度巨著虽然"通""考"并称，但置"通"于"考"前，"通"才是他要实现的目标，"考"只是实现这一目标的途径。这样，他在学理上理顺了文献学的主次关系，在实践中深化和拓展了类书的实用功能：以"通"来荟萃古今的典章制度知识，以"考"来探寻典章制度知识的源流和变化的意蕴。《文献通考》最大的价值在于其"通"，最大的特点在于其"通"中有"考"。"通"表现了编者"原始要终"的知识广度，"考"显示了编者"考镜源流"的学术功力。

　　马端临在《文献通考·总序》中说："昔江淹有言，修史之难，无出于志。诚以志者，宪章之所系，非老于典故者不能为也。"①如果说"修史之难，无出于志"，那么文献学著作莫难于其序，余嘉锡《目录学发微》认为类序为"尤难之难者"（余嘉锡所说的小序即本文的类序——引者注）②，正如章学诚所说的那样，类序和总序"非深明于道术精微、群言得失之故者，不足与此"③。《文献通考》一书中的"按"语和书前的序文最能见出作者考索之功和识断之明，前者可谓该著的精粹，后者更属该著的灵魂，从对文献学学理的意义上来说，书前的总序和类序贡献更大。马端临本人对自己笔下的类序也非常自信："每门著述之成规，考订之新意，各以小序详之。"这里将参稽《文献通考》的"文""献""按"，论析《文献通考》总序和类序的学理意义——以

---

　　① 马端临著，上海师范大学古籍研究所、华东师范大学古籍研究所点校：《文献通考》，中华书局，2011年，第3页。

　　② 余嘉锡：《目录学发微》，《余嘉锡说文献学》，上海古籍出版社，2001年，第62页。

　　③ 章学诚：《校雠通义》，章学诚撰、叶瑛注《文史通义校注》，中华书局，1985年，第945页。

"考"显"通"，融"通"于"考"。

（一）"会通"的逻辑前提：典章制度的"因仍"

马端临既以"通儒"誉人，也以"通儒"自许，更以"通儒"自律，所以《文献通考》也以"会通"为鹄的。

"会通"一词最早见于《易·系辞上》："圣人有以见天下之动，而观其会通，以行其典礼。"①用孔颖达的话来说，此处的"会通"是"观看其物之会合变通"。后来常用来指读书、写作、治学能融会贯通。马端临将"会通"作为自己学术的旨趣，显然受了《史记》《通典》《资治通鉴》和《通志》的影响。郑樵《通志》首标"会通"："百川异趣，必会于海，然后九洲无浸淫之患；万国殊途，必通诸夏，然后八方无雍滞之忧。会通之义大矣哉！自书契以来，立言者虽多，唯仲尼以天纵之圣，故总《诗》《书》《礼》《乐》而会于一手，然后能同天下之文，贯二帝三王而通为一家，然后能极古今之变。"②此处所谓"会"就像"百川会于海"一样，是指对文献资料进行融会综合，所谓"通"就是探寻从源到流的发展脉络，寻找贯穿众多文献材料的主要线索，发现典章经制自始至终的内在联系。

《文献通考》虽然以《通典》为蓝本，但在理论上借鉴《通志》为多。马端临的"会通"理论主要是对郑樵"会通"说的继承和发展。他和郑樵一样推崇通史《史记》而鄙薄断代史《汉书》。郑樵在《通志·总序》中几乎以诗一般的语言称赞《史记》："司马氏世司典籍，工于制作，故能上稽仲尼之意，会《诗》《书》《左传》《国语》《世本》《战国策》《楚汉春秋》之言，通黄帝、尧、舜至于秦、汉之世，勒成一书，分为五体。本纪纪年，世家传代，表以正历，书以类事，传以著人，使百代而下，史官不能易其法，学者不能舍其书，六经之后，唯有此作。"③我们再看看《文献通考·总序》是如何赞美《史记》的："《诗》《书》《春秋》之后，惟太史公号称良史，作为纪、传、书、表，纪、传以理乱兴衰，八书以述典章经制，后之执笔操简牍者，卒不

---

① 朱熹注：《周易》，上海古籍出版社，1996年，第141页。
② 郑樵：《通志二十略》，中华书局，1995年，第1页。
③ 郑樵：《通志二十略》，中华书局，1995年，第1页。

易其体。"①他们二人崇尚《史记》"会通"完全彼此呼应，批评班固"断代为史"照样异口同声：郑樵对班固的批评近乎偏激："自《春秋》之后，惟《史记》擅制作之规模，不幸班固非其人，遂失会通之旨，司马氏之门户自此衰矣。班固者，浮华之士也，全无学术，专事剽窃。"②马端临也在《总序》应和道："然自班孟坚而后，断代为史，无会通因仍之道，读者病之。"

他的"会通"理论受惠于前代学者，也得之于他的家庭教育和个人的知识结构。由于他生于书香门第，父亲马庭鸾是一位著名的学者，他自述家庭的文化氛围时说："窃伏自念，业绍箕裘，家藏坟索，插架之收储，趋庭之问答，其于文献，盖庶几焉。"可见他从小就受到那个时代最好的教育，他这段自述在自谦中隐含着自负，难怪他在《通考》总序中有底气说："考制度，审宪章，博闻而强识，固通儒事也。"若非知识渊博的"通儒"，谁敢轻易言修史志？更别说撰述像《文献通考》这样"上下数千年，贯串二十五代"的集大成之作了。广博的知识结构激起了马端临"会"古今之言和"通"天下之书的雄心，就像杜甫宣称"诗是吾家事"一样，马端临也将"通儒事"作为自己的天职，"会通"可以说是他与生俱来的使命感。

他的"会通"理论更来于自己对古代历史现象的深刻理解。马端临将历史的发展演变分为两个不同的结构层次，表层是你方唱罢我登场的改朝换代，深层是相对稳定的"典章经制"：

> 窃尝以为理乱兴衰，不相因者也，晋之得国异乎汉，隋之丧邦殊乎唐，代各有史，自足以该一代之始终，无以参稽互察为也。典章经制，实相因者也，殷因夏，周因殷，继周者之损益，百世可知，圣人盖已预言之矣。爰自秦汉以至唐宋，礼乐兵刑之制，赋敛选举之规，以至官名之更张，地理之沿革，虽其终不能以尽同，而其初亦不能以遽异。如汉之朝仪、官制，本秦规也；唐之府卫、租庸，本周制也，其变通张弛之故，非融会错综，原始要终而推寻之，固

① 马端临著，上海师范大学古籍研究所、华东师范大学古籍研究所点校：《文献通考》，中华书局，2011年，第2页。
② 郑樵：《通志二十略》，中华书局，1995年，第2页。

未易言也。①

在他看来，从上古三代到他生活的宋元之际，每个朝代兴亡的原因各不相同："晋之得国异乎汉，隋之丧邦殊乎唐"，这种走马灯似的江山易主属于"不相因"的表层。可是，江山易姓并不一定带来国家易制，相反"殷因夏，周因殷"，许多典章制度代代相承。后世君主嘴上都骂秦政暴虐，可实际上"百代都行秦政制"。中国几千年的历史虽然一直伴随着腐败、战争、饥饿，但上自帝王将相下至普通百姓，似乎都没有想到要换一种政治体制，我们古代的思想家也没有设想过另外的政治制度，大家通常都是盼望明君和清官，所以尽管帝王朝代一茬接一茬地更替，但中国的社会体制却一代一代地延续。黑格尔在《历史哲学》中甚至认为，中国只有同质的抽象时间，而没有发展变化的历史。尽管这表现了黑格尔个人对中国史的"傲慢与偏见"，但无可否认我国古代社会的典章经制存在代代相因的现象。当然，具体的典章制度会出现某些更张变革，但因仍沿袭是更张变革的前提，正如马端临所说的那样，"爰自秦汉以至唐宋，礼乐兵刑之制，赋敛选举之规，以至官名之更张，地理之沿革，虽其终不能以尽同，而其初亦不能以遽异"。他还举例说："如汉之朝仪、官制，本秦规也；唐之府卫、租庸，本周制也。"这两个例子都留下了大量确凿丰富的文献史料，《汉书·百官公卿表》载："秦兼天下，建皇帝之号，立百官之职。汉因循而不革，明简易，随时宜也。"②刘邦推翻了秦王朝，可汉代仍沿用秦朝朝仪官制，这是十分典型的改朝但不改制。隋灭北周后仍用北周府兵制，李代隋后的很长时间里也在沿用隋朝兵制。《新唐书·兵志》载："唐有天下二百余年，而兵之大势三变。其始盛时有府兵，府兵后废而为彍骑，彍骑又废，而方镇之兵盛矣。及其末也，强臣悍将兵布天下，而天子亦自置兵于京师，曰禁军。其后天子弱，方镇强，而唐遂以灭亡者，措置之势使然也。"③不仅秦朝官职和兵制为历代所沿袭，其他前朝的典章经制同样被后代借鉴传承。

① 马端临著，上海师范大学古籍研究所、华东师范大学古籍研究所点校：《文献通考》，中华书局，2011 年，第 1 页。

② 班固：《汉书》，中华书局，1962 年，第 722 页。

③ 欧阳修、宋祁：《新唐书》，中华书局，1975 年，第 1323—1324 页。

　　将历史分为相因和不相因两个层面，也即频繁变动的表层与世代相因的深层，明确划分朝代更迭与典章经制相承两部分，马端临这种历史意识，就其深刻程度而言，远远超过他所钦服的杜佑、司马光，也超过给他较大影响的郑樵。杜佑、司马光和郑樵虽然都以"通"名书，但他们都没有马氏这种对历史分层的理论自觉。杜佑《通典》仿效纪传体中的"志""书"，并将断代体改为通史体，使历代典章政制的"因革之故粲然可考"，可杜佑并没有明确的历史分层意识，所以他在历史文献学的学理上贡献不多。马端临认为司马光的《资治通鉴》也留下了许多遗憾："司马温公作《通鉴》，取千三百余年之事迹、十七史之纪述萃为一书。然后学者开卷之余，古今咸在。然公之书，详于理乱兴衰，而略于典章经制。"[1] 司马光只是贯通了"千三百余"朝代的更迭兴亡，但他将兴亡原因归结为君主个人德性的善恶和施政策略的优劣，很少追寻兴亡背后典章政制的好坏——司马光只是触及历史变化的表层。郑樵《通志》虽然将"会通"置于中心地位，一起笔就大谈"会通"的重要性，但从他批评班固"由其断汉为书，是致周秦不相因，古今成间隔"便可看出，他的"会通"侧重于朝代的衔接和古今的连贯。马端临则认为就改朝换代而言，汉异于晋，隋别于唐，"周秦相因"不是表面的朝代相接。所以尽管郑、马都力主"会通"，但他们二人"会通"的内涵大不相同。马端临有见于朝代兴亡变幻无常，而典章经制则世代相袭，他才断言"理乱兴衰，不相因者也"，"典章经制，实相因者也"，因此，他将"不相因"的理乱表象与"实相因"的典章经制进行分疏。这种对历史表层和深层的深刻理解，使他拉开了与司马光和郑樵的距离。司马光"之意专取关国家盛衰"[2]，郑氏《通志·总序》也只关注朝代的"会通"，《文献通考·总序》则侧重典章体制，马端临认为"本无沿革"者"不烦纪录"，"通乎古今而代有因革者"才值得探究。（《王礼考序》）套用法国年鉴学派的说法，假如事件史只是短时段，朝代史约属于中时段，典章经制就算是长时段了。在漫长的历史长河中，历史事件似如"春梦了无痕"，改朝换代也如云烟过眼，这就是前人所谓"唐虞揖逊三杯酒，汤武征

　　① 马端临著，上海师范大学古籍研究所、华东师范大学古籍研究所点校：《文献通考》，中华书局，2011年，第1页。

　　② 胡三省：《新注〈资治通鉴〉序》，司马光：《资治通鉴》，中华书局，1956年，第28页。

诛一局棋"，只有代代因仍的典章经制，才是左右历史进程的决定性因素。短时段的事件无所谓"会通"，单一的王朝也谈不上"会通"，真正的"会通"属于世代相承的典章经制。马端临因而感叹"其不相因者犹有温公之成书，而其本相因者顾无其书"①，与司马光关注王朝兴衰相反，他忽略"不相因"的改朝换代，聚焦于因仍沿袭的典章制度。与郑樵单讲"会通"大不相同，马端临总是并提"会通因仍之道"，正是这一点体现了马端临对郑樵的超越。"通"是一种历史连续性的反映，没有"因仍"就没有"会通"，"因仍"不仅是"会通"的必要条件，也是"会通"的逻辑前提——在历史的断裂处怎么可能"会通"呢？

有"因仍"才有"会通"，而"因仍"其上必有其源头，其下必有其流变，因此只有考镜源流才能观其"通"，只有集其大成才能称之"会"。这样，《文献通考》之"考"就成了服务于"会通"的文献学手段，"会通"则是要实现的文献学目标。

（二）"会通"的表现形式之一：荟萃古今

马端临之所以常常"会通"连用，是因为没有"会"就难有"通"，只有在"会"中才能显出"通"——只有通过文献的"荟萃古今"，才能见出典章经制的"贯古通今"。马氏在总序中坦露了自己"该一代之始终""集著述之大成"的学术雄心。他认识到除非对各种知识进行"融会错综"的综合，否则就不能考察典章制度"变通张弛之故"。"融会错综"即所谓"会"，"变通张弛"即所谓"通"。《文献通考》中的"会"往往同时也是"通"。

《职官考》前面的《官制总序》以一万多字的篇幅，对中国几千年来官职因革提要勾玄，是一篇包罗宏富的大文。古代官职的名称和权力，或历世相承，或代有因革，或古有而今亡，或名同而实异，或前尊而后卑……大大小小的官职在哪些朝代一直延续，在哪些朝代出现变异，古时的官职什么时候消亡，后世的官职什么时候开始设立，如此丰富复杂的内容要在巨大的时空中"荟萃古今"，诚如马氏所言"非老于典故者不能为也"。如同其他二十三

---

① 马端临著，上海师范大学古籍研究所、华东师范大学古籍研究所点校：《文献通考》，中华书局，2011年，第7页。

考一样，该序开篇就从传说中"伏羲、共工、神农"说起："伏羲氏以龙纪，故为龙师名官。共工氏以水纪，故为水师名。神农氏以火纪，故为火师火名。"现代看来这一切都近乎神话，但这些官职并非马氏"空口无凭"，它们在儒家"经""传"中都有明文，每一官职在马氏那儿都"言必有据"，至少儒家"经""传"说得有鼻子有眼。"经""传"记载属于"文献"中的"文"。尽管"太古法制简略，不可得而详知"，但他仍然缜密地考索上古"经""传"，得出"陶唐氏以前之官所治者，天事也；虞、夏以后之官所治者，民事也"的结论。他详细地列出秦以前各种职务名称，并考出哪些是商承夏，哪些是周因商。中国疆域至秦代走向统一，中国制度也是至秦代开始转型，不仅以郡国代封建，也以新职代替旧官："秦兼天下，建皇帝之号，立百官之职，不师古。始罢侯置守，太尉主五兵，丞相总百揆。又置御史大夫，以贰于相。"秦王朝虽然极其短命，秦代官制却世代相传。诚如马氏所言："汉初，因循而不革，随时宜也。其后颇有所改。""魏与吴、蜀，多依汉制。晋氏继及，大抵略同。""爰及宋、齐，亦无改作。""梁武受终，多遵齐旧。陈遵梁制，不失旧物。"东晋以后，官职之大小与官衔之清浊，士林往往更看重后者，比起官职从低而升高，人们更在意由浊而入清。马氏称北朝后魏草创时期官号"乖疏"，其后又"官号数革"。"北齐创业，亦遵后魏，台、省位号，多类江东。""后周之初据关中，犹依魏制。及平江陵之后，别立宪章，酌《周礼》之文，建六官之职，其他官亦兼用秦、汉。隋文帝践极，百度伊始，复废周官，还依汉、魏。"可见，东晋南朝官职依从秦汉，北朝从北魏至北周则多遵北魏。隋朝的天下虽承北周而来，但官制却"复废周官，还依汉魏"，与秦汉的官僚体制一脉相承，只是到隋炀帝后期荒淫无道，以致朝政日非，官名随改。后世史家常言"隋唐"，既指这两个朝代时间相接，也指这两个朝代制度相承，起初"唐职员多因隋制，虽小有变革，而大较不异"。后来唐代官名的改动极为频繁。高宗"龙朔二年，又改京司及百官之名"，如"改尚书省为中台，门下省为东台，中书省为西台"等，高宗咸亨年间又官复旧名。武则天时官职又再改称谓，如"改尚书省为文昌台，门下省为鸾台，中书省为凤阁，御史台为肃政台，及诸寺卫等名。又置控鹤府官员"。中宗神龙年间凡武后改过的官名重复旧号，并置员外官二千余名，于是有了员外、判官、检校等官名。

中宗、睿宗这七八年间政出多门，官号屡改，唐玄宗先天以后始革其弊，设职名官恢复贞观时期的旧制，设尚书省以统会众务，门下省以侍从献替，中书省以献纳制册，秘书省以监录图书，殿中省以供修膳服，内侍省以承旨奉引，御史台以肃清僚庶。马氏论述宋代官职尤其详细："宋朝设官之制，名号品秩一切袭用唐旧。然三师、三公不常置，宰相不专用三省长官。中书、门下并列于外，又别置中书于禁中，是谓政事堂，与枢密院对掌大政。""大抵自元祐以后，渐更元丰之制：二府不分班奏事，枢密加置签书，徽省则既罢复建，户部则不领右曹，专典常平而总于其长，起居郎、舍人则通记起居而不分言动，馆职则增置校勘黄本。凡此皆与元丰稍异也。"[①]秦朝是中国古代官职建制的重大转折点，自秦而后，天下只此一统，古今相承一脉。约四十万字的《职官考》是一部宋代以前的官制史，"官职"在因仍中有变异，在"弛张"中显"会通"，这一切都是在"荟萃古今"中实现的。《职官考》类序进一步阐述了同一官名其权力和司职的变化，如侍中在秦汉出入宫禁以侍从皇帝左右，是宫中职位较低的侍从官员，由于一直在皇帝身边与闻朝政，逐渐变为皇帝宠信贵重的职务，到晋、唐、北宋事实上就是宰相，再不必司宫禁之事，该职便"名内而实外"；太尉、司马等职秦汉原为荷戟前驱的武将，唐宋后却成为三公文臣，该职便"名武而实文"，太常原为司乐官，后世成了儒臣养望的闲职，该职便"名浊而实清"。"尚书令在汉为司牍小吏"，唐以后变成位极人臣的显宦，该职便似卑而实尊。[②]从这种古今资料的编纂中，马氏既从因而观变，又由变以显因。

　　"荟萃古今"基本上是《文献通考》中二十四考的通则，如《选举考》类序这样开端："古之用人，德行为首，才能次之。虞朝载采，亦有九德，周家宾兴，考其德行。"两汉至南朝的选举制度虽从察举变为九品中正制，但某种程度上仍然保留了上古选官的遗意，即"考之以里闾之毁誉，而试之以曹掾之职业，然后俾之入备王官，以阶清显"。到了隋唐尤其是唐代，选举制度才出现重大转折：随着由察举一变而为科举，"德行为首"也变为"才能"优先，

---

① 马端临著，上海师范大学古籍研究所、华东师范大学古籍研究所点校：《文献通考》，中华书局，2011 年，第 9 页。

② 马端临著，上海师范大学古籍研究所、华东师范大学古籍研究所点校：《文献通考》，中华书局，2011 年，第 9—11 页。

看重"里闬之毁誉"变为仅凭科场的文才。德性的好坏往往"口说无凭"，评价容易羼杂个人情感，流弊所及便是"爱憎由己，高下任心"；才能的优劣更好检验，试卷成绩的高低"有诗为证"，科举因而比察举更为公正客观。当然有一利必有一弊，科举制的弊端也很明显，如唐代的进士考试内容是诗赋，即使诗写得再华美，即使赋铺陈得再扬厉，进士们也不一定能处理好政务，像中唐著名诗人孟郊中进士后连县令也不能胜任。马氏在比较古今选举制度优劣后说："自以铨曹署官，而所按者资格而已，于是勘籍小吏得以司升沉之权；自以科目取士，而所试者词章而已，于是操觚末技得以阶荣进之路。夫其始进也，试之以操觚末技，而专主于词章；其既仕也，付之于勘籍小吏，而专校其资格，于是选贤与能之意，无复存者矣。"① 不过，马氏这种指责稍失偏颇，"勘籍小吏"来"铨曹署官"，与经由宰相个人印象选官，前者可能更注重实际业绩，后者或许更倾向主观偏好，二者至少是半斤八两，很难分出孰优孰劣。"以科目取士"虽然难以选出能吏，但以门第取士更不可取，它不仅不能"选贤与能"，而且失去了起码的公平公正，使"世胄蹑高位，英俊沉下僚"。上古举士与举官合而为一，被举士也即意味着被举官，贤士同时也就是能吏，隋唐科举取士后举士与举官分为二途。《选举考》荟萃了这一历史进程的文献资料，该考类序进一步分析了二者分途的深层原因："降及后世，巧伪日甚，而法令亦滋多，遂以科目为取士之途，铨选为举官之途，二者各自为防闲检柅之法。"就唐代而言，"试士属之礼部，试吏属之吏部"，于是又出现另外的问题：举于礼部的士或许久不得官，举于吏部的官可能并未取士。取士与选官分途原为防微杜渐，使礼部与吏部相互制衡，后来变为入仕之途径不一，入仕之途增多冗官的数量自然加倍，无形中就增加了社会的负担。章学诚将《文献通考》轻蔑地归入"比次之书"，没有看出马端临的用心，更没有体察他以荟萃古今而见"会通"的深意。

《文献通考》二十四考表面上看是各门类的资料汇编，其实是各科典章制度的通史，作者以"通"作为书名，书也以"通"作为主线。我们来看看《征榷考》如何以"会"行"通"。该考的类序交待了这一门的结构："首叙历代

---

① 马端临著，上海师范大学古籍研究所、华东师范大学古籍研究所点校：《文献通考》，中华书局，2011年，第8页。

征商之法，盐铁始于齐，则次之；榷酤始于汉，榷茶始于唐，则又次之；杂征敛者，若津渡、间架之属，以至汉之告缗，唐之率贷，宋之经、总制钱，皆衰世一切之法也，又次之。"① 官家取民之利叫"征"，官方独专其利叫"榷"，"征榷"就是古代的税制。卷一"叙历代征商之法"，历代统治者找出许多"光明正大"的理由，什么"重农抑商"，什么打击"屯积居奇"，什么"崇本抑末"，变着戏法盘剥搜括商人。汉文帝时的大臣晁错上疏说："商贾大者积贮倍息，小者坐列贩卖，操其奇赢，日游都市，乘上之急，所卖必倍。故其男不耕耘，女不蚕织，衣必文采，食必粱肉，亡农夫之苦，有千百之得。因其富厚，交通王侯，力过吏势，以利相倾。千里游敖，冠盖相望，乘坚策肥，履丝曳缟。此商人所以兼并农人，农人所以流亡也。"从晁错疏中我们可以看到古代对商人的仇富心态，也可以看到对商人课以重税的社会心理。武帝元狩四年开始向商人财产征收算缗线，大商贾二缗收一算，普通商人四缗收一算。接着对隐瞒不报或呈报不实者，朝廷号召百姓向各级官府告发，并承诺将没收的财产分一半给举报人，这便是历史上著名的"告缗"。马氏在《征榷考》一中无奈地感叹道："算缗钱之法，其初亦只为商贾居货者设，至其后，告缗遍天下，则凡不为商贾而有蓄积者皆被害矣。"他历叙了汉代的告缗、唐代的率贷、宋代的经制钱和总制钱，虽然这些赋税的名目花样繁多，实质都是按比率征收重税，难怪类序说它们"皆衰世一切之法"。各朝统治者在贪婪上"心心相印"，所以各朝的征收重税"历代相承"，由此呈现了历史上税制的贯通、变通与会通。

（三）"会通"的表现形式之二："变通张弛"

一说到"会通"人们马上会想到连续性，似乎没有连续就没有"会通"。其实这是极大的误解，连续只是会通的一种表现形式，而"变通张弛"则是"会通"的另一种表现形式。所谓"通"绝非"同"，"同"是指一种抽象的同一，也就是没有任何发展变化的沿续，这种死水一潭的"同"算不上"通"，而"通"是指事物发展演进的过程。汉语"变通"一词深刻地揭示了"变"与

---

① 马端临著，上海师范大学古籍研究所、华东师范大学古籍研究所点校：《文献通考》，中华书局，2011年，第9页。

"通"的内在联系——"变"则"通"，"通"必"变"。马端临过人的卓识在于他一方面发现"典章经制实相因"，另一方面也认识到任何典章制度尽管其初"不能以遽异"，但其终必定"不能以尽同"。人们很容易将"继承"与"演变"割裂开来乃至对立起来，好像"演变"就不是"继承"，"继承"便不得"演变"。事实上，所有"演变"都不会凭空产生，必然是在某种条件下的演进变化，所以"继承"是"演变"的必要前提，"演变"是"继承"的必然结果。在漫长的社会史中，连官名也会更张，连地名尚有沿革，更何况必须适应社会现实的典章制度呢？因而，马氏在《文献通考》中不仅阐述了各门类"典章经制"在历史上的"变通张弛"，而且还探寻它们"变通张弛之故"——论析"变通张弛"背后深刻的动因。

典章制度的"变通张弛"分几种情况：一是名同而实异，一是实同而名异，一是名实俱异。

《封建考》类序之所论便属于第一种情况。马端临在《封建考》卷一中坦言："封建莫知其所从始也。三代以前事迹不可考，召会征讨之事见于《史记·黄帝纪》，巡守朝觐之事见于《虞书·舜典》，故摭其所纪以为事始。"据《文献通考》所述，封建制从上古三代延至南北朝，其间只有秦完全实行郡县制，两汉属封建与郡县混合。先秦时封建制能一直延续，秦以后封建制时续时断，而隋唐以后封建则断不可行，这一"变通张弛之故"，柳宗元归结为"势"而非"意"，实行封建不是什么"圣人之意"，而是当时社会的客观形势。马端临父亲马廷鸾则认为封建制存亡的关键是"圣人之心"："圣人之心以公而不以私。封建，则世守其国家，而以天下之地与天下为公；郡县，则更易其守令，而以天下之权为一人之私。公私之分，而享国之久近存焉耳。"马端临深受父亲的影响，他在《封建考》类序中的议论与乃父同一口吻："愚尝谓必有公天下之心而后可以行封建。自其出于公心，则选贤与能，而小大相维之势，足以绵千载；自其出于私心，则忌疏畏逼，而上下相猜之形，不能以一朝居矣。"[①]马氏认为秦废除封建制是出于一己之私："秦既灭六国，举宇内而郡县之，尺土一民始皆视为己有，再传而后，刘项与群雄共裂其地而分王之。"

---

① 马端临著，上海师范大学古籍研究所、华东师范大学古籍研究所点校：《文献通考》，中华书局，2011年，第18页。

汉恢复封建制同样是出于一己之私:"高祖既诛项氏之后,凡当时诸侯王之自立者,与为项氏所立者,皆击灭之,然后裂土以封韩、彭、英、卢、张、吴之属,盖自是非汉之功臣不得王矣。逮数年之后,反者九起,异姓诸侯王多已夷灭,于是悉取其地以王子弟亲属……盖西汉之封建,其初则剿灭异代所封,而以畀其功臣;继而剿灭异姓诸侯,而以畀其同宗;又继而剿灭疏属刘氏王,而以畀其子孙。"类序历叙了汉以后各朝各代封建的沿革异同:"逮汉之亡,议者以为乏藩屏之助,而成孤立之势",于是各朝都实行封建,魏文帝曹丕忌诸弟势力坐大,帝子帝弟受封"有同幽絷",再传之后君主势弱力微,司马氏父子毫无顾惮地"攘臂取之",晋朝立国后"惩魏之弊"让分封诸王"宗藩强壮",很快又招致"八王首难",南朝宋、齐皇子"俱童孺当方面",徒有藩镇之名而实受制于长史之手,每一朝代都成了短命王朝,梁武帝又"惩宋、齐之弊",让"子孙皆以盛年雄材出为邦伯,专制一方",后来诸王拥兵自重而抛弃君父,以致"卒不能止侯景之难"。看起来,汉、魏、宋、齐、梁、陈都在分封,可每一朝诸侯的处境待遇都不一样,有的专制一方,有的形同幽禁,这便是所谓"名同而实异"。不管是强藩还是削藩都难保"江山万年长",难怪马氏在类序中困惑地感叹:"魏、宋、齐疏忌骨肉,固以取亡,而晋、梁崇奖宗藩,亦不能救乱。"于是,封建制彻底寿终正寝,"列侯不世袭始于唐,亲王不世袭始于宋"。

《刑考》中刑法的沿革不同于封建制的承续,该考类序之所论属于典章制度"变通张弛"的第二种情形。儒家惯于将上古三代说成"天下至公"的"黄金之世",《刑考》编纂的史料和编者的论述会使这种幻想破灭,史载夏、商、周三代无一不用峻法酷刑,五刑中墨、劓、剕、宫、大辟一项不少。秦在五刑之外又加三族罪,加"增加肉刑,大辟有凿颠、抽胁、镬烹之刑"。汉初的"无为而治"也是对士大夫而言,对百姓用严刑与秦并无二致。面对历史上"以贤圣之君而不免袭乱虐之制"的现象,《刑考》类序尖锐地指出:"窃尝以为劓、刖、椓、黥,蚩尤之刑也,而唐虞遵之;收孥、赤族,亡秦之法也,而汉魏以来遵之。"不管是盛世还是衰世,历朝施刑的名称虽有变化,但酷刑的实质并无不同,行刑的目的都是维护专制统治。将《刑考》粗略地翻一遍,人们对史称的那些"盛世"会完全改观。有些"盛世"徒有虚名,不过是以讹传讹的结果；有些"盛世"是草民申诉无门的监狱，是统治者为所欲为的天堂。"深文酷吏"岂止秦朝独有，文景之治的"盛世"何曾不然？汉武帝的"盛世"又哪能例外？受宫刑之祸的司马迁对此更有发言权，"贤圣之君""袭乱虐之制"，在刑法中是一种普遍现象。马端临或许早已看透了"圣君""减刑"的把戏，他在《刑考》类序中说："隋唐以来，始制五刑，曰笞、杖、徒、流、死。此五者即有虞所谓鞭、朴、流宅，虽圣人复起，不可偏废也。"可见，隋唐以来推行的五刑在文明初启之时的夏朝就实行了，改来改去只改了名称，五刑的实质丝毫没变。

《王礼考》类序之所论属于典章"变通张弛"的第三种情形。"王礼"即王朝之礼的简称。礼学不仅现在已成绝学，汉朝说礼已是糊涂官断糊涂案，许多上古之礼只留下礼名，先人到底如何行礼只能想象猜测，"此情可待成追忆，只是当时已惘然"。类序一起笔就说："古者经礼、礼仪，皆曰三百，盖无有能知其节目之详者矣。"《礼记》称："正经三百，动仪三千。"《孝经》疏称："经礼三百，威仪三千。"《中庸》称："礼仪三百，威仪三千"。这些记述连名称也各有异词，究竟是哪种三千、哪种三百说法不一，再说，为什么恰好是三百、三千的整数？三百、三千是极言其多还是实有所指？马氏对这些经礼、礼仪也只能述其大概："然总其凡有五，曰吉、凶、军、宾、嘉；举其大有六，曰冠、昏、丧、祭、乡、相见。此先王制礼之略也。"他表现了一个学者"缺其所不知"的诚实。接下来他将礼分为三种情况："秦汉而后，因革不同：有古有而今无者，如大射、聘礼、士相见、乡饮酒、投壶之类是也；有古无而今有者，如圣节、上寿、上尊号、拜表之类是也；有其事通乎古今而后世未尝制为一定之礼者，若臣庶以下冠、昏、丧、祭是也。"有些礼仪古有而今无，有些则古无而今有，有些事通乎古今而礼未必有定制，这三种"本无沿革"的情况，每种情况都属名实俱异。"惟国家祭祀、学校、选举，以至朝仪、巡狩、田猎、冠冕、服章、圭璧、符玺、车旗、卤簿，及凶礼之国恤"这一类礼制，才"通乎古今而代有因革"。《乐考》类序之所论与《王礼考》类序相近。《乐经》到底亡于何时，甚至是否存在《乐经》，从汉代至现代迄无定论。《礼记·乐记》称乐与政通，君臣"审乐以知政"。马氏对此高度怀疑，他说："汉莫盛于文景之时，然至孝武时河间献王始献雅乐。"武帝并不喜欢这些雅乐，宫廷及郊庙演奏的"皆非雅声"，到哀帝时开始"罢郑声，用雅乐，而汉之运祚且移于王莽矣"。隋唐而后雅乐基本消亡，即使贞观和开元盛世教坊也全用"郑声"。一方面古代技术很难保存音乐，另一方面人们欣赏音乐喜新厌旧，所以无论雅乐俗乐"总把新桃换旧符"，很多音乐名实不符或名实俱异。

乾隆在《重刻文献通考序》中称《文献通考》"会通古今，该洽载籍，荟萃源流，宗统同异"①。的确，马氏的"会通"既存于"因仍沿革"之中，也见于"变通张弛"之际。

（四）"会通"的实现途径："旁搜远绍"

马端临的学术旨趣是弃"断代"而求"会通"，"会通"在《文献通考》中的实现途径，便是作者在总序所说的"旁搜远绍"。对于任何一种典章体制，他不只是盯着一"点"，而是力求贯通一"线"，上必追踪其最早之源，下必穷尽这一体制之变。

《钱币考》虽然只有两卷，在二十四考中属于篇幅较小的一个门类，可它不失为一部简洁的古代货币史，为我们勾勒了宋以前"历代钱币之制"，其类序更是体现马氏"会通之旨"的典范之作。该考一起笔就说："自太暤以来则有钱矣，太暤氏、高阳氏谓之金，有熊氏、高辛氏谓之货，陶唐氏谓之泉，商人、周人谓之布，齐人、莒人谓之刀。神农列廛于国，以聚货帛，日中为市，以交有无。虞、夏、商之币，金为三品，或黄，或白，或赤；或钱，或布，或刀，或龟贝。"传说中的上古之世便有钱，《周礼》还列出各朝各代钱的名称，尽管可能于情理不合，但的确于文献有征。为了追溯钱最早的起源，马氏历考了先秦各类经典，包括儒家五经及诸子百家。为什么将"钱"叫"泉""金""刀""货""布"呢？马氏引郑樵《食货略·钱币》的话说："谓之泉者言其形，谓之金者言其质，谓之刀者言其器，谓之货、谓之布者言其用。"②《钱币考》类序论述了我国古代从金、铜、布等实物变为纸币的货币演变史："生民所资，曰衣与食；物之无关于衣食而实适于用者，曰珠、玉、

---

① 乾隆：《重刻文献通考序》，马端临：《文献通考》，浙江古籍出版社，2000年，第1页。
② 郑樵：《通志二十略》，中华书局，1995年，第1403页。

五金。先王以为衣食之具未足以周民用也，于是以适用之物，作为货币以权之，故上古之世，以珠、玉为上币，黄金为中币，刀、布为下币。然珠、玉、黄金为世难得之货，至若权轻重，通贫富，而可以通行者，惟铜而已，故九府圜法自周以来未之有改也。"后世随着商品越来越丰富，商业自然越来越繁荣，货币的流通越来越快，对货币的需求量也就越来越大，笨重的铜钱等实物货币成了商业的障碍，宋代开始便印行"交子""会子"等纸币来满足商品交易："然古者俗朴而用简，故钱有余；后世俗侈而用糜，故钱不足。于是钱之直日轻，钱之数日多。数多而直轻，则其致远也难，自唐以来，始创为飞券、钞引之属，以通商贾之厚赍贸易者。其法盖执券、引以取钱，而非以券、引为钱也。宋庆历以来，蜀始有交子；建炎以来，东南始有会子。自交、会既行，而始直以楮为钱矣。夫珠、玉、黄金，可贵之物也，铜虽无足贵，而适用之物也。以其可贵且适用者制币而通行，古人之意也。至于以楮为币，则始以无用为用矣。举方尺腐败之券，而足以奔走一世，寒藉以衣，饥藉以食，贫藉以富，盖未之有。然铜重而楮轻，鼓铸繁难而印造简易，今舍其重且难者，而用其轻且易者，而又下免犯铜之禁，上无搜铜之苛，亦一便也。"[1]以金、铜、布等实物为币，仍然是以有用为用，到了以方尺易腐的薄纸为币，便开始"以无用为用"，这是人类货币史上的里程碑。轻薄的纸币能"以无用为用"，是由于有背后支撑它的国家信用，有了强大的国家信用担保，"无用"的纸币才变得"有用"，能使人们"寒藉以衣，饥藉以食，贫藉以富"。从"上古之世"的实物货币，到唐代执飞券、钞引以取币，再到宋代真正"以楮为币"，这篇不足五百字的类序，阐述了古代货币的源流演变，还辨析了飞券、钞引与交子、会子的本质区别，更揭示了货币变化的深刻动因。

《帝系考》类序引司马迁《十二诸侯年表》中的话说："儒者断其义，驰说者骋其辞，不务综其始终。"[2]只"断其义"易流于凭空臆断，只"骋其辞"易流于游谈无根，而"综其终始"则要综合考察本末源流，它既需要渊博的学识，也离不开综合的功力，否则就难以追源而溯流，不能原始以要终。十卷

---

① 马端临著，上海师范大学古籍研究所、华东师范大学古籍研究所点校：《文献通考》，中华书局，2011年，第4—5页。

② 参见司马迁：《史记》，中华书局，2013年，第643页。

《帝系考》从民族的始祖黄帝一直叙述到南宋末，类序交待该考的先后层次："首叙帝王之姓氏出处，及其享国之期、改元之数，以及各代之始终，次及后妃、皇子、公主、皇族，其可考者悉著于篇。"《帝系考》使历朝历代"传世历年之延促，枝分派别之远近"一目了然，使"三代以后，至于近世"昭然可考。马端临指责过去"儒者"著书不重视"统系"，"不务综其始终"，因为没有始末统系就无以观"会通"。

马氏在前面的总序中强调"融会错综"的综合，及"原始要终"的"推寻"，还有《帝系考》类序所谓"综其始终"，无一不是强调"旁搜远绍"的工夫。《田赋考》类序也是"旁搜远绍"方式的完美体现。井田制下的田赋制度，即人们常说的"三代之制"，到战国时学者便已传闻异词，马氏在《田赋考》卷一罗列了各种说法："按周家授田之制，但如《大司徒》《遂人》之说，则是田肥者少授之，田瘠者多授之；如《小司徒》之说，则口众者授之肥田，口少者授之瘠田；如《王制》《孟子》之说，则一夫定以百亩为率，而良农食多，惰农食少。三者不同。"同时，他还细微地分辨了田赋中贡法与助法的异同，类序在此基础上接着分析了"三代之制"形成的原因：由于天子与公侯贵族子孙世守其土，"其土壤之肥硗，生齿之登耗，视之如其家，不烦考核而奸伪无所容，故其时天下之田悉属于官。民仰给于官者也，故受田于官，食其力而输其赋，仰事俯育，一视同仁，而无甚贫甚富之民，此三代之制也"。对秦实行的郡县制，及由此而来的田赋制度，还有唐代杨炎实行的两税制，马端临完全持否定态度："随田之在民者税之，而不复问其多寡，始于商鞅。随民之有田者税之，而不复视其丁中，始于杨炎。三代井田之良法坏于鞅，唐租庸调之良法坏于炎。"这篇类序以千来字的篇幅，高度概括了几千年田赋的沿革与变迁，如从封建到郡县，从天子和诸侯独占田地到田地为庶民私有，从随田在民的人口赋税到按田地的多寡赋税，进而分析了封建与郡县田赋上的得失利弊，封建田赋"无甚贫甚富之民"，田土遂为庶民私有，于是贫富悬殊之势成，百姓生活水平"自是不均"，最后探究了封建不可能复辟的原因。可能是目睹当下田赋的繁重，致使百姓无以为生流离失所，他无形中便将"三代之制"理想化，把天子想象成"一视同仁"的仁君，而无视郡县制这种历史发展的必然，只认识到"欲复封建，是自割裂其土宇以启纷争，欲复井田，是强夺民之田亩以召怨讟"①。相反，唐代柳宗元早就指出封建并"非公之大者"，三代君主实行封建是希望"私其力于己也，私其卫于子孙"。虽然在封建制上识有不逮，但从文体上看，《田赋考》类序却不失为类序中的佳作，以"旁搜远绍"求其"会通"，视野开阔而又笔力雄健。

（五）体与用：以考订之功显会通之旨

全书既名为《文献通考》，编者置"通"于"考"前显然不是出于偶然随意。《职官考》类序阐明了编者的良苦用心："参稽互考，曲畅旁通，而因革之故，可以类推。""参稽互考"的目的是为了"曲畅旁通"，并借以探求典章制度"因革之故"。由此可知"会通"为全书的宗旨，"考订"为"会通"的手段，借用哲学术语来说，"会通"属于该书之"体"，而"考订"仅为该书之"用"。

章学诚将天下书分为三类："天下有比次之书，有独断之学，有考索之功，三者各有所主，而不能相通。"②马端临《文献通考》就被他划为"比次之书"："《文献通考》之类，虽仿《通典》，而分析次比，实为类书之学。书无别识通裁，便于对策敷陈之用。"③章学诚的议论稍嫌轻率傲慢。不错，《文献通考》属类书的范畴，大体可归于章氏所谓"比次之书"，但"比次之书"并不排斥"独断之学"和"考索之功"，三者绝非形同水火而"不能相通"，章学诚自己不也将校雠学的宗旨设定为"辨章学术，考镜源流"吗？以考订求会通是《文献通考》的主要特色。要是比次、独断、考索三者"不能相通"，没有"考索之功"如何比次？没有"别识通裁"又怎能"会通"？

假如不下一番"考订"工夫，他就无法对复杂的典章经制考同辨异，很可能被事物的表面现象所迷惑。譬如《市籴考》中的市籴、均输、和买、市易，这些商业名称从周朝到南宋一直沿用，但历代官府市籴的目的、方式和结果却大为不同。《市籴考》类序开始便追溯了市的源头："市者，商贾之事也。古之帝王，其物货取之任土所贡而有余，未有国家而市物者也。而市之说则昉

---

① 马端临著，上海师范大学古籍研究所、华东师范大学古籍研究所点校：《文献通考》，中华书局，2011年，第3—4页。

② 章学诚撰，叶瑛校注：《文史通义校注》，中华书局，1985年，第476页。

③ 章学诚撰，叶瑛校注：《文史通义校注》，中华书局，1985年，第374页。

于《周官》之泉府，后世因之，曰均输，曰市易，曰和买，皆以泉府藉口者也。"《周礼》载："泉府掌以市之征布，敛布之不售，货之滞于民用者，以其贾买之，物揭而书之，以待不时而买者。"接下来再考订"籴"的起源："籴之说则昉于齐桓公、魏文侯之平籴，后世因之，曰常平，曰义仓，曰和籴，皆以平籴藉口者也。"市籴贸易本是百姓日常生活的一部分，周朝官府为什么要插手市场贸易呢？马端临在类序中给出的解释是："然泉府与平籴之立法也，皆所以便民。方其滞于民用也，则官买之、籴之；及其适于民用也，则官卖之、粜之。盖懋迁有无，曲为贫民之地，初未尝有一毫征利富国之意。"官府市籴主要是为了方便百姓，买之于货物方滞之时，卖之于百姓欲买之际，当货物滞销时官府买进，等百姓需要时再卖出。官方不是通过低买高卖来赚取差价，而是希望以"懋迁有无，曲为贫民"。不管从周朝泉府之"市"，还是春秋战国齐桓公、魏文侯之"籴"，市籴的出发点为了便民利民，可这一政策到了后世却成了统治者搜括民财的借口："然沿袭既久，古意浸失。其市物也，亦诿曰榷蓄贾居货待价之谋；及其久也，则官自效商贾之为，而指为富国之术矣。其籴粟也，亦诿曰救贫民谷贱钱荒之弊；及其久也，则官未尝有及民之惠，而徒利积粟之入矣。至其极弊，则名曰和买、和籴，而强配数目，不给价直，鞭笞取足，视同常赋。盖古人恤民之事，后世反藉以厉民，不可不究其颠末也。"[①]官府直接垄断市场交易，借"榷蓄贾居货待价之谋"为名，行奸商暴利聚敛之实；官方籴粟以"救贫民谷贱钱荒之弊"为幌子，而坐收囤货居奇之利。于是，市籴就从前世的便民利民，变成了后世的扰民"厉民"。这篇类序有考有论——以稽考辨其源流，以论析"究其颠末"。作者所有议论"无一字无来历"，论断都建立在坚实的考证之上。《市籴考》中大量的文献资料剥去了统治者"仁爱"的外衣，证明市籴"盖古人恤民之事，后世反藉以厉民"，"和买"形同抢劫，"和籴"实即摊派，如"宪宗即位之初，有司以岁丰熟，请畿内和籴。当时府县配户督限，有稽违则追蹙鞭挞，甚于税赋，号为和籴，其实害民"。唐德宗时的"宫市"事实上是公然抢劫，"宫中取物于市，以中官为宫市使，置'白望'数十百人，以蓝敝衣、绢帛，尺寸分裂酬其直。又索进奉

---

① 马端临著，上海师范大学古籍研究所、华东师范大学古籍研究所点校：《文献通考》，中华书局，2011年，第6—7页。

门户及脚价钱，有赍物入市而空归者。每中官出，沽浆卖饼之家皆彻肆塞门。谏官御史言其弊，而中官言京师百姓赖宫市以养，帝以为然"。马端临在按语中痛斥道："此辈逢君之恶，岂能顾义理之是非，生民之休戚。然王莽之五均，介甫之易市，亦皆以为便百姓而行之，且举《周官》泉府之法以缘饰其事，然则名为效周公，而识见乃此阉之流耳！"只有通过严谨的考证才能揭开"和买""和籴"的面纱，才能剥掉统治者"仁民爱物"的外衣。从周朝以至于南宋，"和买""和籴"之名前后不变，而其实则前后相反，考订让我们从"同"中见"异"。

《象纬考》和《物异考》的两篇类序，既表现了作者的考索之功，也让我们见识了作者的独断之学。类序指出"自鲁定公十五年至汉高帝之三年，其间二百九十三年，而搜考史传，书日食凡七而已，然则遗缺不书者多矣"，可想史官对天象"日食"的记载有多少缺失和疏略。天下一统之时天象记载只此一家，记载的疏略与详细无由得知，南北分裂后各国有史，天象记载才容易露馅，以占候卜吉凶也容易露丑："及南北分裂之后，国各有史，今考之：南自宋武帝永初元年至陈后主祯明二年，北自魏明帝泰常五年至隋文帝开皇八年，此一百六十九年之间，《南史》所书日食仅三十六，而《北史》所书乃七十九，其间年岁之相合者才二十七，又有年合而月不合者。夫同此一苍旻也，食于北者其数过倍于南，理之所必无者，而又日月不相吻合，岂天有二日乎？盖史氏之差谬牴牾，其失大矣。悬象著明，莫大乎日月，虽庸奴举目可知，而所书薄蚀之谬且如此，则星辰之迟留、伏逆、陵犯、往来，其所纪述，岂足凭乎？"[1]"日食"的记载尚且如此混乱不堪，由此而及的各种星辰运行记述之无稽荒诞，亦可想而知矣！由于具有高度的理性精神，马端临由史料的考订认识到天人感应的荒谬，所以他在类序结尾时交待《天象考》的目的只是"姑述故事，广异闻耳"。意思是说，《天象考》聊记一些前朝有关天象的旧事，说些奇闻逸事给大家添雅兴增见闻。史家是姑妄言之，大家不妨姑妄听之。在宋元之际马氏有这种怀疑精神难能可贵，在这样的类序面前谁还能否认他的独断之学？

① 马端临著，上海师范大学古籍研究所、华东师范大学古籍研究所点校：《文献通考》，中华书局，2011年，第19—20页。

《物异考》类序也是一篇同样考论结合的杰作——以考行论，以考见通。这篇类序打破类序体陈规，着力于考订史料和辩驳讹谬。类序以《礼记·中庸》的经文开头："国家将兴，必有祯祥；国家将亡，必有妖孽。"汉代天人感应说勃兴，将人际的吉凶灾祥一一与金木水火土五行相配，伏胜《五行传》唱之于前，班固《汉书·五行志》和之于后。可《汉书·五行志》专言妖而不言祥，马端临因此直言不讳地说："然则阴阳五行之气，独能为妖孽而不能为祯祥乎？其亦不达理矣。"为了证明妖祥之说的荒谬绝伦，他在类序连举数例：儒生方士宣称"治世则凤凰见"，有虞氏为儒家所谓黄金时代，"故有虞之时有来仪之祥"，"然汉桓帝元嘉之初，灵帝光和之际，凤凰亦屡见矣，而桓灵非治安之时也"。"诛杀过当，其应为恒寒，故秦始皇时有四月雨雪之异；然汉文帝之四年亦以六月雨雪矣，而汉文帝非淫刑之主也。斩蛇夜哭，在秦则为妖，在汉则为祥，而概谓之龙蛇之孽可乎？"[①]为了消弭这些前后矛盾，学者牵强附会以求验，但越附会越显得滑稽可笑。夏雨雪、蛇夜哭、鱼上屋等怪异的自然现象，虽然对它们所隐含的妖祥意义解说不一，它们同为违反自然的异物却没有争议。马氏的《物异考》客观地将妖、祥并载，但不称妖也不称祥只名为《物异考》。历史文明的长河默默流淌，自然界的异物生生灭灭，正是在对历代异物史料的会通比较中，人类变得更加聪明理性。在民族文明发展的征途中，马端临为后人留下了自己深深的足印。

马氏以毕生精力"考制度，审宪章"，以一人之力编撰《文献通考》，总古今之学术，集著述之大成，汇历代之知识，最终完成这部宏编巨制。《文献通考》中二十四考，每一门类都是一种专科学术史，全书在体例上别具一格。其最为精彩的部分当数总序和类序，它们是马氏政治思想和学术观点的集中体现。各考的类序和全书总序一起置于书前，近于今人著作前面的"绪论"或"导论"。总序固然是全书的总纲，类序则是各考中心主题的浓缩，而各门类"著述之成规，考订之新意"都凝练在类序中。因此，这二十四篇类序使人百读不厌，它们在立论上既富于新意——序中观点有时以奇峭精警见长，有时又以平实妥帖取胜；在体式上更是发凡起例——其写法不以阐述为主，而以考索

与论析为重。在我国类书类序中，马端临以考带论和以"考"显"通"的写法，不仅创造了类序体例的新范式，而且又具有很高的学理意义。

第十章 《文章辨体汇选》及其类序

　　《文章辨体汇选》是《四库全书》收录的几部煌煌巨制之一。原书七百八十卷，在台湾商务印书馆1983年复制出版文渊阁《四库全书》中，占据了编号1402至1410共九册的篇幅，是《四库全书》中少有的大型图书之一。该书作者及其内容均不及《册府元龟》《文苑英华》《文献通考》等书为世人所熟悉和了解，故一并略做介绍。

一、《文章辨体汇选》的作者

　　《文章辨体汇选》是《四库全书》编纂者在三部同类型著作《文章辨体》《文体明辨》《文章辨体汇选》中唯一被选入《四库全书》中的著作。其余两部仅作为存目著录。《四库全书总目》"《文章辨体汇选》提要"："明贺复徵编，复徵字仲来，丹阳人。是书首无序目，书中有复徵自著《道光和尚述》云：先宪副昔宦夔门，时为天启甲子六月。越岁乙丑，予入蜀，悉其事。先宪副为郎南郡，嗣后入粤归吴。又云先宫保中冷公请师演说《金刚经》。又《吴吟题词》云：辛未秋，家大人粤西命下，予以病侍行。考丹阳贺氏一家登科名者，邦泰，嘉靖己未进士；邦泰孙世寿，万历庚戌进士。按之复徵所序祖父官阶年月，俱不相合。又每册首有晋江黄氏父子藏书印记，而《千顷堂书目》乃不载是编，均莫详其故也。复徵以吴讷《文章辨体》所收未广，因别为搜讨，上自三代，下逮明末，分列各体为一百三十二类，每体之首，多引刘勰《文心雕龙》及吴讷、徐师曾之言，间参以己说，以为凡例。其中有一体而两出者，如祝文后既附致语，后复有致语一卷是也。有一体而强分为二者，如既有上书复有上言，仅收贾山《至言》一篇。既有墓表，复有阡表，仅收欧阳修《泷冈阡表》一篇。记与纪事之外，复有纪，杂文之外，复有杂著是也。有一文而重见两体者。如王褒《僮约》，一见约，再见杂文。沈约《修竹弹甘蔗》文，一见弹事，再见杂文。孔璋《请代李邑表》，一见表，再见上书。孙樵《书何易于事》，一见表，再见纪事是也。又于金元之文，所收过略，而后人拟仿伪撰之作，如张飞新都县《真多山铭》之类，乃概为收入，未免失于别裁。意其卷帙既繁，稿本初脱，未经刊定，不能尽削繁芜。然其别类分门，搜罗广博，殆积毕生心力，抄撮而成。故坠典秘文，亦往往有出人耳目之外者。且其书只存抄本，传播甚稀。录而存之，固未始非操觚家由博返约之一助尔。"① 据《四库提要》著录的资料，作者为明代贺复徵，字仲来，丹阳人，其生卒年月不详。《文章辨体汇选》中，收录有贺氏自己的作品七篇。循着提要透露信息的指引，吴承学与何诗海、陆林等三位先生先后查检考证贺氏作品及民国《丹阳县志》、《丹阳县志补遗》、乾隆《镇江府志》等文献，其《汇选》所收《云社约》篇撰有贺氏自述："予不佞复徵，万历庚子年三月二十六日生。"即确定贺复徵生于中历 1600 年 3 月 26 日。另据清刘会恩辑道光五年（1825 年）九思堂刊本《曲阿诗综》卷一三所载贺复徵小传："贺复徵，字仲来，号卷人，景来大参少子。邑文生。善读书，积书万卷，自号卷人，人谓'书淫'。当事荐于朝。征修《熹宗实录》。事毕即归隐。遍游山水，惟以书卷自娱。所著有《白门诗草》《吴门纪游》《烟霭堂集》诸集。其诗古慕汉魏，近追盛唐。王季重见之，即为之序，以广其传。仲来诗，沉郁顿挫似工部，微隽似摩诘，淡朴高雅似陶、韦。王季重评云：'融汉魏初唐之液，而清真峭逸，时出心性语，又括晚唐之盛。'"可知贺复徵藏书极富，曾参与朝廷《熹宗实录》的编纂，且诗作在当地文人中亦颇有名气。而据贺复徵顺治八年后所撰《道光和尚述》，则判定《文章辨体汇选》的成书绝不会早于顺治八年（1651 年）。由于成书于清代，《千顷堂书目》不收清人著述而未予收入。又据贺复徵顺治十三年（1656 年）时诗作《冬日陈其年同蒋泠生汤谷宾过斋头阅书画因留欢剧玉夜分大雪漫赋》，则贺复徵至少五十七岁仍在世。② 由此可见，贺复徵为由明入清人物，与家乡及其附近文人过从甚密，积书万卷，颇有诗名。惜其诗集未能流传于世。《文章辨体汇选》成书于清代，应定为清代作品。

---

① 永瑢等：《四库全书总目》，中华书局，1965 年，第 1723 页。

② 参见吴承学、何诗海：《贺复征与〈文章辨体汇选〉》，《学术研究》2005 年第 5 期；陆林：《〈文章辨体汇选〉"四库提要"辨误——兼说"施伯雨"撰〈水浒传自序〉的来源》，《文学遗产》2008 年第 3 期。

二、《文章辨体汇选》概要

　　《文章辨体汇选》（以下简称《汇选》），《四库全书》收入"总集"类。收录上古三代至明末的文章，按文体区分为一百三十二类。大类之下，往往又根据不同的内容特点或使用场合，分若干小类。如"论"类又分为"理论、政论、经论、史论、文论、讽论、寓论、设论"等八小类。"序"类下更分为"经类、史类、文类"等多达三十一类。大类之下，汇聚了刘勰《文心雕龙》、吴讷《文章辨体》、徐诗曾《文体明辨》等书有关该类文体的论说文字，间亦附以己见。我们认为，该书符合"类书是一种将文献或文献中的资料，按其内容分门别类，组织撮述；或者条分件系，原文照录或摘录的图书"的定义①，其实质是一部类文类书。每类下的序说文字，可以视其为类序文字。

　　从《汇选》书名和内容考察，很明显，该书编纂受明代二部同类型著作吴讷《文章辨体》、徐明曾《文体明辨》的影响最大。但与吴、徐二书不同之处，一是《汇选》不收诗赋，专注于收录诗赋以外的骈文和散文，而吴、徐二书兼收诗赋；二是《汇选》所收文章更为繁富，篇幅更大。所收古代骈文和散文，大都属于具有应用性的古代文章。文章大抵按官府应用文体、文人社会应用文体、史籍年谱类文体、悼亡文体顺序排列，具有实用参考价值。如"书"体，《文章辨体》三卷选收历代"书"体文章四十四篇，大多系坊间常见之文。《汇选》则多至五十四卷，收文章四百八十九篇，大多为先秦以来历代"书"体名文佳作。②三是《文章辨体汇选》分类更多，采录类序文字也更丰富。《汇选》区分文体类别为一百三十二类，而吴讷《文章辨体》除去诗赋外，仅四十类。徐师曾《文体明辨》除诗赋外为九十八类。如九锡文、榜、咨、申、条事、上寿辞、散语、故事、尺牍、简、帖、募缘疏、议、解、训、规、本纪、实录、仪注、世表、世谱、书志、录、篇、记、日记、吊书、杂文等类文体，均为吴、徐二书所无。吴、徐二书每类下的类序文字，除采录自宋代真德秀、吕祖谦等诸家论说外，大多为综合前人文献论述或出自己见。《汇选》则汇聚了刘勰《文心雕龙》及吴、徐二书中的资料，间附自己的见解，内容更为

---

　　① 夏南强：《类书通论》，湖北人民出版社，2001 年，第 16 页。
　　② 参见谷曙光：《一部久被忽略的文体学集大成之作》，《北京大学学报》2005 年第 6 期。

详赡广博。

《汇选》没有目录，亦没有任何序跋文字。《四库提要》"意其卷帙既繁，稿本初脱，未经刊定，不能尽削繁芜"的观点应该是客观公允的。作者以一人之力，完成如此巨制，错讹欠当之处，在所难免。大抵该书编纂初步完成后，作者来不及刊定，甚至序跋、目录均未及编写就染疾或者过世，生前也未曾见示于学术同仁好友，故该书作者学术朋友圈内的著述中亦无论述提及。《四库提要》指出的缺点，如一体两出、一体强分为二、一文重见于二体，可见其体例的芜杂。拟仿伪撰之作的收入，也是该书存在的硬伤。不过，如果说这些是由于卷帙繁富，作者未来得及复勘删改，可以原谅的话，其"将李贽《杂说》一文先后取名《序拜月西厢传》和《论曲》，分别收入序文类和杂文类的做法"[1]是让人费解和不可谅解的。唯愿这种做法是作者特殊景况下一时的行为，而不是该书的常例。但总而言之，作者以一人之力完成如此巨作，为后人写作提供如此丰富的优秀"样本"和参考素材，其付出的艰辛与劳作，是值得后人景仰、敬佩、心怀感激的。

三、《文章辨体汇选》类序

前文中曾述及《文章辨体》《文体明辨》两书，均在每种文体下撰写小序，介绍文体名称、功用、源流变化等内容。《汇选》沿袭两书体例，但略有变化。

（一）采摘前人论说文字，融合成篇，间附己见

《汇选》类序文字，大都是采摘刘勰《文心雕龙》、吴讷《文章辨体》、徐师曾《文体明辨》中的有关文字组织纂成。在组织成文过程中，一般先标明引述文字出处，按材料时代先后排序撮述，间附己见。如奏议类类序：

---

[1] 参见陆林：《〈文章辨体汇选〉"四库提要"辨误——兼说"施伯雨"撰〈水浒传自序〉的来源》，《文学遗产》2008 年第 3 期。

　　刘勰曰："周爰咨谋，是谓为议。议之言宜，审事宜也。昔管仲称轩辕有明堂之议，则其来远矣。夫动先拟议，明用稽疑，所以敬慎群务，弛张治术，必标以显义，约以正辞，文以辨洁为能，不以繁缛为巧。以明核为美，不以深隐为奇。乃为要耳。驳者杂也。杂议不纯，故曰驳也。"

　　吴讷曰："《周书》曰：'议事以制，政乃不迷。'眉山苏氏释之曰：'先王人法并任，而任人为多，故临事而议。'是则国之大事，合众议而定之者尚矣。今采汉唐所上诸议，次于奏疏，以备一体。"①

表类类序：

　　吴讷曰："按韵书：'表，明也，标也。标著事绪，使之明白，以告乎上也。'三代以前，谓之敷奏。秦改为表，汉因之。窃尝考之汉晋，皆尚散文，盖用陈达情事，若孔明前后《出师》，令伯《陈情》之类是也。唐宋以后，多尚四六，其用则有庆贺，有辞免，有陈谢，有进书，有贡物。所用既殊，则其辞亦各异焉。西山云：'表中眼目，全在破题。要见尽题意，又忌太露。贴题目处，须字字精确。若泛滥不切，可以移用，便不为工矣。大抵表文以简洁精致为先，用事忌深僻，造语忌纤巧，铺叙忌繁冗。'是编所录，一以时代为先后，读者详之，则体例亦有以得之矣。"

　　复徵曰："按表有三体，分而别之，一曰古体，二曰唐体，三曰宋体。学者宜有以考云。"②

　　刘、吴、徐等三家或二家的资料汇聚到一起，互相阐发，彼此观照，可以互为补充。《汇选》集中二家甚至三家材料，不仅对该类文体的起源、含义、

---

　　① 贺复徵：《文章辨体汇选》，文渊阁《四库全书》本，台湾商务印书馆，1983年，第1430册，第647页。
　　② 贺复徵：《文章辨体汇选》，文渊阁《四库全书》本，台湾商务印书馆，1983年，第1430册，第440页。

发展演变揭示出来，写作的应用处所、要点、忌讳都论述到了。但《汇选》在摘录材料时，时有删削。比如奏议类序，吴讷"以备一体"文后有一段无关紧要的文字，删除未用。表类类序引述西山（真德秀）之语时，"字字精确"后删除了"且如进《实录》，不可移于《日录》"一语。按吴讷引述真德秀语，并非全部原文。该句读者难以理解，删之无碍意思的完整表述，反而更易为读者接受。可见，复徵对引述文字的删削，往往是恰到好处的。上文对"表有三体"的补充，则可帮助读者从时代的角度去考察不同时期表类文体的特点。

当然，有时也视材料的重要性而颠倒时代先后顺序排列。如墓志铭类类序，《汇选》先引述徐诗曾《文体明辨》中的类序文字，而吴讷《文章辨体》中类序文字则安排在其后。亦间有只一家类序文字的现象。如"奏"类类序，只有"奏者，进也。言敷于下，情达于上也。夫奏之为笔，因以明允笃诚为本，辨析疏通为首，强志足以成务，博见足以穷理，酌古御今，治繁总要，此其体也"等一篇抄录自刘勰《文心雕龙》的文字。

（二）类序可为文体应用与写作借鉴，亦可为典制政治研究参考

文体，是古代朝廷政治、军事、外交等社会活动文字记载的载体，是下达上传，显示统治者意愿，表述官僚阶层建议的桥梁，是表达社会大众喜怒哀乐情感、爱好厌恶情怀、胸襟志向和抱负的工具。《隋书·经籍志》云："古者登高能赋，山川能祭，师旅能誓，丧纪能诔，作器能铭，则可以为大夫。"文体写作，是古代士大夫阶层必备的能力。明代中后期，随着社会发展，资本主义的萌芽，文化的下移，各类社会应用文体的写作需求在民间日益增长。因此，文体写作也是下层知识分子捉笔操觚谋生获利的手段。《汇选》类序编纂文体写作参考资料，无疑是有其深层次的社会背景与广阔的社会需求的。类序的内容，大多涉及某类文体的应用领域。如约类类序："徐师曾曰：'按字书云：约，束也。言语要结，戒令检束皆是也。'古无此体，汉王褒始作《僮约》，而后世未闻有继者，岂以其文无所施用而略之欤？愚谓后世如乡约之类，亦当仿此为之，庶几不失古意，故特列之以为一体。"盖契约类文体，历史上乡间下层社会当久有流行。惟其不入士大夫阶层法眼，不属于"高雅"文体之列，故文人著述极少采录。《汇选》另列一体，并于类序中揭示其源头，

指示其应用之场合，可谓独具卓识。又如墓志铭类类序，在介绍其源起，严格区分"正体""别体"之余，特别强调内容的真实性："大抵碑铭所以论列德善功烈，虽铭之义称美弗称恶，以尽孝子慈孙之心，然无其实而称者谓之诬，有其美而弗称者谓之蔽。诬与蔽，君子之所弗繇也。"表述了写作时应秉持的道德准则和操守。当然，今天看来，该书类序除了文体运用场合及写作参考的意义之外，还可为历代典章制度的查考运用提供参考资料和借鉴。如上文奏议类类序提到的"议事以制，政乃不迷"，就是古代政治集思广益行政，以免独断专行的好方法。至今仍有其社会借鉴意义。又如判类类序：

> 吴讷曰："按唐制凡选人入选，其选之之法有四：一曰身，体貌丰伟；二曰言，言辞辨正，三曰书，楷法遒美，四曰判，文理优长。四事皆可取，则先德行。德均以才，才均以劳。盖凡进士登第及诸科出身，皆以此铨释。若陆宣公既登进士，又以书判拔萃补渭南尉是也。宋代选人试判三道，若二道全通，一道稍次，而文翰俱优为上。一道全通，而二道稍次为中。三道全次而文翰纰缪为下。其上者加阶超资，中者依资以叙，下者殿一选。如晦庵登第后诠试入中等，始授同安主簿是已。国朝设科，第二场有判语，以律条为题，其文亦用四六，而以简当为贵。今录以备一体云。"

> 徐诗曾曰："判，断也。古者折狱，以五声听讼，致之于刑而已。秦人以吏为师，专尚刑法。汉承其后，虽儒吏并进，然断狱必贵引经，尚有近于先王议制及春秋诛意之微旨。其后乃有判词。唐制，选士判居其一，则其用弥重矣。故今所传，如称某某有姓名者，则断狱之词也。称甲乙无姓名者，则选士之词也。要之执法据理，参以人情，虽曰弥文而去古意不远矣。"①

千百年来，科举考试，是我国选拔人才最重要的方法和措施。是防止社会阶层固化，沿沿不断吸引人才参与国家社会治理的主要手段。但考试科目、

---

① 贺复微：《文章辨体汇选》，文渊阁《四库全书》本，台湾商务印书馆，1983年，第1402册，第262—263页。

考试内容的设置，是培养什么样人才的关键所在。中国古代书目和类书中有关科举考试图书、考试资料方面的内容可谓千千万万，如恒河沙数，难计其数。挖掘其有关资料，供当代社会参考，具有一定的现实意义。《汇选》判类类序，介绍了判类文体产生的由来，以及唐、宋、明三代考中进士后试"判"以检验其实际处理问题的能力，再据以授予官职的制度。杜佑《通典》卷十五"选举"三"历代制"对其制度记载比较详细："初，吏部选才，将亲其人，覆其吏事，始取州县案牍疑议，试其断割而观其能否，此所以为判也。后日月浸久，选人猥多，案牍浅近，不足为难。乃采经籍古义假设甲乙令其判断。"①可见，"判"即判决司法案件的文书。最早是取州县疑难案牍，后来才采经籍中古义假设甲乙让应试者断决，以观其吏才能否。因为临政治民，必须通晓事理，熟谙法律，明辨是非。唐代考中进士之后，再考察其人其言、书法、判断处理案牍等吏务实际能力，根据其人各方面的表现和才能，适当授予官职。在当时的封建社会，应该是有社会实践意义的。对当今社会科学合理确定考试科目和考试内容，不拘一格选拔各种各样的人才，应该亦有重要的现实参考价值。这也是我们读到《汇选》判类类序文字题外所想到的。姑妄言之，一孔之见而已。

---

① 杜佑：《通典》，中华书局，1984年，第85页。

第十一章　《郡斋读书志》类序与《直斋书录解题》类序

一、《郡斋读书志》类序

《郡斋读书志》，宋代晁公武编纂，是我国历史上现存最早、学术价值最高的私家藏书目录，除去重复，共收录图书一千四百九十二部。基本囊括了南宋以前各类重要的典籍，其中尤以唐代和北宋时期的典籍收录最为丰富。时至今日，这些典籍中不少已亡佚和残缺，我们可据书目的提要而窥其大略。

《郡斋读书志》采用"四分法"，即分经、史、子、集四部，四部之下又分四十五类。其类目结构如下：

经部十类：《易》类、《书》类、《诗》类、《礼》类、《乐》类、《春秋》类、《孝经》类、《论语》类、经解类、小学类。

史部十三类：正史类、编年类、实录类、杂史类、伪史类、史评类、职官类、仪注类、刑法类、地理类、传记类、谱牒类、书目类。

子部十八类：儒家类、道家类、法家类、名家类、墨家类、纵横家类、杂家类、农家类、小说类、天文类、星历类、五行类、兵家类、类书类、艺术类、医书类、神仙类、释书类。

集部四类：楚辞类、别集类、总集类、文说类。

《郡斋读书志》体例完备，内容丰富。《郡斋读书志》完备的目录体例表现在：书前有自序，继而有总序；总序之后按经、史、子、集四部分类著录，每部之前均有大序；每部之下又分若干小类，每类或有小序，置于本类第一部书的解题文字之下，每部书均有解题。

全书设总序一篇，大序四篇，小序二十五篇。各种类序功能不同：总序叙述图书目录分类的源流；大序先述本部的类目演变，然后再述本部图书的源流及流派，及一些图书的归类情况；小序则反映了晁公武对图书分类或本类书内容性质的认识。与《汉书·艺文志》《隋书·经籍志》类序不同的是，无论总序、大序、小序，类序文字大多比较简短。

（一）总序

《郡斋读书志》总序：

> 自汉武帝之后，虽世有治乱，无不知崇尚典籍。刘歆始著《七略》，总录群书：一曰《辑略》，二曰《六艺略》，三曰《诸子略》，四曰《诗赋略》，五曰《兵书略》，六曰《术数略》，七曰《方技略》。至荀勖更著《新簿》，分为四部：一曰甲部，纪六艺及小学等书；二曰乙部，有古今诸子家及兵书、术数；三曰丙部，有史记及故事；四曰丁部，有诗赋、图赞。勖之《簿》盖合《兵书》《术数》《方技》于《诸子》，自《春秋》类摘出史记，别而为一，《六艺》《诸子》《诗赋》，皆仍歆旧。其后历代所编书目，如王俭、阮孝绪之徒，咸从歆例；谢灵运、任昉之徒，咸从勖例。唐之分经、史、子、集，藏于四库，是亦祖述勖而加详焉。欧阳公谓其始于开元，误矣。今公武所录书，史集居其半，若依《七略》，则多寡不均，故亦分之为四焉。[①]

晁公武在总序中主要阐述了《郡斋读书志》采用四部分类法的两大理由。其一，《郡斋读书志》的目录分类首先是在分析、研究传统分类方法的基础上建立起来的。在这篇总序中，晁公武对《七略》以来的图书分类情况做了总结，比较清楚地说明了《七略》和《中经新簿》的具体分类，同时阐述了《郡斋读书志》与《七略》《隋书·经籍志》《中经新簿》的相承关系，指出四部分类始于《中经新簿》而不是欧阳修所说的始于唐开元年间。总序对《七略》以来图书分类沿革的总结，体现了晁公武对目录分类的认知，也为《郡斋读书志》的目录分类张本。其二，《郡斋读书志》的目录分类受到了晁公武本人

---

① 晁公武撰，孙猛校证：《郡斋读书志校证》，上海古籍出版社，2011年，第1页。

藏书的影响，总序中说"今公武所录书，史集居其半，若依《七略》，则多寡不均，故亦分为四焉"。晁公武的藏书，史部书和集部书数量庞大，如果依据《七略》进行分类，会出现分类不均、结构不合理的现象，因此，他选择了四部分类法。[①]

（二）大序

《郡斋读书志》于每部之首撰有大序。经、史、子、集四部的大序，每部大序首先列出了该大类下的类目名称、类目数量、收书数量和书的总卷数，继而再各自进行相关论述。每部大序在论述中侧重点又有所不同，或侧重于叙述类目的学术渊源及演变过程，或侧重于此类目与彼类目的比较，或侧重于解释收录某类书的理由等。

经部大序：

> 经之类凡十。其一曰《易》，二曰《书》，三曰《诗》，四曰《礼》，五曰《乐》，六曰《春秋》，七曰《孝经》，八曰《论语》，九曰经解，十曰小学，合二百五十五部，计三千二百四十四卷。孔氏之教，别而为六艺数十万言，其义理之富，至于不可胜原，然其要片言可断，曰修身而已矣。修身之道，内之则本于正心诚意，致知格物；外之则推于齐家、治国、平天下。内外兼尽，无施而不宜。学者若以此而观六艺，犹坐璇玑以窥七政之运，无不合者。不然，则悖谬乖离，无足怪也。汉承秦后，六艺皆出于灰烬之余，学者专门名家，故《易》有田氏、焦氏、费氏，《诗》有《鲁诗》《韩诗》《齐诗》，《春秋》有邹、夹、左丘明、公羊高、谷梁赤，《礼》《乐》有大戴、小戴之殊，《书》有古文、今文之异：各尊其师说，而伐其异己者，党枯骸，护蠹简，至于忘父子君臣之分，争辩不少屈，其弊甚矣。迨至晋、魏之后，此弊虽衰，而学者徒剽贼六艺之文，饰其辞章，以哗世取宠，而不复有明道之意，无以议为。及唐之中叶，

---

① 李丹丹：《晁公武〈郡斋读书志〉的文献学思想研究》，山东大学硕士学位论文，2009 年。

海内乂安，士稍知宗尚经术，而去圣愈远，异端并兴。学《书》者，则以今文易古文，而颇改其辞；学《春秋》者，则合三《传》之同异而杂举其义，不本所承，决以胸臆，以迄于今。释、老、申、韩之说，杂然满于六经之中，虽与汉儒之学不同，而其失一也。凡此者岂有他哉！皆不能探修身之道，及刻意于章句，是以迢迢千载之间，悖谬乖离，殊途而同归，至此其极，悲夫！今所录汉、唐以来之书甚备，观者其慎择焉。《论语》《孝经》，自班固以来，皆附经类。夫《论语》，群言之首；《孝经》，百行之宗，皆六经之要，其附于经固不可易。又《艺文志》有小学类，《四库书目》有经类解类，盖有补于经而无所崇属，故皆附于经，今亦从之。①

经部大序开篇指出经部共分为十类，分别是：《易》、《书》、《诗》、《礼》、《乐》、《春秋》、《孝经》、《论语》、经解、小学，合二百五十五部，计三千二百四十四卷。继而对孔子学说的义理用"修身"二字做了高度概括，并用宋代的程朱理学观点做了解释阐说。接着叙述了"六艺"汉代以来的学术流变，追溯经学的发展演变过程，并对儒家经学传承中的各种弊病做了评述。最后，以《论语》是"群言之首"、《孝经》是"百行之宗"，两者都是"六经之要"为由，说明将其放在经部的理由。而"经解"和"小学"有助于经书的学习理解，因此依从前人的归类，亦将他们放在经部。

史部大序：

史之类十有三：其一曰正史，二曰编年，三曰实录，四曰杂史，五曰伪史，六曰史评，七曰职官，八曰仪注，九曰刑法，十曰地理，十一曰传记，十二曰谱牒，十三曰目录。合二百八十三部，七千三百八十八卷。后世述史者，其体有三：编年者，以事系月日而总之于年，盖本于左丘明；纪传者，分记君臣行事之终始，盖本于司马迁；实录者，其名起于萧梁，至唐而盛，杂取两者之法而为之，以备史官采择而已，初无制作之意，不足道也。若编年、纪传，

① 晁公武撰，孙猛校证：《郡斋读书志校证》，上海古籍出版社，2011年，第1—3页。

则各有所长，殆未易以优劣论。虽然，编年所载，于一国治乱之事为详；纪传所载，于一人善恶之迹为详，用此言之，编年似优，又其来最古。而人皆以纪传便于披阅，独行于世，号为正史，不亦异乎！旧以职官、仪注等，凡史氏有取者，皆附之史，今从焉。[①]

史部分为十三类，分别是：正史、编年、实录、杂史、伪史、史评、职官、仪注、刑法、地理、传记、谱牒、目录。合二百八十三部，计七千三百八十八卷。在史部大序中，晁公武首先介绍了史部的分类情况，指出史书的体裁有三种，即编年、纪传和实录，阐述了它们的起源，并分析编年体与纪传体各体所长，编年体早于纪传体，而纪传体却用于正史，二者并无优劣之分。其次，关于史部其他类目，如职官、仪注等类目的设置，晁公武认为"凡史氏有取者，皆附之史"，它们的内容为史学著作的撰写所采摘参考，故放置于史部。

子部大序：

子之类凡十八：其一曰儒家，二曰道家，三曰法家，四曰名家，五曰墨家，六曰纵横家，七曰杂家，八曰农家，九曰小说，十曰天文，十一曰星历，十二曰五行，十三曰兵家，十四曰类书，十五曰艺术，十六曰医书，十七曰神仙，十八曰释书。合五百五十五部，计七千七百六十卷。序九流者，以为皆出于先王之官，咸有所长，及失其传，故各有弊，非道本然，特学者之过也，是以录之。至于医、卜、技、艺，亦先王所不废，故附于九流之末。夫儒、墨、名、法，先王之教；医、卜、技、艺，先王之政，其相附近也固宜。昔刘歆既录神仙之书，而王俭又录释氏，今亦循之者，何哉？自汉以后，九流浸微，隋唐之间，又尚辞章，不复问义理之实，虽以儒自名者，亦不知何等为儒术矣，况其次者哉！百家壅底，正途之弊既息，而神仙服食之说盛，释氏因果之教兴，杂然与儒者抗衡而意常先之。君子虽有取焉，而学之者不为其所误者鲜矣！则为患又甚于汉。

① 晁公武撰，孙猛校证：《郡斋读书志校证》，上海古籍出版社，2011年，第174页。

盖彼八家皆有补于时，而此二教，皆无意于世也。八家本出于圣人，有补于时，特学者失之，而庄、老犹足以亡晋，申、商犹足以灭秦，况二教无意于世，不自附于圣人，若学而又失之，则其祸将如何？故存之以为世戒云。①

子部分为十八类，分别是：儒家、道家、法家、名家、墨家、纵横家、杂家、农家、小说、天文、星历、五行、兵家、类书、艺术、医书、神仙、释书，合五百五十五部，计七千七百六十卷。晁公武在子部大序中说明各个类别的内容以及设立这些类目的理由。他认为"九流皆出于先王之官"，各有所长，在流传过程中有失传的情况，因此又各有弊端，是后代"学者之过"，所以，子部将其全部收录。而"医、卜、技、艺，亦先王所不废"，因此附于"九流"之后。其中尤其是对"神仙"与"释书"二类的设置做了详细解释。一方面，神仙类的设立遵循刘歆的《七略》，释书类的设立依从王俭的《七志》，在目录学著录中都有"来历"；另一方面，晁公武认为，诸子八家之书，原出于圣人，有补于时，而学者失其本原，操持其道治世足以亡国；佛、道之书，虽然"无意于世，不自附于圣人"，"若学而又失之"，后果将不可预测。故"存之以为世戒"。

集部大序：

集部其类有四：一曰楚辞类，二曰别集类，三曰总集类，四曰文说类。内别集猥多，复分为上、中、下，合四百八部，计六千一百六十一卷。昔屈原作《离骚》，虽诡谲不可为训，而英辨藻思，闳丽演迤，发于忠正，蔚然为百代词章之祖。众士慕向，波属云委。自时厥后，缀文者接踵于斯矣。然轨辙不同，机杼亦异，各名一家之言。学者欲矜式焉，故别而序之，命之为集。盖其原起于东京，而极于有唐，至七百余家。当晋之时，挚虞已患其凌杂难观，尝自诗赋以下汇分之，曰《文章流别》。后世祖述之而为总集，萧统所选是也。至唐亦且七十五家。呜呼，盛矣！虽然，贱生于无所用，

---

① 晁公武撰，孙猛校证：《郡斋读书志校证》，上海古籍出版社，2011年，第409页。

或其传不能广，值水火兵寇之厄，因而散落者十八九。亦有长编巨轴，幸而得存，属目者几希。此无他，凡以其虚辞滥说，徒为美观而已，无益于用故也。今录汉迄唐，附以五代、本朝作者，其数亦甚众。其间格言伟论，可以扶持世教者，为益固多。至于虚辞滥说如上所陈者，知其终当泯泯无闻，犹可以自警，则其无用亦有用也，是以不加铨择焉。①

集部大序侧重说明了该类类目设置的理由与原因。首先，集部分四类，分别是：楚辞、别集、总集、文说，合四百零八部，计六千一百六十一卷。因别集的内容众多，因此分上、中、下三部分。其次，论述了设置楚辞类、别集类、总集类的理由及其渊源。他认为屈原作《离骚》，是百代词章之祖，因此设楚辞一类；后人"各名一家之言"，因此"别而序之"，设别集一类，到唐代时，别集已经发展为七百多家。晋代挚虞觉得别集凌杂，作《文章流别》，成为总集之祖；后来萧统效法挚虞，编定了文学总集《昭明文选》，因此设总集一类。此外，在这段大序中，晁公武还表达了他对文学作品评定价值标准的看法，体现出"文以载道"的儒家文学思想。

（三）小序

《郡斋读书志》共有二十五类有小序，分别是《易》、《书》、《诗》、《乐》、《孝经》、《论语》、小学、经解、杂史、史评、刑法、传记、谱牒、农家、小说、天文、兵家、类书、艺术、医书、五行、神仙、释书、楚辞、别集。每篇小序均附于该类第一本书的提要后面。郝润华、武秀成的《晁公武陈振孙评传》②和孙月霞的《浅议〈郡斋读书志〉类序特点》③都对《郡斋读书志》小序的内容进行了分类和解析。

1. 叙述学术源流

如经部《易》类小序：

---

① 晁公武撰，孙猛校证：《郡斋读书志校证》，上海古籍出版社，2011年，第801页。
② 郝润华、武秀成：《晁公武　陈振孙评传》，南京：南京大学出版社，2011年。
③ 孙月霞：《浅议〈郡斋读书志〉类序特点》，《黑龙江史志》2009年第16期。

　　《易》自商瞿受于孔子，六传至田何而大兴，为施雠、孟喜、梁丘贺，其后焦赣、费直始显。而传受皆不明，由是分为三家。汉末，田、焦之学微绝，而费氏独存，其学无章句，惟以《彖》《象》《文言》等十篇解上下经；凡以《彖》《象》《文言》等参入卦中者，皆祖费氏，东京荀、刘、马、郑皆传其学。王弼最后出，或用郑说，则弼亦本费氏也。[①]

　　从《易》类小序我们可以了解到《易》的学术源流及师传授受，《易》由孔子传至商瞿，六传至田何，后传至施、孟、梁、焦、费诸氏。到了汉末，费氏独存，其学派的特点是以《彖》《象》《文言》等十篇解上下经，并可以以此判断其师承关系。荀爽、刘璜、马融、郑玄、王弼皆本之，传其学。类序虽短而阐述清晰明白，《易》学的源流一目了然。

　　再如史部谱牒类小序：

　　古者赐姓别之，黄帝之子得姓者十四人是也；后世赐姓合之，汉高命娄钦、项伯为刘氏是也。惟其别之也则离析，故古者论姓氏，推其本同；惟其合之也则乱，故后世论姓氏，识其本异。自五胡乱华，百宗荡析，夷夏之裔，与夫冠冕舆台之子孙，混为一区，不可遽知。此周齐以来，谱牒之学，所以贵于世也与？[②]

　　在这篇史部谱牒类小序中，晁公武追溯了姓氏之学的源流，并揭示出魏晋南北朝以来重视谱牒学的原因。文字虽短，言之有物，言之成理。
　　又如子部兵家类序：

　　元丰中，以《六韬》《孙子》《吴子》《司马法》《黄石公三略》《尉缭子》《李卫公对问》颁行武学，今习之，号"七书"云。按兵

---

①　晁公武撰，孙猛校证：《郡斋读书志校证》，上海古籍出版社，2011年，第4页。
②　晁公武撰，孙猛校证：《郡斋读书志校证》，上海古籍出版社，2011年，第395页。

法，汉成帝尝命任宏分权谋、形势、阴阳、技巧为四种。今又有卜
筮、政刑之说，盖在四种之外矣。①

晁公武针对在兵权谋、兵形势、兵阴阳、兵技巧之外，又增加卜筮、政
刑二类，说明了他分类理由。

子部释书类小序：

> 自汉以上，中国未传，或云虽传而泯灭于秦火。张骞使西域，
> 已闻有浮屠之教，及明帝感傅毅之对，遣蔡愔、秦景使天竺求之，
> 得此经以归。中国之有佛书自此始，故其文不类他经云。佛书自愔、
> 景以来至梁武帝华林之集，入中国者五千四百卷，曰经、曰论、曰
> 律，谓之"三藏"，传于世盛矣。其徒又或摘出别行，为之注释、疏
> 钞，至不可选纪。而通谓之律学。厥后达磨西来，以三藏皆筌蹄，
> 不得佛意，故直指人心，俾之见性，众尊之为祖，学之者布于天下。
> 虽曰不假文字，而弟子录其善言，往往成书，由是禅学兴焉。观今
> 世佛书，三藏之外，凡讲说之类，律学也；凡问答之类，禅学也。
> 藏经猥众，且所至有之，不录。今取其余者列于篇。此经虽在藏中，
> 然已见于《经籍志》，故特取焉。②

释书类小序是本书罕见较长的一篇类序。介绍了汉代至宋代佛教在中国
的流传史，于佛学著作的别白区分，至为明晰。律学与禅学两个流派的兴起，
亦述说分明："三藏之外"的讲说之类，是为律学；达摩西来，弟子"录其善
言"，问答之类，是为禅学。最后说明藏经不选入目录的原因。

此外，子部小说家类小序也着重说明了小说之学的渊源与基本内容：

> 《西京赋》曰："小说九百，起自虞初。"周人也，其小说之来尚
> 矣，然不过志梦卜、纪谣怪、记谈谐之类而已。其后史臣务采异闻，

---

① 晁公武撰，孙猛校证：《郡斋读书志校证》，上海古籍出版社，2011年，第631页。
② 晁公武撰，孙猛校证：《郡斋读书志校证》，上海古籍出版社，2011年，第769页。

往往取之。故近时为小说者，始多及人之善恶，甚者肆喜怒之私，变是非之实，以误后世。至于誉桓温而毁陶侃，襃卢杞而贬陆贽者有之。今以志怪者为上，襃贬者为下云。①

类序对小说类著作内容的演变做了陈述，并剖析了对所采录小说的区分情况。对"肆喜怒之私，变是非之实"类小说，虽著录而贬斥之，以引起读者注意。文字不长，列举事实，有较强说服力。

2. 论述说明该类图书的重要性

经部乐类小序：

> 古之为国者，先治身，故以礼、乐之用为本；后世为国者，先治人，故以礼、乐之用为末。先王欲明明德于天下，深推其本。必先修身，而修身之要在乎正心诚意，故礼以制其外，乐以养其内，使内之不贞之心无自而萌，外之不义之事无由而蹈，一身既修，而天下治矣。是以礼、乐之用，不可须臾离也。②

乐类小序先比较古今治国者方式方法的不同，即先治身还是先治人，是以礼乐为先还是以礼乐为末。古圣先王明德于天下，必先修身，做出表率。而礼与乐的作用在于，礼制外，乐养内，本身内外兼修，表率天下而天下治。认为国家治理，礼与乐是不可片刻离弃的。

史部杂史类小序：

> 古者天子诸侯，皆有史官，惟书法信实者行于世。秦、汉罢黜封建，独天子之史存，然史官或怯而阿世，贪而曲笔，虚美隐恶，不足考信。帷宿儒处士，或私有记述，以伸其志，将来赖以证史官之失，其弘益大矣。故以司马迁之博闻，犹采数家之言，以成其书，况其下者乎？然亦有闻见卑浅，记录失实，胸臆偏私，襃贬弗公，

---

① 晁公武撰，孙猛校证：《郡斋读书志校证》，上海古籍出版社，2011年，第543页。
② 晁公武撰，孙猛校证：《郡斋读书志校证》，上海古籍出版社，2011年，第91页。

以误后世者，是在观者慎择之矣。①

史部杂史类小序论述杂史类著述的起源及其功用，对一些朝廷史官曲笔阿世、虚美隐恶的行为进行揭示，反衬私家杂史类著述秉笔直书记录时事的重要。但同时也指出，杂史类著述鱼龙混杂，良莠并存，应该谨慎选择。

医书类小序：

> 医经传于世者多矣。原百病之起愈者，本乎黄帝；辨百药之味性者，本乎神农；汤液则称伊尹。三人皆圣人也。悯世疾苦，亲著书以垂后，而世之君子不察，乃以为贱技，耻于习之。由此，故今称医者多庸人，治之常失理，可生而死者甚众，激者至云"有病不治，犹得中医"，岂其然乎？故予录医颇详。②

在医书类小序中，作者着重发表了自身的看法。他不认为医术是低下的贱技，故溯源医经、本草、汤液于古圣先王，推崇医学。对世人耻于学医，导致庸医众多的现象进行批判，并以收录医学著作众多的事实来强调医学的重要性。

3. 介绍该类图书的内容特点和弃取原则

子部神仙类小序：

> 神仙之说，其来尚矣。刘歆《七略》，道家之学与神仙各为录。其后学神仙者稍稍自附于黄、老，乃云：有元始天尊，生于太元之先，姓乐，名静信，常存不灭。每天地开辟，则以秘道授诸仙，谓之开劫度人。延康、赤明、龙汉、开皇，即其纪年也。受其道者，渐至长生，或白日升天。其学有授箓之法，名曰"斋"；有拜章之仪，名曰"醮"；又有符咒以摄治鬼神，服饵以蠲除秽浊。至于存想之方，导引之诀，烹炼变化之术，其类甚众。及葛洪、寇谦、陶

---

① 晁公武撰，孙猛校证：《郡斋读书志校证》，上海古籍出版社，2011年，第238—239页。
② 晁公武撰，孙猛校证：《郡斋读书志校证》，上海古籍出版社，2011年，第701页。

弘景之徒相望而出，其言益炽于世。富贵者多惑焉，然通人皆疑之。国朝修《道藏》，共六部，三百一十一秩，而神仙之学如上所陈者居多，与道家绝不类。今于其间取自昔书目所载者录之，又厘而为二：凡其说出于神仙者，虽题曰"老子""黄帝"，亦皆附于此，不以名乱实也。若夫容成之术，虽收于歆辈者，以荐绅先生难言之，特削去不录。①

小序除了介绍神仙学说的渊源，还详细说明神仙类书籍的类别、内容特点，并将其与道家类书籍严格区分开来。其收录主要根据书籍内容，而非题名标识。同时，也间接表明了自己对该类图书不屑的态度：所录图书皆出自以前书目，而非己藏。"房中术"类图书，即使刘歆《七略》已收，亦不予采录。

4. 说明分类、归类的理由或依据

经部小学类小序：

文字之学凡有三：其一体制，谓点画有纵横曲直之殊；其二训诂，谓称谓有古今雅俗之异；其三音韵，谓呼吸有清浊高下之不同。论体制之书，《说文》之类是也；论训诂之书，《尔雅》《方言》之类是也；论音韵之书，沈约《四声谱》及西域反切之学是也。三者虽各名一家，其实皆小学之类。而《艺文志》独以《尔雅》附《孝经》类，《经籍志》又以附《论语》类，皆非是。今依《四库书目》，置于小学之首。②

小学类的小序先给文字之学分为体制（文字）、训诂、音韵三类，并举例以明之。认为三类图书实质都隶属于小学。《尔雅》属训诂之书，《汉书·艺文志》与《隋书·经籍志》分别附于《孝经》与《论语》类，其归类错误，应统置于小学类。

史部传记类小序：

---

① 晁公武撰，孙猛校证：《郡斋读书志校证》，上海古籍出版社，2011 年，第 737—738 页。
② 晁公武撰，孙猛校证：《郡斋读书志校证》，上海古籍出版社，2011 年，第 145 页。

　　《艺文志》以书之纪国政得失、人事美恶，其大者类为杂史，其余则属之小说。然其间或论一事、著一人者，附于杂史、小说皆未安，故又为传记类，今从之。如《神仙》《高僧》，不附其类而系于此者，亦以其记一事，犹《列女》《名士》也。①

　　《新唐书·艺文志》中将"纪国政得失、人事美恶"等大事的书列在杂史一类，纪其小事的书归为小说一类。但对介于"杂史"和"小说"之间的"论一事、著一人"的书，放在杂史类或小说类都不合适，所以专设传记类，著录记叙各类人物事迹的书。晁公武认为这种做法是对的，故《郡斋读书志》仿此执行之。《神仙传》《高僧传》等书，不收于神仙类、释氏类的原因就在于它们与《列女传》《名士传》一样，都是记一事一人之书。因此放在传记一类。

　　史部史评类小序：

　　前世史部中有史钞类而集部中有文史类，今世钞节之学不行而论说者为多。教自文史类内，摘出论史者为史评，附史部，而废史钞云。②

　　晁公武认为以前史部中有"史钞类"，集部中有"文史类"，宋代"钞"书已经不盛行，评论的书渐渐增多，因此从文史类内，摘出评论历史的书，归于史评类，附于史部，废除史钞类。这是晁公武根据宋代学术发展对文献分类的重新认识。③

　　子部五行类小序：

　　自古术数之学多矣，言五行则本《洪范》，言卜筮则本《周易》，近时两者之学殆绝，而最盛于世者，葬书、相术、五星、禄命、六

---

① 晁公武撰，孙猛校证：《郡斋读书志校证》，上海古籍出版社，2011年，第359页。
② 晁公武撰，孙猛校证：《郡斋读书志校证》，上海古籍出版社，2011年，第295页。
③ 李丹丹：《晁公武〈郡斋读书志〉的文献学思想研究》，山东大学硕士学位论文，2009年。

壬、遁甲、星禽而已。然六壬之类，足以推一时之吉凶；星禽、五星、禄命、相术之类，足以推一身之吉凶；葬书之类，足以推一家之吉凶；遁甲之类，足以推一国之吉凶。其所知若有远近之异，而或中或否，不可尽信，则一也。且其说皆本于五行，故同次之为一类。①

五行类小序主要论述了该类书的收录范围，包括葬书、相术、五星、禄命、六壬、遁甲、星禽之书，并说明这类书的内容与功用，通归于一类的原因。

5. 交代该类书的衰废收藏情况

子部天文类小序：

皇朝太平兴国中，诏天下知星者诣京师，未几，至者百许人，坐私习天文，或诛，或配隶海岛，由是星历之学殆绝。故予所藏书中亦无几，姑裒数种以备数云。②

类序记述了宋代天文星历之书缺少的原因和社会背景，说明了晁公武对该类书的收藏情况。在皇朝禁止的背景下，作者还敢于著录该类书籍，反映出作者敢于担当的学术魄力和重视该类图书的态度。

《郡斋读书志》的这些类序，是晁公武继承前人学术的基础上，结合当时图书的流传情况以及他个人藏书的实际，对图书归类、图书性质、图书社会功用的深刻认识，也从一个侧面反映了晁公武深厚的学术修养。

---

① 晁公武撰，孙猛校证：《郡斋读书志校证》，上海古籍出版社，2011年，第610页。
② 晁公武撰，孙猛校证：《郡斋读书志校证》，上海古籍出版社，2011年，第603页。

二、《直斋书录解题》类序

《直斋书录解题》，南宋陈振孙编纂，为宋代另一部重要的私人藏书目录。原本五十六卷，分经、史、子、集四录，故书名称"书录"，不存于世。四库馆臣从《永乐大典》中辑录的《直斋书录解题》分为二十二卷，五十三个类目，为流行于世的通行本。

《直斋书录解题》全文无总序和大序，只有类目小序。关于小序的数量，目前有几种不同的认识。王重民先生认为《直斋书录解题》的五十三个类目中，仅有七个类目有小序，即《语》《孟》类、时令类、起居注类、小学类、章奏类、阴阳家类和音乐类，皆为"有增创或著录内容有变化"的类目；[1] 曾贻芬、崔文印两先生认为，《直斋书录解题》有小序的类目应该有九个。在前列七个类目的基础上又增列出两个：农家类和诗集类。[2] 张守卫先生发现，《直斋书录解题》卷三谶纬类最后一部书《乾坤凿度》的解题中包含有谶纬类的小序，并且在马端临的《文献通考·经籍考》的"谶纬类"中也辑录了这一篇小序，因此他认为，谶纬类小序没有像其他类小序那样单列于各类之前，一直为后人所忽视，故《直斋书录解题》共应有十个类目有小序。[3] 今以张守卫先生十篇小序为基础论述之。

《直斋书录解题》的十篇小序直接反映了作者陈振孙在类目设置方面的突破与创新上的思考，陈振孙根据时代变化的需要，设置了全书的类目，并针对创新、改进或恢复的类目撰写了小序加以说明。因此，《直斋书录解题》的类目小序有着明显的论类例、明学术、考源流的目录学功用。

（一）说明新设类目

根据《直斋书录解题》类目小序的内容，可以发现，陈振孙增创的类目有《语》《孟》类、诏令类、诗集类、章奏类。

---

① 王重民：《中国目录学史论丛》，中华书局，1984年，第122—123页。

② 曾贻芬、崔文印：《中国历史文献学史述要》，商务印书馆，2000年，第237—238页。

③ 张守卫：《〈直斋书录解题〉谶纬类小序考》，《文献》2007年第1期。

1.《语》《孟》类

《直斋书录解题》卷三《语》《孟》类小序：

> 前志《孟子》本列于儒家，然赵歧固尝以为则象《论语》矣。自韩文公称孔子传之孟轲，轲死，不得其传。天下学者咸曰孔、孟。孟子之书，固非荀、扬以降所可同日语也。今国家设科取士，《语》《孟》并列为经，而程氏诸儒训解二书常相表里，故今合为一类。①

类序阐明了《论语》《孟子》合为一类的原因。这是由于宋人已尊《孟子》为经，将其编入四书，分类亦应因时制宜，故创设此类目。把《孟子》与《论语》合为"《语》《孟》类"，是《直斋书录解题》首先创置的，故陈振孙撰写了一篇小序来加以说明。虽后世又发展为"四书类"，不再单列"《语》《孟》类"，但实为陈氏所创始。

2. 诏令类

《直斋书录解题》卷四起居注类小序曰："故用《中兴馆阁书目》例，与实录共为一类，而别出诏令。"此序论述起居注类的因革变化，但同时也指出《直斋书录解题》从起居注类中别出"诏令"，并为其增创了一个新的类目，使此类书由"帝王一己之集"变为研究一代历史的重要资料。增设诏令类是陈振孙首创，此举在古代图书分类学上亦产生了深远影响。

3. 诗集类

诗集类小序云：

> 凡无他文而独有诗，及虽有他文而诗集复独行者，别为一类。②

设诗集类的做法并不是陈振孙的首创，但从他所作的类序中可看出，此小序反映了集部图书分类细化的趋势，集部设立诗集、歌词类以记词学之盛，此举多为后人承袭。

---

① 陈振孙：《直斋书录解题》，上海古籍出版社，1987年，第72页。
② 陈振孙：《直斋书录解题》，上海古籍出版社，1987年，第555页。

　　其实早在刘歆《七略》中就设有"诗赋略"，但其"内涵"为后人所忽视。后人以集部取而代之，诗赋分类概念反而逐渐模糊。到了宋代，随着诗词的文体逐渐多样化，以及文学社会地位的上升，诗类书籍已达到可观的数量，陈振孙认为应将其独立出来，自为一类。

　　4.章奏类

　　章奏类小序：

　　　　凡无他文而独有章奏，及虽有他文而章奏复独行者，亦别为一类。①

　　章奏独立为类，一是由于其文体、风格自成一派，独立分类可区别于其他文章；再是其内容多关乎国家大事，多有论述历史治乱得失之处。其实早在郑樵时就有为章奏设类的前例，尤袤《遂初堂书目》亦在集部设章奏类。陈氏沿袭采用，后世因之，《四库全书总目》更将其地位拔高升格入史部，与诏令合为"诏令奏议类"。②

（二）说明类目调整及其依据

　　陈振孙调整改进的类目有：小学类、起居注类、时令类、农家类和音乐类。

　　1.小学类

　　小学类小序：

　　　　自刘歆以小学入《六艺略》，后世因之，以为文字训诂有关于经艺故也。至《唐志》所载《书品》《书断》之类，亦厕其中，则庞也。盖其所论书法之工拙，正与射御同科，今并削之，而列于杂艺类，不入经录。③

---

①　陈振孙：《直斋书录解题》，上海古籍出版社，1987年，第634页。
②　周佳林：《略论陈振孙对目录学的贡献》，湖南师范大学硕士学位论文，2008年。
③　陈振孙：《直斋书录解题》，上海古籍出版社，1987年，第85页。

在这里，陈振孙给经录中的小学类的范畴做了新的规定，调整了小学类收书范围，剔除了《唐志》入于小学类的《书品》《书断》等论述书法艺术的图书，依其内容、特点，将其归入杂艺类，后世多宗之。[1]

2. 起居注类

起居注类小序：

> 《唐志》起居注类，实录、诏令皆附焉。今惟存《穆天子传》及《唐创业起居注》二种，余皆不存。故用《中兴馆阁书目》例，与实录共为一类，而别出诏令。[2]

类序论述了起居注类的因革变化。既继承了过去目录学的传统，沿用了旧的类目名称，又有所创新，根据现有的藏书性质和便于利用的原则，把实录并入起居注类里。[3]

3. 时令类

时令类小序：

> 前史时令之书，皆入子部农家类。今案诸书上自国家典礼，下及里闾风俗悉载之，不专农事也。故《中兴馆阁书目》别为一类，列之史部，是矣。今从之。[4]

类序说明陈氏从子部农家中别出时令类书，另在史部中设置了时令类的原因。因为时令之书或记载当地风俗、或记载朝廷典礼，虽然前志如两《唐志》、《郡斋读书志》均将其划入子部农家类，但其实与该类书的性质格格不入。陈振孙指出《中兴馆阁书目》为该类书设时令类，并认为此番改动更能明

---

① 张守卫：《〈直斋书录解题〉文献学成就初探》，安徽大学硕士学位论文，2005 年。
② 陈振孙：《直斋书录解题》，上海古籍出版社，1987 年，第 122 页。
③ 吕冕：《浅论〈直斋书录解题〉在目录学史上的地位》，《乐山师范学院学报》2009 年第 2 期。
④ 陈振孙：《直斋书录解题》，上海古籍出版社，1987 年，第 189 页。

确图书的性质和特点，遂沿之。[①]

4.农家类

农家类小序：

> 农家者流，本于农稷之官，勤耕桑以足衣食。神农之言，许行学之，汉世野老之书，不传于后。而《唐志》著录，杂以岁时月令及相牛马诸书，是犹薄有关于农者。至于钱谱、相贝、鹰鹤之属，于农何与焉？今既各从其类，而花果栽植之事，犹以农圃一体，附见于此，其实则浮末之病本者也。[②]

类序阐述农家类学说的时代沿袭外，着重强调其内涵的变化应使收书的类属愈加规范，以名副其实。遂将钱谱、相贝、鹰鹤之类图书撤出农家，使"各从其类"，同时添入花果栽植之类著作。

5.音乐类

音乐类小序：

> 刘歆、班固虽以《礼》《乐》著之六艺略，要旨非孔氏之旧也，然三《礼》至今行于世，犹是先秦旧传。而所谓《乐》六家者，影响不复存矣。窦公之《大司农乐章》既已见于《周礼》，河间献王之《乐记》亦已录于《小戴》，则古乐已不复有书。而前志相承，乃取乐府、教坊、琵琶、羯鼓之类以充乐类，与圣经并列，不亦悖乎！晚得郑子敬氏《书目》独不然，其为说曰：仪注、编年各自为类，不得附于《礼》《春秋》，则后之乐书，固不得列于六艺。今从之，而著于子录杂艺之前。[③]

音乐类并非陈振孙首创，郑樵《通志·艺文略》的一级类目里就有"乐

---

① 周佳林：《略论陈振孙对目录学的贡献》，湖南师范大学硕士学位论文，2008 年。
② 陈振孙：《直斋书录解题》，上海古籍出版社，1987 年，第 294 页。
③ 陈振孙：《直斋书录解题》，上海古籍出版社，1987 年，第 399 页。

类"。陈振孙在莆田任职时与郑寅相识，郑寅是郑樵族孙，亦是南宋的大藏书家。陈振孙常往其家抄录藏书，后与其成为好友。郑寅有《郑氏书目》七卷：经、史、子、艺、方技、文、类。"乐类"收入艺卷，是二级类目。[①] 陈振孙深以为然，《直斋书录解题》将后代"乐类"图书从经部析出，归于子部杂艺类，就是受其影响。

（三）阐释类目恢复缘由

陈振孙在《直斋书录解题》中，除了对他新创、改动的类目写了小序加以说明外，还对他恢复的类目写了小序加以解释，以阐明新创、改动或恢复类目的内容、范围及类目演变的情况。[②] 被陈振孙恢复的类目有阴阳家类和谶纬类。

1. 阴阳家类

阴阳家类小序：

自司马氏论九流，其后刘歆《七略》、班固《艺文志》，皆著阴阳家。而天文、历谱、五行、卜筮、形法之属，别为《数术略》。其论阴阳家者流，盖出于羲和之官，钦若昊天，历象日月星辰。拘者为之，则牵于禁忌，泥于小数。至其论数术，则又以为羲和卜史之流。而所谓《司星子韦》三篇，不列于天文，而著之阴阳家之首。然则阴阳之与数术，亦未有以大异也。不知当时何以别之。岂此论其理，彼具其术耶？今《志》所载二十一家之书皆不存，无所考究，而隋唐以来子部，遂阙阴阳一家。至董逌《藏书志》，始以星占、五行书为阴阳类。今稍增损之，以时日、禄命、遁甲等备阴阳一家之阙，而其他数术，各自为类。[③]

类序论述了历代书目阴阳家类所收书籍的流变，将阴阳与数术做比较，

① 周佳林：《略论陈振孙对目录学的贡献》，湖南师范大学硕士学位论文，2008 年。
② 张守卫：《〈直斋书录解题〉文献学成就初探》，安徽大学硕士学位论文，2005 年。
③ 陈振孙：《直斋书录解题》，上海古籍出版社，1987 年，第 369 页。

说明了恢复隋唐皆缺的阴阳家类的理由，以及该类收书范围。但类目的具体内容又与《汉志》不同，这与尤袤的《遂初堂书目》的做法有交叉之处——尤袤亦将遁甲收入阴阳家类。

2. 谶纬类

谶纬类所收最后一部书《乾坤凿度》的解题中包含的谶纬类小序全文如下：

> 按《后汉书》"纬候之学"，注言："纬，七纬也；候，《尚书中候》也。"所谓《河洛》七纬者，《易纬》，《稽览图》《乾凿度》《坤灵图》《通卦验》《是类谋》《辨终备》也。《书纬》，《璇玑钤》《考灵曜》《帝命验》《运期授》也；《诗纬》，《推度灾》《纪历枢》《含神雾》也；《礼纬》，《含文嘉》《稽命征》《斗威仪》也；《乐纬》，《动声仪》《稽耀嘉》《叶图征》也；《孝经纬》，《援神契》《钩命决》也；《春秋纬》，《演孔图》《元命包》《文耀钩》《运斗枢》《感精符》《合诚图》《考异邮》《保乾图》《汉含孳》《佐助期》《握诚图》《潜潭巴》《说题辞》也。谶纬之说，起于哀、平、王莽之际，以此济其篡逆，公孙述效之，而光武绍复旧物，乃亦以《赤伏符》自累，笃好而推崇之，甘与莽、述同志。于是佞臣陋士从风而靡，贾逵以此论《左氏》学，曹褒以此定汉礼，作《大予乐》。大儒如郑康成，专以谶言经，何休又不足言矣。二百年间惟桓谭、张衡力非之，而不能回也。魏晋以革命受终，莫不傅会符命，其源实出于此。隋唐以来，其学浸微矣。考《唐志》犹存九部八十四卷，今其书皆亡。惟《易纬》仅存如此。及孔氏《正义》或时援引，先儒盖尝欲删去之，以绝伪妄矣。使所谓七纬者皆存，犹学者所不道，况其残缺不完，于伪之中又有伪者乎！姑存之以备凡目云尔。《唐志》数内有《论语纬》十卷，七纬无之。《太平御览》有《论语摘辅像》《撰考谶》者，意其是也。《御览》又有《书帝验期》《礼稽命曜》《春秋命历序》《孝经左右契》《威嬉拒》等，皆七纬所无，要皆不足深考。[1]

---

[1] 陈振孙：《直斋书录解题》，上海古籍出版社，1987年，第79页。

随着时代发展，人们对社会现象认识的深入与提高，谶纬类书籍逐渐失去了流传的市场。社会流布日少，以致《崇文总目》及其以后的官私书目都不设谶纬类。陈振孙在《直斋书录解题》中予以恢复，但也只收录了五部图书。可能为了避免谶纬类头重脚轻，故将该类小序放在该类著录的最后一书的解题内。①

三、《郡斋读书志》类序与《直斋书录解题》类序之比较

《郡斋读书志》与《直斋书录解题》被世人称为我国私家目录学史上的双璧，常常被放在一起做比较研究。它们在类序方面虽然有传承关系，但同时也各具特色。

（一）类序种类的差异

《郡斋读书志》全书之前有自序，继而有总序；总序之后划分为经、史、子、集四部，就每部而言，均有内容详细的大序，大序先举每部的类名，后论各部学术源流或得失；四部之中又细分出四十五小类，其中有二十五类有小序。因此单从其类序的种类和体例结构而言，《郡斋读书志》是比较完备的。而《直斋书录解题》虽然也沿用四部分类法，但全书无总序和大序，并且全书五十三个小类中，只为十个类目编写了小序。因此，《直斋书录解题》在类序的种类、数量和分布比例上都与《郡斋读书志》相去甚远。

周佳林在《略论陈振孙对目录学的贡献》一文中分析《直斋书录解题》中没有设置总序和大序这一问题时指出，纵观《郡斋读书志》《隋书·经籍志》《宋史·艺文志》等传统目录学著作的总序和大序，内容都极繁杂，"但凡记载，或简或繁，阐述的内容和方法都相差不大"。他认为陈振孙在撰写《直斋书录解题》时，原因之一可能是为了避免内容重复和平庸，在没有超越前人新

---

① 张守卫：《〈直斋书录解题〉文献学成就初探》，安徽大学硕士学位论文，2005年。

意的情况下，特意舍弃；原因之二是《直斋书录解题》仅仅按照经、史、子、集的顺序分作五十三小类，但未冠四部实名，因此只为一些类目作了小序，因此就无需撰写大序。①

　　就《直斋书录解题》小序数量仅为十篇的问题，周佳林同样认为是郑樵"泛释无义"思想的体现，陈振孙只为自己认为有必要做说明的类目写类序，大体上是针对增创类目或者著录内容有变化之处做说明。②

（二）小序位置的差异

　　从历代书目小序所处的位置看，各种书目的处理都不尽相同。例如《汉书·艺文志》、《隋书·经籍志》，除全志总序置于篇首外，小序皆放在各小类书之末，大序皆放在各大类书之末。大约到宋代，随着书序由书末移至书前，书目的大序、小序也分别移到了各大类书或小类书之前。③

　　在晁公武的《郡斋读书志》中，各类目的小序不是置于每一类目之前或之后，而是附在每类第一部书的解题之后，然后再依次排列同类之书，这在目录学史上是一种较为独特的撰写体例，郝润华就认为，"各类目的小序也不单列，而是与这类别的第一部书的解题合在一处，这是晁公武的发明创造"④。这种对小序位置的安排不同于之前任何一部书目，是晁公武的独创。这样做的好处是，首先，可以减少全书层次，使整部书目从结构上减少了部件的划分，显得更为简洁，类目更加分明；其次，这样做大概也源于作者只对部分类目作了小序，若将小序单独列出，则那些没有小序的类目就有可能被视为缺失一段内容，无法保证全书所有类目体例上的一致性，因此将小序并入该类第一部书的解题，就可以避免这个缺陷。但这种做法也有一定的问题，即类目小序没有明显标识，位置也不突出，容易被忽视，给查阅小序带来一定的困难。

　　《直斋书录解题》的小序虽然篇目较少，但从位置来看却主要是单列在各个类目之前。只有谶纬类的小序是放在该类的最后一部书《乾坤凿度》的解

---

① 周佳林：《略论陈振孙对目录学的贡献》，湖南师范大学硕士学位论文，2008 年。
② 周佳林：《略论陈振孙对目录学的贡献》，湖南师范大学硕士学位论文，2008 年。
③ 张守卫：《〈直斋书录解题〉谶纬类小序考》，《文献》2007 年第 1 期。
④ 郝润华、武秀成：《晁公武评传》，南京大学出版社，2006 年。

题中①。该篇小序由于没有像其他类目的小序单列出来，故而一直为后人所忽视，因此对于《直斋书录解题》小序的篇数，学者们一直有不同的意见。经过考证，当然可以算上"谶纬类"小序为类序，但也反映出该书体例欠严谨的问题。

（三）小序功用各有侧重

类序之功用最基本的在于"辨章学术，考镜源流"，即介绍某一类及该类图书的学术流变、特点、得失等。《郡斋读书志》和《直斋书录解题》的类序，其功用虽然总体而言也不外乎如此，但联系各自的成书背景、作者的学术思想及类序的实际情况，可以发现两部书的作者在类序功用的理解和运用上还是存在一定的差异。

《郡斋读书志》的小序不仅数量较多，而且写作目的也更为多样化，不仅用来揭示某一类的学术源流，还可以介绍某类书的社会地位、作用、特点、分类依据以及收藏情况等。一方面，可以向读者传达更为丰富的信息，同时也帮助读者从多个角度去认识一个类目、一类书籍的特点；另一方面，我们也可从这些小序中更多地窥见作者的独到见解、研究心得和学术思想。

而在《直斋书录解题》中，陈振孙根据时代变化的需要，对类目进行了较大的调整，其中有些类目是新创的，有些是在前人所熟知的类目上进行改进的，还有被前人舍弃但陈振孙认为应该恢复的。作者只给这些类目撰写了小序，而其余类目均没有小序，所以说《直斋书录解题》的小序都是在类目设置上需做特别说明的情况下才写的，目的和功用相对较为单一。

（四）小序写作手法不同

如果将《郡斋读书志》和《直斋书录解题》的小序做一个对照，可以发现两部书目中相同或类似且都有小序的类目，分别是《郡斋读书志》的《乐》、《论语》、小学、农家类和《直斋书录解题》的《语》《孟》、小学、农家和音乐类。若将这些相同类目的小序进行对照，能发现两部书目的小序在写作手法上还是有很大区别的。

---

① 张守卫:《〈直斋书录解题〉谶纬类小序考》,《文献》2007 年第 1 期。

　　《郡斋读书志》的小序多从某一类书的学术源流入手，简要介绍某类书或某个领域的文献的产生和发展过程，其中还夹杂作者的见解或评论，继而再对该类目的调整和分类方法等进行阐释，其小序篇幅也较长。而《直斋书录解题》更倾向于从历代书目关于某一类目的设置入手，介绍一个类目的兴起和演变，作者的聚焦在类目本身。

　　两种小序的写作方法各有所长，《郡斋读书志》的小序信息量大，能让读者在短时间内对该类文献形成一个总体认识，并了解作者当时所感所想；而《直斋书录解题》的小序则开门见山，文字简洁，重在发掘类序最基本的说明作用，更利于揭示某一个类目在《直斋书录解题》所有类目中的地位和意义。

第十二章 《四库全书总目》类序

一、《四库全书总目》概说

《四库全书》，全称《钦定四库全书》，是中国古代最大的一部官修书，也是中国古代最大的一部丛书。"四库"之名，源于初唐，初唐官方藏书分为经、史、子、集四个书库，号称"四部库书"，或称"四库之书"。清代乾隆初年，学者周水年提出"儒藏说"，主张把儒家著作集中在一起，供人借阅。此说得到社会的广泛响应，这是编纂《四库全书》的社会基础。乾隆三十七年（1772年）十一月，安徽学政朱筠提出《永乐大典》的辑佚问题，得到乾隆皇帝的认可，接着便诏令将所辑佚书与"各省所采及武英殿所有官刻诸书"，汇编在一起，名曰《四库全书》。这样，由《永乐大典》的辑佚便引出了编纂《四库全书》的浩大工程，成为编纂《四库全书》的直接起因。

乾隆三十八年（1773年）二月，《四库全书》正式开始编修，以纪昀、陆锡熊、孙士毅为总纂官，陆费墀为总校官，下设纂修官、分校官及监造官等四百余人。名人学士，如戴震（经学大师）、邵晋涵（史学大师）及姚鼐、朱筠等亦参与进来。同时，征募了抄写人员近四千人，鸿才硕学荟萃一堂，艺林翰海，盛况空前，历时十载。至1782年，编纂初成；1793年始全部完成。耗资巨大，是"康乾盛世"在文化史上的具体体现。乾隆三十八年（1773年）三月，《四库全书》馆设立不久，总裁们考虑到这部书囊括古今，数量必将繁多，便提出分色装潢经、史、子、集书衣的建议。书成后它们各依春、夏、秋、冬四季，分四色装潢，即经部绿色，史部红色，子部月白色，集部灰黑色，以便检阅。

在组织编纂《四库全书》过程中，为便于查检和了解全书内容，清廷又组织编纂了《四库全书总目》（亦名《四库全书总目提要》）。《四库全书总目》

二百卷是《四库全书》收录书和存目书的总目录。该目录前有"凡例"，经、史、子、集四部之首冠以总叙（序），大类、小类之前都有小序，小类、属目之后多有案语。类序、案语讲叙部类、子目、属目图书学术源流，说明采录图书标准及归类理由。每书之下则撰写提要，介绍著者生平大要、内容优劣、版本源流等。由于这些类序、按语、提要文字多出于纪昀、戴震、姚鼐、邵晋涵等著名学者之手，因而具有重要的学术价值。

《四库全书总目》按照内容分类分经、史、子、集四部分，部下有类，类下有属。全书共四部四十四类六十六属。

经部收录儒家"十三经"及相关著作，包括《易》类、《书》类、《诗》类、《礼》类、《春秋》类、《孝经》类、五经总义类、四书类、《乐》类、小学类等十个大类，其中《礼》类又分《周礼》、《仪礼》、《礼记》、三礼总义、通礼、杂礼书六属，小学类又分训诂、字书、韵书三属。

史部收录史书，包括正史类、编年类、纪事本末类、别史类、杂史类、诏令奏议类、传记类、史钞类、载记类、时令类、地理类、职官类、政书类、目录类、史评类等十五个大类，其中诏令奏议类又分诏令、奏议二属，传记类又分圣贤、名人、总录、杂录、别录五属，地理类又分宫殿疏、总志、都会郡县、河渠、边防、山川、古迹、杂记、游记、外记十属，职官类又分官制、官箴二属，政书类又分通制、典礼、邦计、军政、法令、考工六属，目录类又分经籍、金石二属。

子部收录诸子百家著作和类书，包括儒家类、兵家类、法家类、农家类、医家类、天文算法类、术数类、艺术类、谱录类、杂家类、类书类、小说家类、释家类、道家类等十四大类，其中天文算法类又分推步、算书二属，术数类又分数学、占候、相宅相墓、占卜、命书相书、阴阳五行、杂技术七属，艺术类又分书画、琴谱、篆刻、杂技四属，谱录类又分器物、食谱、草木鸟兽虫鱼三属，杂家类又分杂学、杂考、杂说、杂品、杂纂、杂编六属，小说家类又分杂事、异闻、琐语三属。

集部收录诗文词总集和专集等，包括楚辞、别集、总集、诗文评、词曲等五大类，其中词曲类又分词集、词选、词话、词谱词韵、南北曲五属。

《四库全书总目》因其"辨章学术，高挹群言"，一直为学界广为推崇。

"嘉、道以后，通儒辈出，莫不资其津逮，奉作指南。"① 张舜徽先生对《四库提要》中的类序非常重视，六十多年前曾以此作为大学文科"国学概论"的教本，将每篇序文向学生进行讲解和疏通。这些讲论稿现已整理为《四库提要叙讲疏》一书，作为"二十世纪学术要籍重刊"之一种（以下简称《讲疏》），② 由云南人民出版社正式出版。他在《四库提要叙讲疏·自序》中说："昔张之洞《輶轩语》教学者曰：'将《四库全书总目提要》读一过，即略知学问门径矣。'余则以为四十八篇者，又门径中之门径也。苟能熟习而详绎之，则于群经传注之流别，诸史体例之异同，子集之支分派衍，释道之演变原委，悉憭然于心，于是博治载籍，自不迷于趣向矣。"张先生分别从群经传注流别、诸史体例异同、子集支分派衍、释道演变原委的角度揭示了《四库总目》类序的学术价值，此其荦荦大者。当然，我们亦可循着张先生的指引，由此进一步深入寻觅探索《四库全书总目》类序对各种学术的区分，发展演变的论述。

二、《四库全书总目》总序、小序、案语剖析

《四库全书总目》对著录和列入存目的各类图书，均"各撰为提要，分之则散弁诸编，合之则共为总目"。《四库全书总目》卷首凡例云："四部之首各冠以总叙，撮述其源流正变，以絜纲领。四十三类（按应为四十四类）之首，亦各冠以小序，详述其分并改隶，以析条目。如有义有未尽，例有未该，则或于子目之末，或于本条之下，附注案语，以明通变之由。"③ 经、史、子、集四部中，经部分十类，史部分十五类，子部分十四类，集部分五类。四部各部前有总叙（序），每类前有小序，总序与小序一起共有四十八篇，将总序和小序连缀起来考察，俨然就像是一部"中国学术史"的概论文稿。案语可以说是类序的另一种表现形式，其篇幅之多，远超总序、小序之和。除了说明归类排

① 余嘉锡：《四库提要辨证》，云南人民出版社，2004 年，第 45 页。
② 张舜徽：《四库提要叙讲疏》，云南人民出版社 2005 年版。还被收入张氏《旧学辑存》，齐鲁书社，1988 年；华中师范大学出版社，2008 年。又，《四库提要叙讲疏》，台北学生书局，2002 年亦出版单行本。
③ 永瑢等：《四库全书总目·凡例》，中华书局，1965 年，第 18 页。

序等处置原由外，亦有对总序、小序学术渊源演变内容的重要补充，以及作者对学术对社会现象的见解。总序、小序、案语再加上每部书的提要，形成了彼此关联的清代乾隆以前的学术信息系统。

（一）总序略析

《四库全书总目》分为经、史、子、集四部，每部有总序一篇，其作用在于"撮述其源流正变，以絜纲领"。从体例上看，四部总序较为一致，是对各部内容起源、流变，及基本类目划分规则的阐述。

1.概述渊源流变，说明部类书籍性质

作为各部总序，概述该部渊源和流变是其基本的内容。如经部总序，首先就用一句话概括类序所要论述的内容："经禀圣裁，垂型万世，删定之旨，如日中天，无所容其赞述。所论次者，诂经之说而已。"自古流传，儒家六经都经过孔子的删定取舍。是否真有其事，几千年来，见仁见智，虽有不同见解，但正统的观点是肯定的。故类序置而不论，直接点名论述主旨：诂经之说，即历代解释儒家经典的研究著述。

经为中国封建社会治国、平天下、齐家、修身之根本准绳，经学内容繁富。汉武帝"独尊儒术"之后，经学昌盛，流派丛出，著述繁多。欲明经学，务先知其流变。经部总序不惮其繁，条分缕析经学六变：

> 自汉京以后垂二千年，儒者沿波，学凡六变。其初专门授受，递禀师承，非惟诂训相传，莫敢同异，即篇章字句，亦恪守所闻，其学笃实谨严，及其弊也拘。王弼、王肃稍持异议，流风所扇，或信或疑，越孔、贾、啖、赵，以及北宋孙复、刘敞等，各自论说，不相统摄，及其弊也杂。洛闽继起，道学大昌，摆落汉唐，独研义理，凡经师旧说，俱排斥以为不足信，其学务别是非，及其弊也悍（如王柏、吴澄攻驳经文，动辄删改之类）。学脉旁分，攀缘日众，驱除异己，务定一尊，自宋末以逮明初，其学见异不迁，及其弊也党（如《论语集注》误引包咸夏瑚商琏之说，张存中《四书通证》即阙此一条，以讳其误。又如王柏删《国风》三十二篇，许谦疑之，吴师道

反以为非之类）。主持太过，势有所偏。才辨聪明，激而横决。自明正德、嘉靖以后，其学各抒心得，及其弊也肆（如王守仁之末派，皆以狂禅解经之类）。空谈臆断，考证必疏，于是博雅之儒引古义以抵其隙，国初诸家，其学征实不诬，及其弊也琐（如一字音训，动辨数百言之类）。要其归宿，则不过汉学、宋学两家，互为胜负。夫汉学具有根柢，讲学者以浅陋轻之，不足服汉儒也。宋学具有精微，读书者以空疏薄之，亦不足服宋儒也。消融门户之见，而各取所长，则私心祛而公理出，公理出而经义明矣。盖经者非他，即天下之公理而已。①

二千年来的经学源流演变，要在一篇不到六百字的类序中论述清楚，谈何容易！但《四库总目》经部类序不仅高度概括出其"六变"发展历程，且一针见血地指出每个发展历史时期经学研究的弊病。如汉代学尚专门，谨守师法，画地为牢，拘于门户，不敢逾越雷池一步，故以"拘"字形容其局限；魏晋至北宋，治经者无所推崇，标新立异，各自为说，故以"杂"字来概括其现象；南宋至元，程朱理学兴起，排斥汉唐经师旧说，研精义理，故以"悍"字指陈其"唯我独尊"，目中无人；宋至明初，科举经义定于一尊，故以"党"字来揭示其偏颇；明正德、嘉靖之后，各抒心得，解经者众多，竞以臆说，故以"肆"字来斥责其肆意妄为，空疏臆说；清初研经学者，大兴考证，征实有据，细致入微，故以"琐"字描述其烦辞琐碎。类序站在学术的高度，对"六变"的归纳"信而有征"，对弊端的指责"名副其实"。"学凡六变，汉宋二分"，是对传统经学初步的分析，也是对经学历史分期以及每一时段经学自身特点及其缺陷的基本总结。

史部总序和子部总序则着眼于说明部类书籍性质特点。如子部总序："自六经以外立说者，皆子书也。其初亦相淆，自《七略》区而列之，名品乃定。其初亦相轧，自董仲舒别而白之，醇驳乃分。"先秦子书，都是诸子著书立说的产物，虽成书不排除出自门人后学之手，但子书"立说"，即其内容性质是阐述论证自己的政治或学术主张，是毋庸置疑的。《七略》区分百家，定立名

① 永瑢等：《四库全书总目》，中华书局，1965年，第1页。

品，董仲舒提倡儒家独尊，才突出儒家的优渥地位。类序寥寥数语，切中肯綮，子部书性质及其在古代书目中的立类情况，表述得清清楚楚。史部总序则就"撰述""考证"两大类史书的撰写发表见解："史之为道，撰述欲其简，考证则欲其详。"并列举《春秋》和《左传》、《资治通鉴》和《资治通鉴长编》说明。但就今日视角观之，将《左传》《资治通鉴》等以"考证"类著述名之，似欠妥当。

集部总序则于叙述渊源流变之间，间亦点评内容特点：

> 集部之目，楚辞最古，别集次之，总集次之，诗文评又晚出，词曲则其闰余也。古人不以文章名，故秦以前书无称屈原、宋玉工赋者。洎乎汉代，始有词人。迹其著作，率由追录。故武帝命所忠求相如遗书。魏文帝亦诏天下上孔融文章。至于六朝，始自编次。唐末又刊板印行。夫自编则多所爱惜，刊板则易于流传。四部之书，别集最杂，兹其故欤！然典册高文，清词丽句，亦未尝不高标独秀，挺出邓林。此在翦刘卮言，别裁伪体，不必以猥滥病也。总集之作，多由论定。而《兰亭》《金谷》悉觞咏于一时，下及《汉上题襟》《松陵》倡和。《丹阳集》惟录乡人，《箧中集》则附登乃弟。虽去取金孚众议，而履霜有渐，已为诗社标榜之先驱。其声气攀援，甚于别集。要之，浮华易歇，公论终明，岿然而独存者，《文选》《玉台新咏》以下数十家耳。诗文评之作，著于齐梁。观同一八病四声也，钟嵘以求誉不遂，巧致讥排；刘勰以知遇独深，继为推阐。词场恩怨，亘古如斯。《冷斋》曲附乎豫章，《石林》隐排乎元祐。党人余衅，报及文章，又其已事矣。固宜别白存之，各核其实。至于倚声末技，分派诗歌，其间周、柳、苏、辛，亦递争轨辙。然其得其失，不足重轻。姑附存以备一格而已。①

集部书籍发展，以时间产生的顺序来罗列，一目了然，读者能够对其所叙内容有一个清晰的认识。接着，总序以"古人不以文章名"开始，讲述古

① 永瑢等：《四库全书总目》，中华书局，1965年，第1267页。

代作者对自己的文章不太重视的态度，以至于产生了"故秦王始见《孤愤》《五蠹》之篇，而不知出于韩非；汉武读《子虚赋》，而不知为司马相如所作"①的现象。阐明汉代著述的成"集"，乃后人追录。别集的自觉编纂，始于六朝。虽较为芜杂，但"典册高文，清词丽句，亦未尝不高标独秀，挺出邓林"，有其可观可采之处。总集的编纂，则拈出《兰亭集》等六家为例，认为其开互相标榜攀援的风气，故不流传于后世，只有《文选》《玉台新咏》等硕果仅存。诗文评类，最著名者为齐梁时期钟嵘、刘勰两家，沈约不同对待，恩怨乃起。又以宋代诗文评类著述涉及党派之争，抑扬作者的问题发表看法："宜别白存之，各核其实。"而词曲，则认为是"倚声末技"，虽标出著名的作者周邦彦、柳永、苏轼、辛弃疾诸家，仍不过是"其得其失，不足重轻。姑附存以备一格而已"。其贬抑的态度，溢于言表。类序于集部源流演变之迹，一脉贯通，并对其历史长河中的一些不良现象进行评点。而对词曲这类体裁的文学作品，表现出鄙视的态度，反映了四库馆臣思想的保守与偏见。

2.说明收录类目及编排次序

在各部总序中，还对所收类目进行了明确说明。《四库总目》各部总序认为，必须"消融门户之见而各取所长"，同时参考前人目录学著作，对所收录的书籍范围、分类进行了划分。如经部总序，将所收书籍内容划分为十类：

> 今参稽众说，务取持平，各明去取之故，分为十类：曰《易》、曰《书》、曰《诗》、曰《礼》、曰《春秋》、曰《孝经》、曰五经总义、曰四书、曰《乐》、曰小学。

史部总序中，著者认为"然则古来著录，于正史之外兼收博采，列目分编，其必有故矣"，并由此指出史部的分类及其大致内容：

> 今总括群书，分十五类。首曰正史，大纲也。次曰编年，曰别史，曰杂史，曰诏令奏议，曰传记，曰史钞，曰载记，皆参考纪传者也。曰时令，曰地理，曰职官，曰政书，曰目录，皆参考诸志者

① 张舜徽：《四库提要叙讲疏》，云南人民出版社，2005年，第29页。

也。曰史评，参考论赞者也。

史部总序中也特意提到不收录旧有目录中所著录类目的原因：

> 旧有谱牒一门，然自唐以后，谱学殆绝。玉牒既不颁于外，家
> 乘亦不上于官，徒存虚目，故从删焉。

在子部总序中，作者认为子部书籍"其中或佚不传，或传而后莫为继，
或古无其目而今增，古各为类而今合，大都篇帙繁富"，因此只选取"可以自
为部者"，并详细论述了各家选取及其次序排定的依据：

> 儒家以外有兵家，有法家，有农家，有医家，有天文算法，有
> 术数，有艺术，有谱录，有杂家，有类书，有小说家，其别教则有
> 释家，有道家，叙而次之，凡十四类。儒家尚矣。有文事者有武备，
> 故次之以兵家。兵，刑类也。唐虞无皋陶，则寇贼奸宄无所禁，必
> 不能风动时雍，故次以法家。民，国之本也；谷，民之天也，故次
> 以农家。本草经方，技术之事也，而生死系焉。神农、黄帝以圣人
> 为天子，尚亲治之，故次以医家。重民事者先授时，授时本测候，
> 测候本积数，故次以天文算法。以上六家，皆治世者所有事也。百
> 家方技，或有益，或无益，而其说久行，理难竟废，故次以术数。
> 游艺亦学问之余事，一技入神，器或寓道，故次以艺术。以上二家，
> 皆小道之可观者也。《诗》取多识，《易》称制器，博闻有取，利用
> 攸资，故次以谱录。群言岐出，不名一类，总为荟萃，皆可采撷菁
> 英，故次以杂家。隶事分类，亦杂言也，旧附于子部，今从其例，
> 故次以类书。稗官所述，其事末矣，用广见闻，愈于博弈，故次以
> 小说家。以上四家，皆旁资参考者也。二氏，外学也，故次以释家、
> 道家终焉。①

---

① 永瑢等：《四库全书总目》，中华书局，1965年，第769页。

这种说明编排次序理由的方法，与《序卦》以来目录学传统一脉相承，也是编纂者学术眼光的具体体现。因为诸子百家排列先后各种理由的陈述，来源于编纂者对该类著述内容性质的认识了解，对其社会功用高下的评骘认同。

3. 推崇"兼收博采"的学术观点

《四库全书总目》大序，直接表达出了作者推崇兼收博采，明辨慎取的学术观点。

在经部大序中，二千年的经学源流，类序归纳为六次演变，并就历史上各时期学术的主要特点、长处、弊端做了深入而中肯的揭示之后，又站在学术的高度，进行了更精当的概括：

> 要其归宿，则不过汉学、宋学两家，互为胜负。夫汉学具有根柢，讲学者以浅陋轻之，不足服汉儒也。宋学具有精微，读书者以空疏薄之，亦不足服宋儒也。消融门户之见，而各取所长，则私心祛而公理出，公理出而经义明矣。[1]

类序不仅将经学流变历史高度概括为二家，并冠以"汉学""宋学"之名，拈出其各自主要特长表彰之，且明确提出"消融门户之见，而各取所长"的学术主张。认为只有"参稽众说，务取持平"，去除学术门户私心，秉持公理，博采众长，才能实事求是，达到"明经义"的目的。

在史部大序中，作者序首举司马光所著《资治通鉴》的史实，说明"兼收博采"的重要性：

> 司马光《通鉴》，世称绝作。不知其先为《长编》，后为《考异》。高似孙《纬略》，载其《与宋敏求书》，称到洛八年，始了晋、宋、齐、梁、陈、隋六代。唐文字尤多。依年月编次为草卷，以四丈为一卷，计不减六七百卷。又称光作《通鉴》，一事用三四出处纂成。用杂史诸书，凡二百二十二家。李焘《巽岩集》亦称张新甫见

---

① 永瑢等：《四库全书总目》，中华书局，1965年，第1页。

洛阳有《资治通鉴》草稿盈两屋。今观其书，如淖方成"祸水"之语，则采及《飞燕外传》；张彖"冰山"之语，则采及《开元天宝遗事》；并小说亦不遗之。然则古来著录，于正史之外，兼收博采，列目分编，其必有故矣。①

司马光写作《资治通鉴》这种煌煌大著，"一事用三四出处纂成"，采用的书籍，仅杂史类著述，就有二百二十二家。对《飞燕外传》《开元天宝遗事》等小说类著作所载事迹，亦不鄙视遗弃，择用于书中，更何况一般的著述？"兼收博采"之重要性，不言而喻，由来有自矣。又，历史上宋明二代是非颠倒，曲直混淆的记述，由于门户之见、朋党相争，常见于私家著述之中：

考私家记载，惟宋明两代为多。盖宋明人皆好议论，议论异则门户分，门户分则朋党立，朋党立则恩怨结。恩怨既结，得志则排挤于朝廷，不得志则以笔墨相报复。其中是非颠倒颇亦荧听。然虽有疑狱，合众证而质之，必得其情；虽有虚词，参众说而核之，亦必得其情。张师棣《南迁录》之妄，邻国之事无质也；赵与时《宾退录》证以金国官制而知之。《碧云騢》一书，诬谤文彦博、范仲淹诸人。晁公武以为真出梅尧臣，王铚以为出自魏泰，邵博又证其真出尧臣，可谓聚讼。李焘卒参互而辨定之，至今遂无异说。②

对于判断书籍所记载事情真伪，门户之见、朋党之争造谣污蔑引起的纷如乱麻的"聚讼"公案，要"定谳"，考究真相，"兼收博采"是解决问题的不二法门。类序所引这两个采择文献，论证其真相例子的来龙去脉，张舜徽先生的《四库提要叙讲疏》讲述得很清晰，文繁不录，读者诸君可进一步参阅。③史部大序用的这些事例，固然是为了论证"考证欲其详"观点而引述的，其"考证"义不同于现在学术考证而略同于学术著述的研究写作，但"兼收博采"

---

① 永瑢等：《四库全书总目》，中华书局，1965年，第397页。
② 永瑢等：《四库全书总目》，中华书局，1965年，第397页。
③ 张舜徽：《四库提要叙讲疏》，云南人民出版社，2005年，第45—46页。

的学术见解，对于今天的学术研究、决策研究，都是有其重要参考意义的。

子部大序认为，"研理于经，可以正天下之是非；征事于史，可以明古今之成败。余皆杂学也"。类序在推崇经史的同时特别指出，诸子百家"凡能自名一家者，必有一节之足以自立。其有不合于圣人者，存之亦可为鉴戒。虽有丝麻，无弃菅蒯；狂夫之言，圣人择焉。在博收而慎取之尔"①。洵为不刊之论。类序指明诸子百家的学术见解，必有可采之处。"兼收博采"的同时，必"慎取"焉，则不独以子部书言也。

（二）小序略析

1. 概述学术源流，说明部类书籍性质或收录准则，表明学术见解

与总序类似，《四库总目》小序也重在追溯学术源流，总结学术发展流衍变化。比如经部《易》类小序：

圣人觉世牖民，大抵因事以寓教。《诗》寓于风谣，《礼》寓于节文，《尚书》《春秋》寓于史，而《易》则寓于卜筮。故《易》之为书，推天道以明人事者也。《左传》所记诸占，盖犹太卜之遗法。汉儒言象数，去古未远也。一变而为京、焦，入于禨祥，再变而为陈、邵，务穷造化；《易》遂不切于民用。王弼尽黜象数，说以老、庄。一变而胡瑗、程子，始阐明儒理；再变而李光、杨万里，又参证史事，《易》遂日启其论端。此两派六宗已互相攻驳。又《易》道广大，无所不包，旁及天文、地理、乐律、兵法、韵学、算术以逮方外之炉火，皆可援《易》以为说，而好异者又援以入《易》，故《易》说愈繁。夫六十四卦大象皆有"君子以"字，其爻象则多戒占者，圣人之情，见乎词矣。其余皆《易》之一端，非其本也。今参校诸家，以因象立教者为宗，而其他《易》外别传者亦兼收以尽其变，各为条论，具列于左。②

---

① 张舜徽：《四库提要叙讲疏》，云南人民出版社，2005年，第84—85页。
② 永瑢等：《四库全书总目》，中华书局，1965年，第1页。

类序从社会的角度着眼，先阐述《易》的本来功用。既而勾勒出汉代以来的"两变六宗"，叙述其学术研究的发展演变及其研究焦点。接着就《易》学的外延所及领域做归纳介绍，说明其著述繁杂的原由。读者览之，对《易》学源流便有了一个清晰的认识。又如总集类序，以介绍总集编纂的目的、性质为开端，对几部总集做了述评，指出总集分流为两派，即分体编录和谈理，并对"末学"之流在编纂中不当的做法提出了批评。诗文评类序则首先对文论著作的产生做了阐释，指出其在流传过程中演变为五例。同时，对不同时期由于文风的变化而给诗文评文体内容风格产生影响做了说明。诸如此类，小序大多对学术源流，做了不同程度的介绍或揭示。

《四库总目》小序亦往往说明本类书籍性质或收录之准则。如纪事本末类小序："凡一书备诸事之本末，与一书具一事之本末者，总汇于此。其不标纪事本末之名，而实为纪事本末者，亦并著录。"子部兵家类小序："今所采录，惟以论兵为主。其余杂说，悉别存目。古来伪本流传既久者，词不害理，并存以备一家。明季游士撰述，尤为猥杂，惟择其著有明效，如戚继光《练兵纪实》之类者列于篇。"这方面的内容，是《汉志》《隋志》类序所未见的，亦为《四库总目》类序之创举。《四库总目》的大序、小序大多包含了这方面的内容。

2. 别白学术是非与品定高下

辨章学术，是《四库总目》各部总序和小序的一个共同特点。其作用主要体现在两点。

一是对各部和小类的源流进行梳理，同时也对各个分支流派的特点、学术高下进行了深度评价。

譬如，经部总序中就对经学发展的六个发展阶段进行了评价，认为：汉代经学，"笃实谨严"，然"其弊也拘"；魏晋至宋初经学，"各自论说，不相统摄"，然"其弊也杂"；宋初至宋末经学，"摆落汉唐，独研义理"，然"其弊也悍"；宋末至明初经学，"见异不迁"，然"其弊也党"；明正德、嘉靖至明末经学，"各抒心得"，然"其弊也肆"；清初经学，"征实不诬"，然"其弊也琐"。并认为"要其归宿，不过汉学、宋学两家，互为胜负"。在评价的过程中，类序特别强调消除门户之争，汲取多方成果。经部总序说："夫汉学具有根柢，讲学者以浅陋轻之，不足服汉儒也。宋学具有精微，读书者以空疏薄之，亦不足服宋儒也。"正确的态度应该是："消融门户之见，而各取所长，则私心祛而公理出，公理出而经义明矣。"经部《礼》类类序说："本汉唐之《注》《疏》，而佐以宋儒之义。"经部《诗》类小序说："苟不至程大昌之妄改旧文，王柏之横删圣籍者，论有可采，并录存之以消融数百年之门户。"《孝经》类小序说："故今之所录，惟取其词达理明，有裨来学，不复以今文、古文区分门户，徒酿水火之争。"《春秋》类小序说："虽旧说流传，不能尽废，要以切实有征、平易近理者为本。其瑕瑜互见者，则别白而存之。游谈臆说，以私意乱圣经者，则仅存其目。"史评类小序批评了凿空生义，僻谬不情，如胡寅《读史管见》讥晋元帝不复牛姓的做法。显而易见，《四库总目》类序中这种在学术上"持平"的做法无疑是可取的。

二是纠正了前代目录书在归类上的混淆错误。

如史部《政书》类小序认为，《隋志》载《汉武故事》，《唐志》取《魏文贞故事》，前者滥及稗官，后者横牵家传，都是"循名误列，义例殊乖"，仅依据书名归类，而不考察其书内容产生的谬误。因此《四库总目》改弦更张，特设"政书"一类，"惟以国政朝章六官所职者入于斯类，以符周官故府之遗"。

经部小学类小序认为，《隋志》在《汉志》之上增以金石，《唐志》又增以书法书品，已非原来"小学"的含义，宋朱熹以小学配《大学》，赵希弁《郡斋读书附志》，将《弟子职》归入小学，又把蒙求类书也归并入内，更不符合"小学"本身的含义，因此《四库全书》在小学类只收文字、音韵、训诂三方面的书。

农家类序说："农家条目，至为芜杂，诸家著录，大抵辗转旁牵。"比如以前目录家"因耕而及相牛经，因相牛经及相马经、相鹤经、鹰经、蟹录，至于相贝经，而香谱、钱谱相随入矣"的辗转旁牵，概念无限外延的做法毫无道理，认为农家类著作只能是有关农业的书籍。针对上述弊端，《四库总目》录入农家类著作，摒除了因耕而及相牛经、因相牛经而及相马经，及至香谱的做法。类序的评得失与纠偏，对于辨章学术、明辨正误，无疑是有积极作用的。

（三）案语略析

《四库总目》案语，其内容篇幅迄今尚无人论及。笔者仅就经部案语篇幅略做统计，就多达三十四篇。大抵每个小类和小类存目、大部分属目之后，均安排有案语，论及该类及该类存目、属目内容。个别书目提要之后，亦有案语。比如经部《子夏易传》《周易郑康成注》《易象正》《易纬坤灵图》《尚书大传》《春秋繁露》《说文解字》等十二部书后，均有案语文字。这里谨以经部案语为例，略做探析。

1. 辨别学术短长，阐述学术见解

《四库总目》类序，无论大序、小序，文字都不是很长。数千年的学术源流，往往用千余字几百个字甚至几十个字来表述。虽然作者学术功底深厚，文笔老辣，文字洗练，但往往只能就最主要问题剖析辨别，难以面面俱到，更不可能酣畅淋漓地表述自己的见解。如经部《春秋》类小序，除标点外全文不到三百字，重点是将历史上《左传》《公羊传》《谷梁传》三传研究的情况做相关介绍，认为中唐以前学者重视《左传》；啖助、赵匡至北宋以来，重视《公羊》《谷梁》，有关的研究著述，多不可取。但没有深入阐述其缘由。而案语就在辨别学术短长，阐述学术见解方面起到了关键的补充作用。《春秋》类后案语：

> 案《春秋》三传，互有短长，世以范宁所论为允。宁实未究其所以然也。左氏说经，所谓君子曰者，往往不甚得经意，然其失也，不过肤浅而已。《公羊》《谷梁》二家，钩棘月日以为例，辨别名字以为襄贬，乃或至穿凿而难通。三家皆源出圣门，何其所见之异哉？左氏亲见国史，古人之始末具存，故据事而言，即其识有不逮者，亦不至大有所出入。《公羊》《谷梁》则前后经师，递相附益，推寻于字句之间，故凭心而断，各徇其意见之所偏也。然则征实迹者其失小，骋虚论者其失大矣。后来诸家之是非，均持此断之可也。至于左氏文章，号为富艳，残膏剩馥，沾溉无穷，章冲联合其始终，徐晋卿排比其对偶，后人接踵，编纂日多，而概乎无预于经义，则

又非所贵焉。①

　　案语就《春秋》三传本身而论，抛开历代对其研究的著述而一下就切中问题的要害：《左传》基于国史记载的事实来论述《春秋》史实；《公羊》《谷梁》则由前后经师们推寻琢磨《春秋》中的字句，各抒己见而累积撰述成文。前者植根于史实，后者萌生于臆想。然则在各自基础上产生的研究著述，是非高下、学术短长就可想而知了。案语一针见血，对数千年以来的《春秋》及其三传研究，抓住核心要点，做出裁判。其见解是："征实迹者其失小，骋虚论者其失大矣。"可谓"盖棺定论"矣。《易》类类序，如前所述，旨在阐明"两变六宗"的学术演变源流，作者的看法，虽已显现其间，然终不及深入阐说。《易》类后的案语，则直抒胸臆：

　　案盈虚消息，理之自然也。理不可见，圣人即数以观之，而因立象以著之。以乾一卦而论，积一至六，自下而上者数也。一潜，二见，三惕厉，四跃，五飞，六亢者，理也。而象以见焉。至于互体变爻，错综贯串，《易》之数无不尽，《易》之理无不通，《易》之象无不该矣。《左氏》所载，即古占法，其条理可覆案也。故象也者，理之当然也，进退存亡所由决也。数也者，理之所以然也，吉凶悔吝所由生也。圣人因卜筮以示教，如是焉止矣。宋人以数言《易》，已不甚近于人事，又务欲究数之所以然，于是由画卦推奇偶，由奇偶推河图洛书，由河图洛书演为黑白方圆，纵横顺逆，至于汗漫而不可纪，曰此作《易》之本也。及其解经，则象义爻象又绝不本图书立说，岂画卦者一数，系辞者又别一数耶？圣人垂训，实教人用《易》，非教人作《易》，今不谈其所以用，而但谈其所以作，是《易》之一经，非千万世遵为法戒之书，而一二人秘传妙悟之书矣。经者常也，曾是而可为常道乎！朱子以康节之学为《易》外别传，持论至确，其作《易学启蒙》，盖以程子《易传》不及象数，故兼备此义以补所阙，非专以数立教也。后人弃置本义而专以启蒙为

------

① 永瑢等：《四库全书总目》，中华书局，1965 年，第 244 页。

口实，殆倒置其本末矣。今所编录，于推演数学者略存梗概，以备一家，其支离曼衍，不附经文，于《易》杳不相关者，竟退置于术数家，明不以魏伯阳、陈抟等方外之学淆六经之正义也。[①]

案语的体例主要是说明性的文字，一般来说，寥寥几句表达清楚作者的意思就可以了。《易》类书目后的案语，则超出常规，洋洋洒洒，多于《易》类类序文字篇幅，俨然一篇《易》学小论文的规模。

盈满虚亏，消亡生长，是自然界的常理（规律）。规律不能彰现，圣人就用"数"来考察，因"数"而成"象"来显示，这大抵就是《易》成书的缘起。即以《易经》乾卦而论，数、理、象三者相因相生，自此发散生成的互体变爻，虽错综贯串，变化多端，但世间万事万物，都是可以用其显示的数、理、象去考察，探究求通的。《左传》记载的古代卜筮占法，其条理今天仍可考核复验。所以象与数，都是理的显现。圣人因卜筮以示教，对于进退存亡之所由决、吉凶悔吝之所由生，进行鼓励警示，教人立身处事之道而已。案语开头这段文字，深得《易经》要髓，对于迷宫般的《易》学卦爻、卜筮，数、象、理三者的关系，《易经》成书的目的意义，揭示无遗。案语本乎此立论，接着展示宋代学者以"数"研《易》的种种歧途，斥责道："及其解经，则象义爻象又绝不本图书立说，岂画卦者一数，系辞者又别一数耶？圣人垂训，实教人用《易》，非教人作《易》，今不谈其所以用，而但谈其所以作，是《易》之一经，非千万世遵为法戒之书，而一二人秘传妙悟之书矣。经者常也，曾是而可为常道乎！"言辞锋利，一发而不可收，势如破竹，痛快淋漓，言之有据，言之成理。驳论无懈可击，与前面《易》类类序所论相映成趣，相映生辉，互为补充，可谓曲尽其妙矣。

2. 说明归类、排序、留存、删除不录的理由
这部分案语是其主流，最为常见。如小学类训诂之属案语：

《旧唐书·经籍志》以诂训与小学分为二家，然诂训亦小学也。故今仍从《汉志》，列为小学之子目。又《尔雅》首释诂、释训，其

① 永瑢等：《四库全书总目》，中华书局，1965年，第47—48页。

余则杂陈名物，盖析其类而分之，则虫鱼草木之属与字义门目各殊。统其类而言之，则解说名物亦即解释其字义。故训诂者，通名也。《方言》《释名》相沿继作，大体无殊，至《埤雅》《尔雅翼》务求博洽，稍泛滥矣。要亦训诂之支流也，故亦连类编之。《埤雅广要》之属，芜杂已甚，则退之小说家焉。①

案语先指出《旧唐书·经籍志》将诂训、小学并列分为二家的错误，继而说明解释名物也是解释字义。故《尔雅》虽大多解释虫鱼草木方面的字词，宜归入训诂类。继而阐述《方言》《释名》《埤雅》《尔雅翼》等著作编入该类，以及《埤雅广要》归入小说家类的理由。

"五经总义"存目案语：

> 案先儒授受，大抵专治一经，其兼通诸经，各有论说者，郑康成以下旷代数人耳。宋以后著作渐夥，明以来著述弥众，非后人学问远过前修，精研之则见难，涉猎之则见易，求实据则议论少，务空谈则卷轴富也。孙承泽钞撮经解诸序，寥寥数卷，亦命之曰《五经翼》，则孰非兼通五经者哉！略存其目而不录其书，古今人巧拙之异，华实之分，亦大概可睹矣。②

案语先发一通议论，论说兼通诸经之不易，表露出对宋代以后，尤其是明代以来著述众多的不屑。最后拈出孙承泽《五经翼》，指摘其钞撮经解诸序，拼凑成书，说明存其目而不录其书的目的是将其投机取巧、华而不实的行为拿来示众，以警效尤。

单部书后的案语，则多述其排序变通之理由，如经部《易》类《子夏易传》，提要引众多书目文献，证其为伪书，最后案语述以托名之书，不知赝作者之时代，依《汉志》例，以所托时代为次排列，故放于《易》类第一部。《周易郑康成注》案语述该书虽宋人所辑，因全辑汉代旧文，故列于汉代之次。

---

① 永瑢等：《四库全书总目》，中华书局，1965年，第344页。
② 永瑢等：《四库全书总目》，中华书局，1965年，第288—289页。

《春秋繁露》案语言因其书"无关经义者多",实为《尚书大传》《韩诗外传》之类,故作为附录放置于《春秋》类图书的最后,等等。《历代钟鼎彝器款识法帖》案语则述该书归类因"所释者诸器之文字,非诸器之体制",故放入字书类,以从其实。又区分貌似相类之作:如《博古图》因器及铭,认为宜入谱录类。《石经考》以"但溯源流,不陈字体,与小学无涉",故附之金石类。《说文解字》案语则就许慎序语所涉《尚书》是二十八篇本还是五十八篇本问题进行考辨,论证认定其为二十八篇本,为案语体例之一特例。

3. 借题发挥,斥责明代科举之弊,论述有明学术空疏之根源

览《四库总目》类序与提要,斥有明一代学术空疏,学者学无根柢,著述内容芜杂,饾饤獭祭,剽袭相因等文字,比比皆是。在《四库总目》案语中,作者借题发挥,既斥明代科举考试之弊,亦挖掘了有明一代学术空疏所产生的根源。其论点除了散见于有关书目提要外,在经部四书类案语和四书类存目案语中有较集中的阐述。四书类后案语:

> 案四书定于朱子《章句集注》,积平生之力为之。至垂没之日,犹改定《大学》"诚意"章句,凡以明圣学也。至元延祐中,用以取士,而阐明理道之书遂渐为弋取功名之路,然其时经义经疑并用,故学者犹有研至古义之功。今所传袁俊翁《四书疑节》、王充耘《四书经疑贯通》、詹道传《四书纂笺》之类,犹可见其梗概。至明永乐中,《大全》出而捷径开,八比盛而俗学炽。科举之文,名为发挥经义,实则发挥注意,不问经义何如也。且所谓注意者,又不甚究其理,而惟揣测其虚字语气以备临文之摹拟,并不问注意何如也。盖自高头讲章一行,非惟孔、曾、思、孟之本旨亡,并朱子之四书亦亡矣。今所采录,惟取先儒发明经义之言,其为揣摩举业而作者,则概从删汰,惟胡广《大全》既为前代之功令,又为经义明晦学术升降之大关,亦特存之,以著明二百余年士习文风之所以弊,盖示戒非示法也。"①

---

① 永瑢等:《四库全书总目》,中华书局,1965年,第307页。

四书类存目后案语：

　　案古书存佚，大抵有数可稽。惟坊刻四书讲章，则旋生旋灭，有若浮沤，旋灭旋生。又几如扫叶，虽隶首不能算其数。盖讲章之作，沽名者十不及一，射利者十恒逾九。一变其面貌，则必一获其赢余，一改其姓名，则必一趋其新异。故事同幻化，百出不穷。取其书而观之，实不过陈因旧本，增损数条，即别称一书目，别题一撰人而已。如斯之类，其存不足取，其亡不足惜，其剽窃重复不足考辨，其庸陋鄙俚亦不足纠弹。今但据所见，姑存其目。所未见者，置之不问可矣。①

　　明代科举考试一般分三场，以第一场的考经义最为重要。其规范为八股文，行文"代圣贤立言"，以对朱子四书义理的阐述为主要内容，不能有自己的观点和见解。而《四书大全》是胡广等奉敕编撰，前有明成祖御制序文的明代科举考试之指南。此书颁布发行后，二百多年来，天下士子围绕其书琢磨钻研，揣摩其试题，编纂应试参考书籍；塾师所教针对举子所需，撰写相关教材；坊间刻印亦投举业所好，改头换面，花样翻新，不断推出"新作"……多么繁荣兴旺的"产业链"！学子为"一举成名天下知"，释褐为官，踏上仕途而研习应试书，士人为射利而编纂应试参考书，塾师为备考编纂且教以应试教材，而坊刻老板揣摩学子心理：有关书籍"一改其姓名"，举子"必一趋其新异"；"一变其面貌，则必一获其赢余"。于是，应考教材、应考参考书多如牛毛，浩如烟海，层出不穷，数不胜数。"天下熙熙，皆为利来，天下攘攘，皆为利往。"还有谁钻研真正的经义学问？则"有明一代士大夫学问根柢具在于斯"② 矣。案语发掘其根源：《四书大全》是造成有明二百多年士习文风弊病的罪魁恶首。按理《四库总目》应不收或至少应该将《四书大全》列入存目，何以还将其收入经部四书类？"盖示戒非示法也"。案语搁笔前之措辞，振聋发聩，其良苦之用心，数百年后的今天，亦不难想见焉。

① 永瑢等：《四库全书总目》，中华书局，1965 年，第 320 页。
② 永瑢等：《四库全书总目》"四书大全"提要，中华书局，1965 年，第 302 页。

《四库总目》类序承《汉志》、《隋志》之绪，"撮述其源流正变"，考镜学术渊源与流衍，阐述学派兴盛与衰微，论定各家是非与高下。然而，追溯各家各派的学术渊源流变，并不像追溯黄河和长江的源头那样可以"逆流而上"，历史上各种学术和各个流派往往相互影响，彼此渗透，有的可能枝分而干同，有的可能源异而流合，更加之时代久远、头绪纷繁，所以"认祖追宗"式的考镜源流绝非易事。《四库总目》类序不畏艰难，对此进行了高屋建瓴式的归纳和总结。案语补苴其不足的同时，亦多说明凡例，申述己见。类序、案语虽缪误在所难免，但其功绩亦有目共睹，可谓嘉惠后学，泽被士林，功德无量焉。

（四）《四库全书总目》类序的缺陷

毋庸讳言，《四库总目》类序在辨章学术的过程中，由于学者不同的价值取向，决定了各自不同的价值判断；而不同的学术倾向又影响着他们对不同学派、学科、学术的评价，加上所处时代的局限，类序在考索源流时也存在许多不足，这一点张舜徽先生在《四库提要叙讲疏》中就已明确指出。譬如，经部总序对经学起源的论述就存在问题。汉武帝以后，儒学之士都称孔子删定《诗》《书》，制订《礼》《乐》。四库馆臣所谓"经禀圣裁""删定之旨"云云，也是延续了以往观点。《讲疏》阐述了这种说法不成立的理由：一是"删定"之说既"无征于《论语》"，又"不见称于孟、荀"，"秦火以前"并无此说。"《论语》为孔门所同记，于其师一言一行，乃至饮食衣服之微，喜乐哀戚之感，无所不记。使果有删定之弘业，何其弟子无一语及之？"二是《诗》《书》《礼》《乐》四经都是孔子之前就已存在的旧典。"史迁尝称'孔子以《诗》《书》《礼》《乐》教弟子'，然《管子》中已云'泽其四经'，可知以《诗》《书》《礼》《乐》为教者，不自孔子始。此四经者，皆旧典也，孔子特取旧典为及门讲习之，所谓'述而不作'也。"《讲疏》还特引龚自珍《六经正名》中的名言作为佐证："仲尼未生，先有六经；仲尼既生，自明不作。"六经为孔子以前"旧典"之说，张先生还可以找到更早的同道，章学诚在《校雠通义》中早就断言"六艺非孔氏之书，乃《周官》之旧典"[1]。《讲疏》还从

---

[1] 章学诚《校雠通义·原道》，参见《中国历代图书著录文选》，北京大学出版社，1997年，第323页。

社会背景和社会心理两方面探讨了这一说法的成因：

> 盖自汉世罢黜百家，独崇儒术，言及六籍，必推尊为孔子所删
> 定，此犹言《易》卦者，必托名于伏羲；言本草者，必托名于神农；
> 言医经者，必托名于黄帝；言礼制者，必托名于周公，莫不高远其
> 所从来，以自取重于世，后先相师，如出一辙，学者可明辨之。①

推尊孔子删定六经，是儒者尊圣宗经的心理作祟，四库馆臣不是无能而
是无意去探寻六经产生的渊源。

首先，由于尊圣、崇经、忠君的立场，四库馆臣毫不掩饰自己"编录遗
文"的目的，是"以阐圣学、明王道为主，不以百氏杂学为事"②。比如在经
部总序中，他们认为"经禀圣裁，垂型万世，删定之旨，如日中天，无所容其
赞述"。对经书只能信仰而不得怀疑，对"天裁""圣谕"只能赞颂而不可否
定，一切以"天裁"的是非为是非，以"圣谕"的好恶为好恶。

其次，尽管四库馆臣反复申言"参稽众说，务取持平"③，不断强调"扫
除畛域，一准至公"④，可是由于特定的意识形态、政治态度及学术倾向，他
们在月旦学人、论定学术、评价学派时，正如张舜徽先生所批评的那样，有时
难免"逞爱憎之私，失是非之公"。他们在总叙中所阐述和勾勒的学术史，有
些部分像夸张变形了的"学术漫画"：有的学人被拔高圣化，有的学派学人又
被贬损丑化。

先看四库馆臣对汉学、宋学的态度。他们主观上申明要"消融门户之见，
而各取所长"："要其归宿，则不过汉学、宋学两家，互为胜负。夫汉学具有
根柢，讲学者以浅陋轻之，不足服汉儒也；宋学具有精微，读书者以空疏薄
之，不足服宋儒也。"⑤表面上看，似乎对汉学与宋学一碗水端平，而实际上
正如《讲疏》所指出的那样，这些都是馆臣们的门面话，"然通观全书，于评

---

① 张舜徽：《四库提要叙讲疏》，云南人民出版社，2005年，第1页。
② 永瑢等：《四库全书总目》，中华书局，1965年，第19页。
③ 永瑢等：《四库全书总目》，中华书局，1965年，第1页。
④ 永瑢等：《四库全书总目》，中华书局1965年，第1267页。
⑤ 永瑢等：《四库全书总目》，中华书局1965年，第1页。

定学术高下、审断著述精粗之际，仍多扬汉抑宋之辞。盖习尚移人，贤者不免"。张舜徽先生在《讲疏》中还特地提醒读者说："读是书者，宜知其论列古今，自不无偏袒之见也。良以纪昀学术根柢，仍在考证。江氏《汉学师承记》，取与江永、金榜、戴震诸家并列，以其治学趋向同耳。其撰述《提要》有所轩轾，不足怪也。"① 清从乾嘉开始，汉、宋之争形同水火，如在《诗经》研究领域里，"攻汉学者，意不尽在于经义，务胜汉儒而已。伸汉学者，意亦不尽在于经义，愤宋儒之诋汉儒而已"。这两派名义上是论是非，而实际上是争胜负。但在《四库总目》类序中，扬汉抑宋的学术倾向是很明显的。

四库馆臣不仅常常扬汉抑宋，还往往尊古卑今甚至是古非今。来看看《乐》类叙对古乐今乐的评价："顾自汉氏以来，兼陈雅俗，艳歌侧调，并隶云韶。于是诸史所登，虽细至筝琶，亦附于经末。循是以往，将小说稗官，未尝不记言记事，亦附之《书》与《春秋》乎？悖理伤教，于斯为甚。今区别诸书，惟以辨律吕、明雅乐者，仍列于经。其讴歌末技，弦管繁声，均退列杂艺、词曲两类中。用以见大乐元音，道侔天地，非郑声所得而奸也。"② 张舜徽先生分析了馆臣所谓"雅俗"之所指和其评断之所失："苟非兼陈雅俗，断不至繁杂至此，故《四库总目叙》痛斥之。而必谓为悖理伤教，失之过激矣。"馆臣为什么如此偏激呢？除了他们的审美偏好外，更主要的是他们"明王道"的政治立场，使他们把审美趣味上的雅俗，混同于政治上的是非和道德上的邪正——凡雅者必正，凡俗者必邪，于是便严厉斥责俗乐"悖理伤教"。《四库全书总目》将那些所谓"讴歌末技，弦管繁声"都视为是淫荡的"郑声"，将它们全部剔出"《乐》类"，归入"杂艺"或"词曲"二类中。"杂艺"被人鄙视自不待言，"词曲"在四库馆臣眼中同样"厥品颇卑"③，将流行的"弦管繁声"退出《乐》类"而归于"杂艺"和"词曲"，就是把这一类音乐打入另册。从知识类型上看，无论是"律吕雅乐"还是"弦管繁声"都是音乐，将前者收入《乐》类，后者贬入杂艺，完全不顾知识分类和图书分类的基本原则。张先生不同意馆臣将所有"弦管繁声""皆目为郑声"："大抵事物之兴，

---

① 张舜徽：《四库提要叙讲疏》，云南人民出版社，2005 年，第 5—6 页。
② 永瑢等：《四库全书总目》，中华书局 1965 年，第 320 页。
③ 永瑢等：《四库全书总目》，中华书局，1965 年，第 1807 页。

古简而今繁；古代朴素而后世华靡；万类皆然，无足怪者。太古之乐，惟土鼓、蒉桴、苇龠而已。后乃益之以钟磬弦管，亦有来自域外以补国乐之不足者，于是音乐始臻极盛。如但一意尊古卑今，举凡今之所有而古之所无者，悉目为不正之声，概加屏弃，则违于事物进化之理远矣。此学者辨艺论古，所以贵能观其通也。"①《讲疏》敏锐地指出，四库馆臣是以音乐产生时代的早晚来判定音乐本身的尊卑——但凡古乐必尊，但凡今乐必贱。这既"违于事物进化之理"，也悖于音乐社会学的常识，充分暴露了四库馆臣意识形态上的傲慢和知识社会学上的偏见。

这种意识形态的傲慢在子部各类小叙中表现更为明显露骨。我们来看看法家类类序："刑名之学，起于周季，其术为盛世所不取。然流览遗篇，兼资法戒。观于管仲诸家，可以知近功小利之隘；观于商鞅、韩非诸家，可以知刻薄寡恩之非。鉴彼前车，即所以克端治本，曾巩所谓不灭其籍，乃善于放绝者欤！"说来令人无法相信，法家在四库馆臣眼中仅仅具有反面教材的价值。其所以不销毁法家典籍，就是为了让世世代代的人知道法家"近功小利"的狭隘及"刻薄寡恩"的冷酷，了解狭隘与冷酷给民族国家造成的灾难。《四库全书总目·凡例》称对那些"离经叛道、颠倒是非者，掊击必严"②，也许馆臣们觉得法家"离经叛道"吧，所以才对这一学派彻底否定。这在历代书目类序中，是从所未见的极端见解。忠君观念和政治态度也导致《四库总目》类序对学人、学派、学术评价的偏颇。譬如，集部总序评论钱谦益时，就因政治态度而泯灭了学术良知："至钱谦益《列朝诗集》，更颠倒贤奸，彝良泯绝，其贻害人心风俗者，又岂鲜哉！"③无庸讳言，钱氏为人可訾议者很多，不只降清一事大节有亏而已。不过，张舜徽先生认为，论及《列朝诗集》时就应桥归桥、路归路，从学术立场来论述该著的学术成败：

　　尝集有明一代之诗为《列朝诗集》八十一卷。起洪武讫崇祯，共十六朝，凡二百七十八年。分为甲乙丙丁四集。上而列帝与诸王

---

① 张舜徽：《四库提要叙讲疏》，云南人民出版社，2005 年，第 37—38 页。
② 永瑢等：《四库全书总目》，中华书局，1965 年，第 19 页。
③ 永瑢等：《四库全书总目》，中华书局，1965 年，第 1267 页。

之诗，则入之乾集；下而僧道、闺秀、宗潢、妇寺、蕃服之诗，则入之闰集。而自元末至太祖建国，凡元之亡国大夫及遗民之在野者，则别编为甲前集。入选者一千六百余家。是书广揽兼收，无分男女贵贱，朝野华夷，以逮沙门道士。但录其诗，不论其人。逸篇零什，赖以保存者不少。在总集中为创格，于征文考献，不为无补。后人徒以谦益为两朝人物，节概行事，多可訾议，故论者多鄙薄之。然吾尝读其《初学集》《有学集》，如其湛深经史，学有本原，论议通达，多可取者。当时阎若璩以学问雄海内，而生平最钦服者三人，自顾炎武、黄宗羲外，则谦益也。又曾列谦益之名冠十四圣人之首。其推崇之至此，夫岂阿其所好哉！①

　　《列朝诗集》不仅以"广揽兼收，无分男女贵贱，朝野华夷，以逮沙门道士"为收录标准，"在总集中为创格"，为后世保存了不少"逸篇零什"，有助于文史研究的"征文考献"，而且《列朝诗集小传》中纵论明代各家各派诗歌的优劣得失，视野宏阔而又议论精警，不失为一部系统而又透辟的明代诗歌史论。这部既具诗史价值又有理论价值的总集，却招致馆臣"颠倒贤奸，彝良泯绝"如此之重的恶评，真不知从何谈起。《讲疏》载钱氏《初学集》《有学集》"在乾隆时，以语涉诽谤，版被禁毁。修《四库全书》时，既未著录其著述，撰叙文者，又假论及《列朝诗集》，而抨击加剧，非定评也。逞爱憎之私，失是非之公，学者于此，必有辨矣"。原来如此！钱氏因其著作"语涉诽谤"，于是馆臣便剧加抨击以取悦龙颜，"逞爱憎之私"还说得太客气，四库馆臣们根本不敢有自己的爱与憎。作为极一时之选的四库馆臣，何尝不知道钱谦益的学问与地位？何尝不明白《列朝诗集》的学术价值？但他们只能以时君的爱憎为其爱憎，以朝廷的是非为其是非。

　　四库馆臣在"评定学术高下、审断著述精粗"中时见偏颇，并非全是政治态度、意识形态和学术倾向的原因，其中有一部分是识有未逮之所致。如《正史类叙》称："盖正史体尊，义与经配，非悬诸令典，莫敢私增，所由与

---

① 张舜徽：《四库提要叙讲疏》，云南人民出版社，2005年，第137页。

稗官野记异也。"① 我国古代史书最常用的编年体和纪传体，此前并没有人将它们分出学术上或文体上的尊卑。张舜徽先生《讲疏》考证了"正史"之名的来由和本义："'正史'之名，唐以前未有也。自唐设馆修史，然后名朝廷诏修之史籍为正史，亦犹唐初诏修五经义疏为《五经正义》耳。"张先生这里可能记忆偶误，"正史"之名始见于南朝梁阮孝绪的《正史削繁》，书以《史记》《汉书》等纪传体史书为正史。因为唐代官修的几部史书都拟司马迁、班固的纪传体，此后纪传体史书虽然常被说成"正史"，但"正史"之名并没有为纪传体所独占。张先生还举例说："刘知几《史通》有《古今正史篇》，叙列所及，并举纪传、编年，初未尝专宗纪传。嗣《唐志》列纪传为正史，而编年别成一类，宋以后皆因之。"② 不过，"宋以后皆因之"的说法也并不准确，《明史·艺文志》仍将编年、纪传都作为正史。以纪传体为"正史"绝非定论，"顾如晁公武《郡斋读书志·史部叙》曰：'编年、纪传，各有所长，未易以优劣论。而人皆以纪传便于披阅，独行于世，号为正史，不亦异乎！'章学诚《史考释例》亦曰：'编年之书，出于《春秋》，本正史也。乃班马之学盛，而史志著录，皆不以编年为正史。纪传、编年，古人未有轩轾；自唐以后，皆沿《唐志》之称，于义实为未安。'可知自来学者，偶言及此，亦递有是非。必如《四库总目叙》所云：'正史体尊，义与经配。'揆诸情实，夫岂其然！"③ 无论是从史学实情来看，还是从簿录体例着眼，将编年体和纪传体分出尊卑，既是意识上的偏见，也是认识上的偏差。

四库馆臣的认知偏差也表现在对方志的理解上，地理类类序说："古之地志，载方域山川风俗物产而已……王士禛称《汉中府志》载木牛流马法，《武功县志》载织锦璇玑图。此文士爱博之谈，非古法也。"④《讲疏》对这一说法给予异常直率的批评："斯论甚陋，不可为训。大抵方志取材，以社会为中心，与正史但详一姓之成败兴替者不同。举凡风俗习惯、民生利病、物产土宜、奇技异能，一切不载于正史中者，方志皆详著之。其足裨益国史，亦即在此。《汉中府志》载木牛流马法，《武功县志》载织锦璇玑图，实有其物，足资

① 永瑢等：《四库全书总目》，中华书局 1965 年，第 397 页。
② 张舜徽：《四库提要叙讲疏》，云南人民出版社，2005 年，第 49 页。
③ 张舜徽：《四库提要叙讲疏》，云南人民出版社，2005 年，第 49—50 页。
④ 永瑢等：《四库全书总目》，中华书局，1965 年，第 594 页。

考证，笔之于书，有何不可！以文士爱博之谈斥之，非也。"① 馆臣对方志的特征与功能缺乏深刻的理解，加之他们常患食古不化的毛病，要求每一种簿录体例僵守陈规，只能"因"而不能"创"，因而才有对方志载"木牛流马法"和"织锦璇玑图"的不满，才有对方志这一体例的陋识。

诚如余嘉锡先生所说的那样，《四库总目》看似"援据纷纶，似极赅博"②，可细查《四库总目》的类序，就可发现其观点或议论也常常间接参考或直接借用《汉志》及《隋志》的观点，而不是四库馆臣的新知独创，所以常和《汉志》《隋志》一起出错。如《隋志》别集类小序："别集之名，盖汉东京之所创也。"《四库总目》别集类小序沿用其说，谓"集始于东汉"。张舜徽先生指出：

> 《汉志》之《诗赋略》，即后世之集部也。观其叙次诸家之作，每云某某赋若干篇，各取其传世之文，家各成编，斯即别集之权舆。如云"《屈赋》二十五篇"，即《屈原集》也；"《宋玉赋》十六篇"，即《宋玉集》也；"《司马相如赋》二十九篇"，即《司马相如集》也……循是以推，则《诗赋略》所录五种百六家之文，大半皆别集矣。是刘向父子校书秘阁时，即已哀集多家之文，依人编定，使可别行。当时无"集"之名，而有"集"之实。集之创始，必溯源于此，不得谓至东汉而后有此体制也。特后人一一追题，纷加集名耳。③

"别集"源头始于西汉而非东汉，《汉志》中《诗赋略》所收录某某赋若干篇，其实就是某某人作品的别集，只是没有冠以"集"名罢了。《四库总目》总集类序对"总集"源头的论定同样是沿袭《隋志》。《隋志》以挚虞《文章流别集》为总集之始，四库馆臣也将挚虞编的《文章流别集》作为"总集"的滥觞，《讲疏》则认为"总集"实际上始于刘向哀集的《楚辞》："《楚辞》本刘向所辑录，至东汉王逸作注时，又益以己作《九思》与班固二叙为十七卷。

---

① 张舜徽：《四库提要叙讲疏》，云南人民出版社，2005 年，第 73 页。
② 余嘉锡《四库提要辨证》，云南人民出版社，2004 年，第 45 页。
③ 张舜徽：《四库提要叙讲疏》，云南人民出版社，2005 年，第 140 页。

自此疏释《楚辞》者，咸以王注为定本，故《四库叙》文云'王逸所裒'也。《楚辞》本总集之始，《四库总目》仍探原于挚虞《流别》者，本《隋书·经籍志》之说耳。"张先生进一步论述说，即使不算上刘向编的《楚辞》，挚虞编的《文章流别集》也不是最早的总集，早在挚虞之前就有曹丕编辑过建安作家总集："考魏文帝雅重文学，自为太子时……《与吴质书》有曰：'昔年疾疫，亲故多离其灾。徐、陈、应、刘，一时俱逝，痛可言邪! ……顷撰其遗文，都为一集。'……所谓'撰其遗文，都为一集'，即总集之体例，远在挚虞《流别集》之前矣。"[1]可见，集部别集类序和总集类序都沿袭旧说，没有尽到目录学"考镜源流"的本分，未能追溯到"别集""总集"最早的源头。

当然，瑕不掩瑜，尽管《四库总目》类序存在许多问题，其学术参考作用仍是十分明显的。时至今天，研究中国古代典籍、古代文化的学者，仍可从中获取问学的津梁，吸取丰富的知识营养。研究当代中国文化的学者，亦可参考借鉴其归纳、总结学术的方式方法，编纂出新的目录学著作，造福莘莘学子，造福社会。

---

① 张舜徽：《四库提要叙讲疏》，云南人民出版社，2005 年，第 143 页。

附录一　当代学科书目的编纂①

我国有编纂书目的优良传统。自西汉刘向、刘歆父子首创《别录》《七略》之体，班固《汉书·艺文志》采用于史志目录，《隋书·经籍志》继轨其事，到《四库全书总目提要》发扬光大，书目内容"类序"与"提要"结合，更好地"辨章学术，考镜源流"，达到了传统书目编纂的顶峰，受到学术界的高度推崇与嘉许。类序是在书目类目前总括纲领，介绍部类内容、类目沿革，揭示学术起源与发展，指引阅读研习，帮助读者理解和掌握某类图书或某方面知识内涵的叙述和说明性文字。提要在书目里侧重于评判和揭示图书内容优劣、版本异同。然而，当代不仅学科书目罕见，"提要"与传统走样，"类序"更无从书目中寻觅踪影。我国目录学的优良传统并没有得到很好的继承。

一、当代学科书目编纂的必要性

人类已经跨入了二十一世纪，进入了手机网络信息时代。在这个网络技术高速发展的时代，青年学子学习研究，需要撰有类序的学科书目吗？我们认为，这不仅不是一个伪命题，而且是一个需要社会学术界亟待解决的重大问题。每年高考结束后，中国都有上千万学生跨入大学的校门，面临着一个相同的困惑：我所学的专业，有哪些著名的著作、有哪些权威的教材可供学习？如果我对另外一个相关、相邻、交叉学科感兴趣，我应该阅读哪些优秀的专著和教材？以绝大多数理工科学生都要学习的课程《C语言》为例：这部教材国内编纂出版不下千种，哪个作者编写或翻译出版的最好？好在哪些方面？它的来龙去脉又是怎样？与哪些其他方面的计算机知识密切相关？通过四年的学习，或许能从某位教师那里听到一些片言只语的评论讲述，或许靠自己的学习钻研

---

① 原文刊载于《大学图书馆学报》2016年第4期。

了解一二，但大多数人也许仍然茫然不知。在学习这门课程时，只是抱着老师指定使用的教材（不管其是否优秀）死啃。多少年过去了，这种"盲目学习"状况丝毫没有改变，不知消耗了多少学子学习的热情，浪费了多少学子学习的时间和精力，阻碍或推迟了多少学子进入研究领域的步伐！这或许还是钱学森之问："为什么我们的学校总是培养不出杰出人才？"的一个重要的方面性的答案：自 1949 年新中国成立以来，竟然没有一部撰有类序的当代学科书目可供青年学子学习和研究参考！

　　清代乾隆征集天下图书，组织全国学术力量编纂《四库全书》及《四库全书总目》，不论其用意如何，虽然也存在这样或那样的不足与缺陷，但客观上为读书人研习学问指引了门径，具有极高的学术研究参考价值，则是后来的学者充分肯定的。《四库全书总目提要》分四部四十四类六十六子目，部、类、子目下都撰有类序。所收一万多种图书，每种都撰写提要。其实质就是我国古代最大的综合性学科书目。张之洞《輶轩语·语学》中"读书宜有门径"条说："泛滥无归，终身无得。得门而入，事半功倍。或经，或史，或词章，或经济，或天算地舆。经治何经，史治何史，经济是何条，因类以求，各有专注。至于经注，孰为师授之古学，孰为无本之俗学；史传孰为有法，孰为失体，孰为详密，孰为疏舛；词章孰为正宗，孰为旁门：尤宜抉择分析，方不至误用聪明。此事宜有师承。然师岂易得？书即师也。今为诸君指一良师，将《四库全书总目提要》读一过，即略知学术门径矣。"[①]张氏推崇四库提要为良师，就是因为其中学科门类类序与每本书的提要结合，揭示了学科门类的学术渊源，指点了学术津梁，评骘了每本著作的学术优劣。认为不管研习何种学问，它都能指引门径，使研习者事半功倍，不至误用聪明。言外之意还有：由此入门，也不至于或遇庸师，误人子弟。张氏之说是否有根据呢？我们不妨看看《四库全书总目提要》类书类小序：

　　　　类事之书，兼收四部，而非经非史，非子非集。四部之内，乃无类可归。《皇览》始于魏文，晋荀勖《中经》分隶何门，今无所考。《隋志》载入子部，当有所受之。历代相承，莫之或易。明胡应麟作《笔丛》，始议改入集部。然无所取义，徒事纷更，则不如仍旧贯矣。此体一兴，而操觚者易于检寻，注书者利于剽窃，转辗稗贩，实学颇荒。然古籍散亡，十不存一，遗文旧事，往往托以得存。《艺文类聚》《初学记》《太平御览》诸编，残玑断璧，至掇拾不穷。要不可谓之无补也。其专考一事如《同姓名录》之类者，别无可附。旧皆入之类书。今亦仍其例。①

小序先指出类书的性质，类书体裁著述之所创始，历代书目著录情况及其异议；既而分析它的兴起所带来的弊病和利用价值，尤其是其中几种最重要类书的利用价值；最后说明某类有别于类书的书籍收入类书类的原因。我们读了这篇小序，再读该类下所收各种类书的有关详细评论介绍文字（提要），自然对研习类书、利用类书，就大致心中有数了。可见，张之洞对《四库全书总目提要》的推荐与赞许，是可信的。张氏也因编写《輶轩语》和《书目答问》两书，在学术界声誉鹊起。张舜徽先生认为："近世达官巨人之言论，影响于学士书生最大者，厥惟曾国藩、张之洞两家。……至于辨章学术，晓学者以从入之途，则张之洞所为《輶轩语》《书目答问》影响最大。张氏为清季疆吏中最有学问之人，其识通博而不拘隘。《輶轩语》中《语学》一篇，持论正大，几乎条条可循。"②周建人《书房一角·輶轩语》亦云："《复堂日记》卷三庚辰年夏有一条云：'阅《輶轩语》，不必穷高极深，要为一字千金。'可谓知言。六十年来世事变革，乃竟不见有更新的学术指南书，平易诚挚，足以抗衡者，念之增慨。"③张、周两位学人都对《輶轩语》推崇备至。以今天的观点来看，《輶轩语》是学术指南书之指南书，《四库全书总目提要》《书目答问》则实至名归，是"货真价实"的学术指南书。《輶轩语》撰于1875年，《书房一角》写于1940年11月至1943年10月之间，周氏故有"六十年"之说。周

① 纪昀：《四库全书总目》，中华书局，1965年，第1141页。
② 张舜徽：《爱晚庐随笔·学林脞录卷十五》，华中师范大学出版社，2005年，第346—347页。
③ 周建人：《书房一角·輶轩语》，北京出版集团公司、北京十月文艺出版社，2012年，第148页。按：《复堂日记》作者为清代谭献。检1889年光绪乙丑刊《半厂丛书》本《复堂日记》原文，"卷三"应为"卷四"；"一字千金"应为"千金一字"。周氏引述有误。

氏之说离现在又过去了七十多年,《四库全书总目提要》《书目答问》等"学术指南书"的出版,至今则已分别近三百年和二百年。时过境迁,除了对中国传统学术研究领域仍具有较大的参考价值之外,于当代各种自然科学学科、社会科学学科学习研究,已不具备多少参考价值。在学科愈分愈细,各种研究著述、教材层出不穷,浩如烟海的情况下,"更新的学术指南书"——继承传统,编写类序和提要之当代学科书目仍不见踪影,学子们在广袤的学海中要想摸清学术门径,真是难比登天,哪能不望洋兴叹!笔者曾在某大学做过一个简易问卷调查,就大学的读书、研究等问题发放了三百份调查问卷,回收有效答卷二百八十七份。包括文、理、工科九个不同专业、不同年级的学生,其中的二个答案是:一、对所学专业的学术源流、学术研究领域的不同研究状况;专业内最著名的学术研究著作、最优秀的教材、最有名学者的学术造诣,没有一个学生能全面掌握了解。二、没有一个学生阅读或查检利用过当代学科书目甚至专题书目。

寻检现已出版之当代学科书目,当数北京图书馆编,书目文献出版社1986—1997年按学科分卷出版的《民国时期总书目》较有名气。该书目收入了90%以上民国时期出版的图书,所收各书,大多附有内容提要,并以B、S、C三个拼音字母分别揭示了北京图书馆、上海图书馆、重庆图书馆之馆藏。此外,版本图书馆所编《全国总书目》,大体上按年编纂出版;《全国新书目》月刊,按月编纂出版。都是依学科分类,反映新中国成立后全国各地出版的图书情况。但是,这几种书目,都没有类序,没有揭示某一学科内图书的学术渊源、学术地位、相互影响和发展之概况。其每书下之提要,大多照原书内容提要摘录或迻录而来,既不介绍其突出之优点,遑论指出其明显之不足,都是关于其书内容的泛泛介绍文字。后二种书目,更无法基于一段较长时间的视野,总结揭示某一学科的研究进展情况。因此,从严格意义上来说,现已出版之当代学科书目,对研习者而言,参考利用价值不大。而撰有类序的当代学科书目,则付阙如。学习借鉴《四库全书总目提要》等古代目录学研究的成果,古为今用,编纂撰有类序之当代学科书目,为青年学子的学习研究提供指南,十分具有必要性。

二、当代学科书目编纂存在的问题

如果说民国时期社会的战乱，新中国成立后三十年内政治运动此起彼伏，学术界无法潜心学问，是没有编纂学科书目的原因的话，改革开放至今已四十余年，中国社会蓬勃发展，政治环境、经济环境、学术环境都可以说是建国以来历史上最好的时期，为什么也没有具有真正学术功力的可供青年学生和研究者参考使用的学科书目问世？其中究竟存在哪些问题，导致当代缺乏撰有类序的学科书目编纂出版？笔者认为，主要存在三点原因。

（一）单个学者无力承担编纂撰有类序学科书目之重任

当代社会，学术研究的进展日新月异。在自然科学、人文社会科学的任一学科，研究领域五花八门，且交叉渗透，不断拓展。以专著、编著、教材、工具书等形式面世的图书，大都以千万计。而一个学科内的研究者，大多只能是"术业有专攻"，将学科内的某一领域作为自己的研究方向。只有凤毛麟角般极少数顶尖学者，其研究才能涉及相邻学科的几个领域，做出骄人的业绩。因此，可以说，任何学科内的杰出学者，都没有充足的时间和精力，对学科内的著述逐一寻觅阅读，评骘优劣，撰写出高质量的提要。由于研究领域以及知识视野所限，更无法站在学科的高度，关注学科内的一个个研究领域，撰写出"辨章学术、考镜源流"的类序，剖析知识体系、研究群体及其特色与不足，独力承担编纂撰有类序的学科书目之重任。考察历史上的私撰书目，著名者如《郡斋读书志》《直斋书录解题》之类，其提要虽多有可取之处，而类序则往往因个人学力之所限，或有或无，即便撰写出类序，也罕有学术的深度和广度，参考价值不大。这也可为当代学者无法独力胜任编纂含有类序学科书目工作之佐证。

（二）学者不可能自发组织编纂撰有类序的学科书目

编纂撰有类序的当代学科书目，必须集众人之力而成。能否由学者自发组织呢？回答也是否定的。新中国成立七十余年来，没有学者自发组织编纂学科书目出版的事实，也证明了这一点。首先，有这种号召力的领军人物欠缺。

即使在一个学科内，编纂单一学科书目，振臂一呼，众望所归，具有绝对号召力的学术领军人物，也很难寻觅。其次，编纂学科书目，尤其是撰写类序的学科书目，费时耗力。即便是单一学科书目，组织学科内众多学者分工撰写，费力劳神不说，没有五六年的时间，其成果也难以成型。况且当今各种学术评价指标体系，都是重论文，轻著述。书目这种形式的成果，是"二次文献"。全国所有的高校、科研院所，在评定职称、职位升迁等方面，书目都不属于学术研究方面的"硬性指标"，也没有什么"影响因子"可言。因此，没有多少学者愿意花费大量时间和精力，从事编纂书目，撰写类序，这种"费力不讨好"的工作。

（三）学术界没有引起足够的重视

撰有类序学科书目的编纂，学术界迄今并没有引起足够的重视，也是与当代目录学研究式微的负面影响息息相关的。《四库全书总目提要》面世之后，一直到清末民初，目录学成为显学，其研究著述、续补著述、新编书目灿若繁星，对指引学术研究，甚至思想解放与启蒙等方面，都发挥了巨大的作用。民国时期，战乱频仍，外敌入侵，建国后，又受到"文化大革命"等政治活动的影响，总结学术研究情况的新编学科书目，根本不可能组织编纂出版。1977年恢复高考后，至二十世纪八十年代至九十年代初期，目录学曾经"热"过一段时间，却仅仅局限在图书馆学和传统史学领域。图书馆学术界的研究偏重在书目方法、书目情报服务、目录学史、目录学思想研究等理论层面。如彭斐章《目录学》《书目情报需求与服务研究》，乔好勤《中国目录学史》，余庆蓉、王晋卿《中国目录学思想史》等。研究传统史学的学者，则投身于传统典籍的解题书目编纂，如张舜徽《中国古代史籍举要》、柴德赓《史籍举要》、王树民《史部要籍解题》、李宗邺《中国历史要籍介绍》等。黄永年于2006年发表《编撰〈书目答问〉新本刍议》的文章，也局限于呼吁传统书目的续编问题。着眼于人文社会科学、自然科学整体或各学科书目编纂的学者，并未之见。二十世纪九十年代中期开始，伴随着互联网的兴起，搜索引擎的利用，检索学术论文和相关信息越来越便捷，大学教师和学术研究者的目光，大都盯着学术研究前沿，以申请研究项目、发表学术论文为第一要务，很少或不愿顾及学科研究成果的总结，对教学的重视程度也大大降低了。另外，除了传统学术研究领域的学者对中国古代目录学的功用有深切的感受之外，当代自然科学、人文社会科学各个学科领域的学者，有关中国古代目录学的知识极少，根本就不会想到古为今用，学习借鉴《四库全书总目提要》等古代目录学研究的成果，编纂撰有类序之当代学科书目，为青年学子的学习研究提供指南等问题。因而，中国学术界都没有将当代学科书目的编纂，提升到一个思想认识的高度。

三、当代学科书目编纂之管见

当代学科书目编纂和类序撰写工作的难度是显而易见的。但为了千千万万青年学子的成才，为了早日实现繁荣富强的中国梦，即使是最难，也应该迎难而上。因为编纂当代学科书目，已经不仅仅局限于学术研究层面的意义，而是关乎国家一代又一代人才的教育培养，关系国家迅速发展未来的大事。总之，编纂当代学科书目，宜早不宜晚，应该引起国家职能部门及广大专家学者的重视。

（一）国家层面的组织领导实施

编纂当代学科书目，是一个庞大的学术工程。它是对建国七十余年来学术研究成果的总结，也是对七十余年学术研究成果的揭示。且涉及人文社会科学、自然科学各个学科，时间跨度七十余年，研究成果以千万计，没有强有力的组织领导，没有科研经费的大力支持，要完成编纂的任务，是根本不可能的。基于此，我们认为，国家层面的组织领导实施，是当代学科书目编纂成功的保障。应该由教育部牵头组织，国家以专项经费拨款的方式支持，以保障这项庞大学术工程高质量地顺利完成。

具体而言，笔者提出以下建议。

1. 以二级学科专业门类为基础，组织当代学科书目的编纂

2012 年 10 月 12 日，教育部颁布了《普通高等学校本科专业目录》。其

中一级学科门类为十二个，二级学科专业门类九十二个，三级学科专业五百零六个。当代学科书目的编纂，教育部宜以《专业目录》中九十二个二级学科专业门类为基础，组织实施。一般而言，宜由国家重点学科所在高校负责具体单个学科的书目编纂工作。因为既然是国家重点学科，其师资力量、科研水平应该在该学科领域具备相应较高的实力和水平。但也不能"一家独唱"，或者"照顾近亲"，只安排本校或由本校培养的他校师资来承担学科书目编纂和类序撰写的任务。每个二级学科，宜委任三至五名著名学者主持负责，这几位学者，最好来自两个以上的高校，且不是"近亲繁殖"，具有同一血脉的出身。他们要有宽广的胸怀，具备广袤的学术视野和深邃的学术眼光，由其联系邀请本学科专业内著名学者参加书目的编纂工作。宜参照《不列颠百科全书》邀请作者撰稿的做法，学科内的每个学术研究领域，必须由素有研究的专家来选择图书、撰写提要和类序。每篇提要、类序都责任到人（署名），以保障书目高质量按时完成。

2. 试点先行，以点带面

由于大多数社会科学学科、自然科学学科领域的学者，不熟悉书目编纂业务，更不知道借鉴古代著名书目的编纂方法，建议在传统人文科学领域，选择一二个学科作为试点，先行编纂单个学科书目，组织有关领域专家学者，切磋切磨，打造精品，作为各学科书目的示范和样板。然后由教育部组织召集各学科书目编纂负责者及主要参与者，以学术讲座、研讨会的形式，请书目编纂和研究领域的专家，介绍学科书目涵括的主要内容、编纂体例、具体的编纂方法，提要和类序的撰写方法，以及编纂书目时需要注意的事项等。虽然不要求照葫芦画瓢，鼓励各个学科书目编纂出各自的特色，但要求每个学科书目内容涵盖的领域必须全面，必须符合书目编纂的体例，必须符合一定的编写规范，这样可以保证学科书目的整体质量。

3. 科研经费保障与科研成果认定

编纂撰有类序的学科书目，是一件耗时耗力的辛苦工作，需要许许多多的教师和研究人员参与，才能保质保量地编成。可现在每个高校，对教师的管理，说实话，都不是宽松的。每年都有繁重的教学任务和科研指标，需要老师们努力完成。并且这些教学任务和科研指标的年终考核，都是与教师的职位聘任与升迁，薪酬及津贴的多少密切相关的。科研指标中，又以科研项目的争取与完成、科研论文的发表为考核的重点。这些，教育部的领导都应该是心中有数的。而要求教师抽出大量的时间和精力从事学科书目的编纂、提要和类序的撰写，既不能算科研项目，又不能算科研论文，教师们有自己的苦衷，难以激发其参与的积极性。因此，建议国家划拨足够的经费，由教育部行文，以科研项目的形式，将科研经费下发到有关高校。高校项目组按照从事书目编纂工作的难度和工作量的大小，将经费直接下发到个人。书目编纂中撰写的提要、类序都按照一定的规模，折算为科研论文，承认其为科研成果。在教师和科研人员职称的评定与升迁、科研成果的考核中，认定其为国家项目和科研成果。

（二）构建科学的学科书目编纂体例与内容

学科书目的体例与内容，是决定书目成败的关键。就体例而言，如果设计不科学，安排不合理，会导致收录图书杂乱无章，臃肿失衡，利用不便。就内容而言，在信息获取十分便捷的当代社会，几乎任何一本图书，都能利用网络，或多或少地检索到一般性的有关信息。如书名、作者、简短的内容提要，甚至章节等。如果学科书目的内容，仍然着眼于图书这些浅层次信息的组织揭示，不仅毫无意义，也没有参考利用的价值。因此，构建科学的学科书目编纂体例和内容，是书目编纂成功与否的关键。

1. 学科书目的编纂体例

首先，要解决书目入围的图书问题，也就是要确定收录图书的原则。比如说，是"竭泽而渔"，将学科内图书全部收录，还是选择性收录？如果是选择性收录，是否有个衡量入选的标准？考察当代出版的学术性图书，无外乎三大系列：一是研究性图书。包括专著、编著、教材；二是资料集成性图书。包括总集、别集、资料汇编、资料性丛书；三是工具书。主要包括字典、词典、书目、类书、索引等。三大系列图书，应该都在收录图书之列。但就全部收录还是选择性收录而言，笔者倾向于后者。这是因为：第一，全部收录学科内图书，书目的篇幅会过于庞大，既会显著增加书目编纂出版的成本，也会增加读者阅读参考使用抉择的时间与精力。第二，三大系列中的图书，许多有修订、增补再版现象，"前修未备，后出转精"，书目收录，自然以修订、增补本为宜，不必将不同版本统统收入。第三，选择性收录，宜采用"注重优秀著述"策略，也就是重点收录优秀的研究性图书、资料集成性图书、工具书。当然，这肯定会涉及学术评价问题，而且，三种不同类别的图书，应该有不同的评价标准。一般而言，研究性图书，可以将是否具有学术独创性、学术创新性、论证的科学性视为入选的标准；资料集成性图书，可将资料收入的准确性、全面性、规范性视为入选的标准；工具书，则可将编撰体例的严谨性、内容的科学性、阐释的正确性等视为收入的标准。对低劣有害的、平庸无特色也无害的研究性图书、资料集成性图书、工具书，则可以完全不收；或学习《四库全书总目提要》"存目"的做法，收入"存目"，利用"提要"予以揭示，以免在社会上大量流传，贻误青年。这也是减少学术图书市场良莠不分、鱼目混珠的重要措施。台湾、香港等地出版的学术性图书，也要择其优秀者收录介绍。至于文学艺术类图书、通讯报道类图书、科学普及类等非学术研究性图书，自然不在学科书目收录之列，这些都是在收录图书时应该先行明确的。

其次，当代学科与研究领域交叉渗透，你中有我，我中有你。学科如计算机科学与数学，化学与生物学，物理学与化学，文学与史学、哲学等，都无法在学术层面截然区分开来。每个学科下不同研究领域之间，则更有千丝万缕的联系。上述三大系列学术性图书，许多在不同学科和不同研究领域都有学习和研究参考使用的价值。因此，除了在其所属学科重点介绍外，宜参照古代书目"互著"的方法，在不同学科与研究领域分别予以揭示。

再次，学科书目下图书的分类，宜根据不同的研究领域，设立不同的类别。类别的多少视学科内研究方向与学术成果而安排，无须做硬性的规定。每个学科、每个研究领域（类别），则必须撰写类序。彰显学术源流，剖析学术领域之研究特长、进展与趋势。

2. 学科书目的内容

学科书目的内容包括图书提要与类序两个部分。

图书提要部分的撰写。学科书目图书提要不同于一般图书内容提要。前者是站在学术的高度，对图书的内容范畴、学术特色、学术源流，图书的主要优点、缺点，甚至作者的学术师承、学术背景、图书版本等——揭示，以便读者学习研究参考。后者则仅仅着眼与图书内容，加以归纳概括，以便读者对图书内容的大致了解。具体来说，图书提要的撰写，宜学习《四库全书总目提要》的撰写方法，突出考虑现代社会学习、科研参考的需要。所有收录的图书，都要介绍作者、出版社、出版地、出版时间、版次、总页码、内容大要。优秀图书，则应详细揭示其突出的特色，包括内容、体例，甚至研究方法与写作等方面的特色。尤其是在内容方面，其研究涉及哪些领域，有哪些方面的突破和创新，存在哪些不足和缺点，有哪些学科及研究领域可以参考，等等。作者的介绍也可以更加细致，包括家学渊源、师承授受、海外留学等学术背景，学术经历，学术特长，是否有其它的学术著述，是否属于某一学术门派，等等。同一部图书，在不同学科中有收录者，其提要宜从不同学科研究领域的角度，深入揭示其学术特色。其作者介绍部分则由于有"互著"，在其主要研究学科介绍宜详，其它学科研究领域宜简。劣质图书，则必须一针见血指出其内容、体例的缺陷之处，剖析其成因，以免误人子弟。

　　类序部分的撰写。类序部分的撰写最难，也最重要。宜由学科领域内素有研究的多名专家集体负责撰写。写成之后最好再集中修改，以避免内容重复或有遗漏。应站在本学科的角度上进行总括式的介绍，力求让青年学生对本学科的文献和研究状况有一个总体的认识，对本学科的发展演变、学术源流清晰明了，对未来的学习、研究方向的选择等有所帮助。内容至少要包括四大部分。其一，学科、研究领域的学术发展源流、演变、研究前沿和发展趋势；其二，学科、研究领域内的最重要学术研究论著、教材、资料书、工具书；其三，学科、研究领域内的重要研究方向研究热点与研究群体或者研究流派；其四，与本学科、本研究领域有关的其他学科、其他研究领域的相关信息。包括本学科、本研究领域的研究，已经涉及到哪些其他学科、其他研究领域；其他学科、研究领域的研究，已经涉及到本学科、本研究领域的哪些学术研究层面和内涵，等等。学科类序写作可以学习借鉴《汉书·艺文志》《隋书·经籍志》《四库全书总目提要》部类类序的写作方法，摈弃其缪误与不足，在吸取其长处的基础上加以改造，以适应当代学子学习研究参考之需要。至于类序的撰写表达形式，笔者以为，不要强求"规范"，应鼓励"八仙过海，各显神通"，写出各自的特色。千篇一律，反而显得呆板，缺乏活脱和可读性。余嘉锡先生曾指出："盖目录之书莫难于叙录，而小序则尤难之难者。章学诚所谓'非深明于道术精微、群言得失之故者，不足与此。后世部次甲乙，纪录经史者，代有其人，而求能阐大义，条别学术异同，使人由委溯源，以想见坟籍之初者，千百之中，不十一焉'，盖谓此也。叙录体制，自古人所作书叙，及《七略》《别录》，大抵相同。其谋篇行文，皆有法度。若小序之体，则《汉志》六篇已自不侔。故不可设为一成之例，以绳后之作者。"① 余先生是学术大家，尤长于目录之学，有《四库提要辨证》《目录学发微》等专著存世，此说是他长期研究目录学的切身感受。类序的撰写，"不可设为一成之例，以绳后之作者"，更显示出其远见卓识，至今仍有其学术指导意义。

　　总结学术、彰显学术、指引学研，是当代学科书目中类序与提要的功能；编纂当代学科书目，更是时代赋予我们的重任。期望撰有类序的当代学科书目能早日问世！

---

　　① 余嘉锡：《余嘉锡说文献学》，上海古籍出版社，2001 年，第 62 页。

附录二 中国目录学的回归与重构①

目录学是中国的"国学",具有悠久的发展历史。追溯其源应有二支:其一为先秦官府标记载事器物(如龟甲)和书籍次序的标识和记录;其二为儒家聚徒教学,整理文献,"言其作意",叙述作品主题旨意、写作背景的"序"。西汉时期,刘向、刘歆父子将二者结合起来,编纂成《别录》《七略》二书,既著录图书文献的书名、卷帙、作者,揭示图书内容优劣、主题旨意;又归纳区分文献、按类编排,对每类图书撰写类序,介绍部类学术起源、发展与特色,奠定了中国目录学的学科地位。之后,东汉班固将其成果纂辑入史书,编成《汉书·艺文志》。唐代魏徵等继轨其事,撰就《隋书·经籍志》。"二志"被称为中国目录学发展史上的"双璧"。清代,纪昀等编纂《四库全书总目提要》,继承传统,发扬光大,将清代乾隆以前存世的图书区分为经史子集四部四十四类六十六子目,部、类下撰写的类序,每部书下撰写的提要,大多具有相当高的学术水平,达到了中国目录学发展的历史顶峰,受到学术界的高度推崇与嘉许。至今,我们研究中国古代文献和古代文化,《汉书·艺文志》《隋书·经籍志》《四库全书总目》仍然是重要的工具,具有不可或代的参考使用价值。其"提要"与"类序"结合,"辨章学术,考镜源流",指引学习和钻研,嘉惠学子,受益无穷。但令人十分遗憾的是,当今社会,不仅无法寻觅如《四库全书总目》那样高质量的当代大型综合性学科书目,就连单一的学科书目也难见踪影。

---

① 原文刊载于《图书情报工作》2017 年第 14 期。博士研究生胥伟岚采集了有关资料,并撰写了部分初稿。

一、目录学基本意旨的演变

自古以来，目录学素来被视为读书治学的入门必修课。从其历史发展进程归纳，我国目录学大致可分为古典目录学、近代目录学以及现代目录学三个阶段。古典目录学是一种源于文化又服务于文化的产物，文献是文化得以记载和传承的主要载体。文献积淀到一定的数量后，人们对文献的特定需求便催生了目录。而以孔子为代表的儒家学派聚徒教学和整理文献，则是促成有层次地揭示各类典籍，促进目录学产生和发展的主要动因。在强调"文以载道"思想理念、"独尊儒术"文化取向、"学术源流"传统特色的古典目录学时期，目录学最基本的意旨主要有三：一是其根柢在于以"部次条别"来实现文献"检索"的书目工具价值；二是揭示文献内蕴，践行考辨学术源流的向导价值；三是重视以"大弘文教""申明大道"为诉求的思想价值[①]。近代以来，西学东渐，随着西方文化的渗透，西方和日本的大量著作被翻译介绍到中国。古典目录学的框架和规范受到了严重的冲击，传统的分类体系已无法网罗五花八门的东西方著述；面对形形色色的西方、东方世界各国著述，"辨章学术，考镜源流"更茫然无从谈起。虽然康有为、梁启超等力图与时俱进，用古典目录学样式的"旧瓶"，装西学著述的"新酒"，开创时代风气，引领学术风骚，做出了历史的贡献，但毕竟心有余而力不足，就其书目编纂实践言，较之《汉书·艺文志》《隋书·经籍志》，已不可同日而语，更遑论《四库全书总目》之洋洋大观了。因此，可以说，近代目录学的旨趣，在于冲破传统的藩篱，开启振聋发聩的思想解放之旅。继之而起的现代目录学研究，其旨趣表现在多途：一是承袭古典目录学的传统，对《汉书·艺文志》《隋书·经籍志》《四库全书总目》等著名书目进行辩证、补苴、专书研究；二是对目录学理论的深入探讨。其主要成就表现在中国目录学史、版本目录学、西方目录学及前苏联目录学理论的翻译吸收方面；三是在专题书目编纂、古典书目编纂实践领域。然而，当时代进步的车轮风驰电掣地驶入二十一世纪之际，在开放的目录实践与学术环境下，目录学的文献源从有序、有限的图书文献扩展到无序、无限的网络信息

---

① 傅荣贤：《论中国古代目录学研究的当代进路》，《图书馆》2010 第 3 期。

空间，面对浩如烟海的文献海洋，目录学似乎徒有望洋兴叹之感！当今社会，目录学的意旨究在何方？目录学的致用性与学术性价值是否就此一落千丈？目录学的研究与教学是否日趋式微，直至走向消亡？无疑，精当合理地解决网络时代信息资源的揭示、控制、开发及利用等问题，是现代目录学弃旧布新、延续经典、探索创新的新使命。不同阶段的意旨回顾是我们反思目录学回归的起点，也是对其未来发展重构的重要依据。

二、目录学发展的困境与解析

（一）现实困境

1. 目录学研究的学术变向

《四库全书总目》问世之后，目录学成为中国学术界的"显学"，各种增补、辩证、赓续之作层出不穷，不胜枚举。目录学也成为了莘莘学子的一门重要工具性课程，走进书院和大学的讲堂，不可或缺。即使到了晚清时期，西学东渐潮流滚滚；民国时外敌入侵，内患不止的情况下，中国目录学的研究仍能与时俱进，如康有为有撰写提要、类序的《日本书目志》面世，余嘉锡、姚明达分别有探索目录学理论的《目录学发微》《中国目录学史》等出版。1949 年新中国成立，迄今已七十余年，目录学的研究探索，虽经历"文化大革命"的摧残，也并非没有建树。如理论研究代表性著述有王重民《中国目录学史论丛》，来新夏《古典目录学》，余庆蓉、王晋卿《中国目录学思想史》，彭斐章《书目情报需求与服务研究》等。书目编纂代表性成果有王重民《中国善本书提要》，顾廷龙主编《中国古籍善本书目》《续修四库全书》，王鹤鸣主编《中国家谱总目》，李灵年、杨忠主编《清人别集总目》，张舜徽《清人文集别录》，宁稼雨《中国文言小说总目提要》，江苏省社科院明清小说研究中心《中国通俗小说总目提要》、北京图书馆编《民国时期总书目》，等等。但查阅这些成果我们可以看出：无论是理论研究还是书目编纂实践，大多偏重在古典文献领域一隅。学科书目仅有《民国时期总书目》一种，不仅没有类序，其提要也多据原书内容迻录编写，极少指出原书优劣之所在。可以说，它们并非是对中国优秀的古典目录学成果的一脉相承，而是"剑走偏锋"，研究"变向"，只是就个人或组织的知识素养、能力与爱好的研究结晶而已。虽然能满足部分社会需求，但适应面窄，无法满足莘莘学子与学术研究界的迫切需要。站在学术高地，总揽纲纪，组织编纂国家书目，用类序与提要结合揭示国家馆藏文献，"辨章学术，考镜源流"，指引学习研究的中国目录学优良传统，近代以来并没能很好地继承。

2. 目录学教育日渐萎缩

（1）目录学学术界的茫然与教学的滑坡。

如果对古典目录学、近代目录学及现代目录学各阶段的学科发展基点进行扫描归纳，我们可以发现：古典目录学基于文献整理，重视考辨学术源流；近代目录学以理论探索为发展路径，强调导读目录功效；现代目录学则以书目情报为学科发展基点，以书目控制与信息资源共享为研究制高点。[①] 随着数字化时代的到来，引发了过分强调技术论的目录学危机——当前的目录学学科理论与书目情报实践发生偏离与脱节；[②] 目录学界开始"唯书目情报是瞻"；[③] 目录学的学科体系定位不清，并被视为"没落学"；书目情报理论被等同于目录学实践应用，并成为改变目录学困境的灵丹妙药。目录学理论研究亦被直接以网络目录学、数字目录学等新技术简单代替。[④] 目录学的内容是否会因技术含量过多，逐渐丧失其理论、方法意义？目录学学术界本身的茫然与种种困惑，导致了教学课程设置的滑坡，教学质量的滑坡，教学效果的滑坡——长此以往，目录学教学是否有理由继续存在？后果不堪设想。究其原因，现行目录学理论研究大都缺乏对具体实践的研究总结，拔高的理论架构与教育实践割裂严重。在高度发展的网络社会，无论是教学还是研究，都找不到具体的发展路径和方向。

---

① 傅敏：《从图书馆学研究视角看目录学的现代发展》，《图书馆论坛》2015 年第 4 期。

② 刘新文、袁世亮：《对目录学现状问题讨论的回顾与述评》，《图书情报工作》2009 年第 9 期。

③ 赵宣：《中国当代目录学研究评议》，《图书馆理论与实践》2006 年第 2 期。

④ 王子舟：《时代需求与目录学的发展》，《图书情报知识》1998 年第 1 期。

（2）目录学教学萎缩。

1949 年以来，目录学在我国高校的教学，日见萎缩。下表是我们通过网络调查了解到的当今目录学在我国三十九所 985 高校的目前教学设置情况。

表 1　39 所 985 高校目录学课程开设情况统计表

序号	学校名称	院系	课程名称	序号	学校名称	院系	课程名称
1	清华大学	人文学院	目录学	21	四川大学	历史文化学院	考古目录学
2	北京大学	信息管理系	普通目录学	22	湖南大学	岳麓书院	目录学
3	复旦大学	古籍整理研究所	版本目录学	23	山东大学	儒学高等研究院	目录版本研究
4	中国人民大学	历史学院	版本目录学	24	中南大学	马克思主义学院	版本目录学
5	上海交通大学	人文学院	版本目录学	25	华南理工大学	新闻与传播学院	版本目录学
6	浙江大学	人文学院	目录学	26	北京理工大学	——	——
7	中国科学技术大学	——	——	27	大连理工大学		
8	南京大学	信息管理学院	目录学	28	西北工业大学		
9	同济大学	——	——	29	重庆大学		
10	哈尔滨工业大学	——	——	30	电子科技大学		
11	西安交通大学	管理学院	目录学	31	吉林大学	古籍研究所	版本目录学
12	北京航空航天大学			32	东北大学		
13	天津大学	——	——	33	华东师范大学	古籍研究所	版本目录学
14	华中科技大学	——	——	34	中国农业大学		

续表

序号	学校名称	院系	课程名称	序号	学校名称	院系	课程名称
15	东南大学	——	——	35	中国海洋大学	政法与历史学院	版本目录学
16	南开大学	商学院	目录学	36	西北农林科技大学		
17	中山大学	资讯管理学院	目录学	37	中央民族大学	民族学与社会学学院	版本目录学
18	武汉大学	信息管理学院	目录学概论	38	国防科学技术大学	——	——
19	厦门大学	人文学院	史料目录学	39	兰州大学	文学院管理学院	古籍版本目录学目录学概论
20	北京师范大学	历史学院外国语言文学学院	版本目录学西方版本目录学				

　　通过调研三十九所 985 高校目录学课程开设的基本情况，不难得知，目录学在大学的教学，可以说是江河日下。经五十年代的院系调整与学科专业改造，目录学隶属于图书馆学的范畴。其他各学科专业，好像均无目录学教学之必要。目前，隶属于信息管理学院或其他学院的图书馆学专业，虽大都开设《目录学》课程，但内容陈旧枯燥，泛泛介绍有关目录学的基本知识，远离"致用"，大都提不起学生学习的兴趣。①而许多文史类专业开设的版本目录学类课程，虽着眼于"致用"，但侧重于古典文献领域，学生受益人数极少，且知识局限在"点"的范畴。在网络信息铺天盖地，各种信息检索和利用工具日臻完善的今天，目录学在当今大学的教学之路，越走越窄，已经迷失方向，离总揽纲纪，辨章学术，考镜源流，指导学习研究的宗旨愈来愈远。上表我们选取的仅是三十九所 985 高校，其它高校目录学课程的设置，也可想而知。从表

---

① 王锰、郑建明、陈雅：《数字时代目录学理论体系的形式与内容分析》，《图书情报知识》2015 年第 1 期。

中可见，工科院校基本都没有设置目录学的课程。开设目录学的专业，大都局限在图书馆学、文史哲专业。难道目录学教学只适应这些专业吗？别的专业学生就不需要目录学知识指引读书治学吗？笔者在武汉的几所大学做过调查：当今一个学科的学生，大学学习四年，大多都不知晓自己所学专业领域最好的教材、最好的学术论著（包括专著、论文），学术研究分支及其研究进展，更不会知晓相关学科、相邻学科的有关论著和研究状况，而这些都应该是目录学教学所涉及的主要内容！

（二）困境解析

如果说新中国成立初期的政治运动致使目录学无法良好传承，编纂优质的学科书目不具备社会学术环境，那么近年来和谐的人文社会环境、先进的技术条件下，目录学考辨学术源流之传统为何没有得以继承，为何没有可供参鉴的当代学科书目问世？究其缘由，我们认为主要有以下原因：

（1）编纂综合性学科书目，撰写类序，辨考学术源流是一项庞大而费力不讨好的工程。往往需要耗费大量精力探寻学术发展的逻辑联系、演衍路径，众多学术领域学术前沿的勾稽索隐、条分缕析难上加难，致使单个学者无力承担和自发组织来编纂有类序的学科书目的重任。

（2）学术界没有引起足够的重视。改革开放之后，中国学术界受西方影响，重论文，轻著作。学术评价论文以引文量、引文数据库的收录、文摘类杂志的收录为最主要的评价标准。传统目录学书目提要类的主观评价地位一落千丈。

（3）图书馆学情报学界，老一辈专家逐年退出目录学研究舞台，继承衣钵的中青年学者研究视野发生游离，青黄不接的研究梯队造成目录学传统精华的继承难以为继。[①]

（4）在原始资料获取便捷的时代，更多人开始质疑编纂学科书目的必要。加上现代目录学理论与实践的严重脱节，大多数书目的编纂皆可视为图书的"花名册"，无论是图书著录还是数据库的建设，最终都以简单条目，方便稽

---

① 司莉、彭斐章、贺剑峰：《网络信息资源组织与目录学的创新和发展》，《图书情报工作》2001 年第 9 期。

检为目的，毫无辨考、评价文献内容之意。

从目录学本身而言，目录学发展式微也有其自身的原因：其一是难度大。古典目录学有"辨章学术、考镜源流"之功效，该功效对应于古代"通才型"知识分子的学术环境。现代学术环境的变迁，学科林立、分科治学，通才型知识分子已经不再可能。人们没能客观认识到如何通过"去粗取精"将古典目录学超越的内涵转化为现代发展的思想资源。[①] 目录学地位下滑不能完全归咎于信息技术的蓬勃兴起，更不能完全否定其学术精髓的传承。其二是时滞问题和组织问题。新的文献诞生太快，而编制有考辨、评论的目录著作需要时间。编纂大型的"辨章学术，考镜源流"型学术书目，更需要大量的经费投入，尤其是大量学者的组织参与。

此外，从目录学教学的困惑分析，我们发现：目录学课程内容与课程体系设置不当也造成目录学地位边缘化。在当今目录学教学的重镇图书情报学科，目录学学科地位不明确，与其他学科相互涵摄，至今为止都未能形成自己的特色，从而在课程内容设置上出现重复交叉：部分目录学内容纳入为其他学科，也有少许内容分离形成新的分支，目录学的研究领域愈加受限。原本作为图书馆学专业最重要基础课程的目录学，其地位大不如前，前景也令人深感忧虑。此外，新型理论与技术方法的渗透，元数据、知识发现、数字化目录为目录学研究扩展了新视野，这一系列新思维在目录学课程设置中并未得到充分反映。[②] 同时，强调目录学与新信息环境融合的嵌入式教学方式也对传统目录学教学提出了前所未有的挑战。总之，目录学教什么？怎么教？教师困惑。"以其昏昏，使人昭昭"，教学效果可想而知。

---

① 傅荣贤：《图书馆学专业"中国古代目录学"教学内容与课程体系优化研究》，《图书馆理论与实践》2014 年第 2 期。

② 陈传夫、罗博、冉从敬：《目录学的时代性——教学研究体会》，《图书情报知识》2014 年第 3 期。

三、当代目录学发展的重构策略

显然，中国目录学的回归，应该成为学术界的共识。但回归并不是依样画葫芦，编纂书目不是按照《四库全书总目》的标准，一成不变。教学内容也不是仿照清末和民国的路数，以古典书目和目录学史为核心。回归与重构应该同时进行，可以从理论架构、学科书目的编纂和目录学的教学三个方面入手。

（一）构建理论与实践相契合的理论指导架构

目录学是一门实用性很强的学科。理论来源于实践工作的总结。构建目录学理论指导架构，要从目录学的内容本体入手带动形式结构的转变，密切融合社会背景与人的认知思维，既要有"道"的形而上追求[①]，又不局限于固步自封"术"的形而下层面[②]。具体来说，一方面，要发扬古代书目"辨章学术，考镜源流"的学术总结智慧，着眼于学者自身的学术背景、心理及思维，从"语义和语用"层面对现代文献客体进行多元化的资源整序与文化创造[③]，进而纠偏当前目录学知识组织的一般原理、方法与原则，编纂出切于实用的大型学术性学科书目。另一方面，不是对文献的简单梳理，而是通过多维路径实现书目考辨学术的目标，从学理层面总结考辨特点，揭示目录学的本质与学科内涵，应用于目录学的教学和研究实践之中，使目录学的教学与研究与时俱进，既富有时代特色，又具有自己独特的不可替代的学术特征，高标独秀，自立于学术之林。

（二）编纂当代综合性学科书目

当代综合性学科书目的编纂工作是对新中国成立以来，所有人文社科、自然科学各学科学术成果的精炼总结与深度揭示，是一项庞大的系统工程。为了集众家之长，并确保书目编纂工作高成效、高质量完成，我们建议：首先，

---

① 柯平、曾伟忠：《试论面向数字书目控制和数字资源控制的数字目录学》，《图书情报知识》2007年第9期。

② 韩松涛：《网上学科导航的目录学特性初探》，《大学图书馆学报》2006年第4期。

③ 丁宇、陈耀盛：《基于致用之学与学术史的多元多层次数据目录学研究》，《情报探索》2016年第10期。

宜由国家专项经费拨款，委托教育部牵头组织成立聚集各学科专家为核心团队的负责机构，可以先遴选一到两个传统人文学科作为试点，编纂单一学科书目，组织专家切磋切磨，作为其他学科书目编纂的典型示范。其次，制定学科书目编纂体例。针对当代出版的研究性图书、资料集成性图书以及工具书三类学术性图书，明确其收录范围，采用"注重优秀著述"策略，选择性重点收录三类图书中优秀作品。而对于三类图书涉及的学术评价标准，一般而言，研究性图书主要考量其学术独创性、创新性以及论证的科学性；资料集成性图书重在考察资料的准确性、全面性与规范性；工具书则侧重测度其编撰体例的严谨性、内容的科学性、阐释的正确性等方面。[①]关于港澳台等地区出版的学术性图书，也需择优收录。至于文艺、通讯报道及科普类非学术性图书，自然不列入收录范围之内。鉴于各学科不同研究领域间的交叉渗透，而不同学科和异同领域的知识极具参考使用价值，有关涉及多学科领域的文献，我们觉得除了在所属学科重点揭示外，亦可参照古典书目"互著"的模式，在不同学科和学术领域分别进行深入揭示。最后，图书提要和类序的撰写工作。这一环节是书目编纂的核心，为保证书目质量，我们建议负责撰写的每篇提要和类序，须加强署名管理，明确责任。图书提要的撰写有别于图书内容提要，应突出考虑当代背景下，学者们的学研需求，尽可能揭示作者的学家渊源、师承授受、学术背景与所属学术流派、学术专长，图书内容的优劣所在及图书版本等内容，以方便读者研习参考。如同一部图书在不同学科被收录，其提要应从不同领域角度剖析和揭示其学术特色，作者介绍采用"互著"形式，主要研究领域介绍宜详，其他领域介绍宜简。面对劣质图书，提要必须毫不留情指出该书内容、体例的不足之处。关于图书类序的撰写，笔者以为必须由本学科领域内素有深厚研究经历的知名专家负责，不在于表达形式的规范，而在于集思广益，各展所长。但类序的内容至少要包含四部分。（1）本学科、本领域的学术源流、发展演进。（2）本学科、本领域内最为重要的研究论著、教材、数据库、研究资料和工具书。（3）本学科、本领域内最前沿的研究热点、优秀学术专家、学术群体与学术流派。（4）本学科、本领域与其他学科或研究领域互相涉及的研究层面。

---

① 夏南强：《当代学科目录的编纂》，《大学图书馆学报》2016 年第 4 期。

（三）优化目录学教育体系

目录学教学内容与课程体系的优化是当代目录学回归与重构不可或缺的重要环节。笔者极力主张，大学各个学科普遍设置目录学这门课程，以帮助学生尽快摸清门道，进入学习和科研的"角色"。教学宜选择本专业科学研究成果丰富的教师担当，一般学科可由五至七名教师具体从事教学，大的传统学科可安排更多人选。由于学科书目从编纂到出版过程延续时间较长，且收录局限于图书著作，在目前尚属阙如的情况下，对学生而言，教学需求就显得更加迫切和重要，而教学内容的选择则更是关系到目录学课程教学的成败。一般学科的目录学教学应该包括三个方面的内容：一是本学科的来龙去脉，发展源流及其体现的标志性论著、教材、资料书（包括数据库）、工具书（包括研究工具，如软件）评述介绍；二是本学科内五至七个研究领域的研究进展及其代表性研究论著、资料书（包括数据库）、工具书（包括研究工具，如软件）的评述介绍；三是本学科采纳引用的其他学科研究著述以及本学科对其他学科的影响性研究论著的评述介绍。大的传统学科（如文学、史学、哲学、数学、物理、化学），则可以在传统的历史分期，或研究分支下讲述以上三个方面或更多方面的内容，文史哲学科仍有必要同时开设版本目录学。要特别强调的是，学科书目出版之后，当然可以作为教学时的重要参考，但切忌画地为牢，教学内容囿于著述，不及其他；讲授更忌照本宣科，索然寡味。要密切关注最新研究进展与研究前沿，将有关代表性研究论文、研究软件工具甚至研究方法随时评述介绍给学生，以弥补书目不能收录论文和数据库、研究软件的局限。对于课堂讲授而言，将最新的优秀论文随时介绍给学生，尤其重要。只有这样，目录学的教学才能够与时俱进，常讲常新，成为最受学生欢迎的课程。

2016年5月17日，习近平同志《在哲学社会科学工作座谈会上的讲话》指出："中华民族有着深厚文化传统，形成了富有特色的思想体系，体现了中国人几千年来积累的知识智慧和理性思辨。这是我国的独特优势。中华文明延续着我们国家和民族的精神血脉，既需要薪火相传、代代守护，也需要与时俱进、推陈出新。要加强对中华优秀传统文化的挖掘和阐发，使中华民族最基本的文化基因与当代文化相适应、与现代社会相协调，把跨越时空、超越国界、富有永恒魅力、具有当代价值的文化精神弘扬起来。要推动中华文明创造性转化、创新性发展，激活其生命力，让中华文明同各国人民创造的多彩文明一道，为人类提供正确精神指引。"中国目录学是中华文明延续的重要工具之一，也是中华文明发展和积淀的标志性成果。我们相信，中国目录学的回归与重构，不仅有益于千千万万的中国学子，也能够给世界各国青年的学习和研究提供指引和借鉴。

附录三　数字典籍数据库的目录学揭示^①

一、从《景延楼记》的标点注释说起

　　1990 年，笔者接受一位朋友的约稿，从事《景延楼记》等数篇宋代散文的标点注释、翻译赏析工作。朋友指定了篇名，具体文献需自己去寻找确定。《景延楼记》的作者是杨万里，笔者当时查检文渊阁版《四库全书》中杨万里的诗文集《诚斋集》，找到此文。为便于解说，迻录于下：

　　　　予尝夜泊小舟于峡水之口，左右后先之舟，非楚之估则楚之羁也。大者宦游之楼船，而小者渔子之钓艇也。岸有市焉。予蹑芒履策瘦藤以上，望而乐之。盖水自吉水之同川入峡，峡之两崖对立如削。山一重一掩而水一纵一横。石与舟相仇而舟于水相谍。舟人目与手不相计则殆矣。下视皆深潭激濑，黝而幽幽，白而溅溅，过者如经滟滪焉。峡之名岂以其似耶？至是则江之深者浅，石之悍者夷，山之隘者廓，而地之绝者一顾数百里不隔矣。时秋雨初霁，月出江之极东。沿而望，则古巴丘之邑墟也。面而觌，则玉笥之诸峰也。溯而顾，则予所经之峡也。市之下有栋宇，相鲜若台若亭者。时夜气寒甚，予不暇向，因诵山谷先生《休亭赋》登舟。至今坐而想之，犹往来目中也。
　　　　隆兴甲申二月二十七日，予故人月尝僧祖光来谒予曰："清江有谭氏者，既富而愿学。作楼于峡水之滨，以纳江山之胜，以待四方之江行而陆憩者。楼成，乞名于故参政董公。公取鲍明远《凌烟铭》

　　① 原文刊载于《晋图学刊》2020 年第 5 期。

之辞，而揭以'景延'。公之意，欲属予记之而未及也。愿毕公之志以假谭氏光。"予曰："斯楼非予畴昔之所见而未暇问者耶？"曰："然。"予曰："山水之乐，易得而不易得，不易得而易得者也。乐者不得，得者不乐，贪者不予，廉者不夺也。故人与山水两相求而不相遭。庚元规、谢太傅、李太白辈，非一丘一岳之人耶，然独得竟其乐哉！山居水宅者，厌高寒而病寂寞，欲脱去而不得也。彼贪而此之廉也，彼与而此之夺也宜也。宜而否何也？今谭氏之得山水，山水之遭乎？抑谭氏之遭乎？为我问焉。"祖光曰："是足以记矣。"乃书以遗之。谭氏兄弟二人，长曰汇，字彦济；次曰发，字彦祥。有母，老矣。其家陆阙。祖光云，杨某记。①

文章标点不难，注释翻译赏析则不易。景延楼建于何处？粗略一看，文中"非楚之估则楚之羁"的记述；沿江两岸崖岩陡峭、江水凶险的描绘，好像就是建在长江三峡出口的地方。更有二处疑难：一是"盖水自吉水之同川入峡"，"盖"字系"益"字之误？因为古文一般不会有"盖水"这样的措词用法，如果是"益水"，是否在四川呢？二是"其家陆阙"费解，无法注释。笔者考虑了几天，不得要领。忽然想到四库本《诚斋集》是否存在文字讹误的问题？于是，赶紧找到专收宋元善本的《四部丛刊》。庆幸的是，《四部丛刊》中收录了杨万里《诚斋集》。翻到《景延楼记》，哦，"其家陆阙"为"其家睦"！"睦""陆"二字形近而讹，出版者不解其意，故在印刷出版时添一小"阙"字，怀疑有阙脱文字。针对"盖水"二字的疑难，笔者又查了八九种中国和日本所编历史地名辞典，最后查谭其骧先生主编《中国历史地图集》才解决问题：原来，"水"是指的另外一条河流，宋时名为"黄金水"。这样，"盖"字为语助词，无义；景延楼修建在江西吉水峡江与黄金水合流出口附近才确定了下来，疑难涣然冰释。②《诚斋集》文渊阁四库本为编修汪如藻家藏本，《四部丛刊》本为江阴缪氏艺风堂藏影宋写本。笔者有幸听过廖延唐先生

① 参见杨万里：《诚斋集》，文渊阁《四库全书》本，台湾商务印书馆，1986年，第1161册，第6—7页。标点为笔者所加。

② 参见王洪主编：《中国文学宝库·唐宋散文精华卷》，朝华出版社，1992年，第909—913页。

的《版本目录学》课程，知晓《四部丛刊》所收为宋元善本，具有一点目录学方面的知识，在治学中派上了用场。这件事眨眼间近三十年了，现在，学术研究迎来了数字化的时代。一方面，包括《四库全书》在内的绝大多数存世的典籍，都能数字化阅读和利用。"数字典籍""数字人文"的阅读和利用研究蒸蒸日上，呈现出一派欣欣向荣的景象；另一方面，大学开设的《中国目录学》课程风光不再，日见式微。即使开设了有关课程，选修学生稀少，教师讲授内容也是纯理论性的多，实践性的经验性的内容罕见。查阅和利用数字版文渊阁《四库全书》等典籍，无需跑图书馆，从网上便可直接"拿来"，十分便捷。但没有目录学知识的指引，阅读数字典籍而不看"精校精注本"，可能事倍功半；轻率利用数字典籍撰文，有可能"误入歧途"，更可能会造成文章"硬伤"，甚至得出错误的结论——这可以由上面叙述的治学经历得到佐证，也是笔者在查检国内"数字典籍数据库"，了解其目录揭示现状后，撰述此文的起因和缘由。

二、数字典籍数据库目录揭示现状与不足

"典籍"一般用来指古代重要文献，常用来泛指古代图书，故也可称为"古籍"。据《中国古籍总目》的统计，中国现存古籍有十七余万种，是世界上唯一记载几千年文明有绪流传的大国。我国典籍数字化的成果，大体可以分为典籍电子书、典籍数字化数据库两大类别。典籍电子书是将每种古籍制作成单独的电子文档，读者借助阅读器可离线阅读和复制，数量较少，不成规模，不在本文研究的视野之内；典籍数字化数据库则将大量古籍图书扫描、拍照，或经重新数字化输入等处理，形成全文检索数据库、全文影像数据库、图文对照数据库等，以供读者阅读与利用，是社会利用的热门，因此也是本文研究的对象。史睿先生将现有数字典籍分为三类："传统纸本文献的数字影像""数字编码的全文文本""结构化的数据库或知识库"。[①] 这种分类虽有一

---

① 史睿：《数字人文研究的发展趋势》，《文汇报》2017 年 8 月 25 日。

定的道理，但往往"结构化的数据库或知识库"就是在"传统纸本文献的数字影像""数字编码的全文文本"基础上组织、构建而成的，也是网络最常见的，无法把它们截然分开。

（一）数字典籍数据库目录揭示现状

纵览现在的数字典籍数据库大型成果，其目录揭示情况，大致可分为三类，即注重典籍版本形式等方面的揭示、注重对典籍作者和内容组成等方面的揭示、注重对所收典籍整理工作的介绍。

1. 注重典籍版本形式等方面的揭示

中国国家图书馆的"中华古籍资源库"可以为注重典籍版本形式揭示的代表。自 2016 年 9 月 28 日"中华古籍资源库"正式运行，至 2017 年底，该资源库共收录馆藏善本古籍影像一万九千一百八十七部，《赵城金藏》一千二百八十一部。这个数据库是据传统纸本文献的数字影像构建而成的。其底本是国家图书馆及一些省级图书馆所藏善本图书，每种书都详细揭示了版本形式方面的特征。如《诚斋集》就收录了明末清初的四种抄本，每种著录其出版形式、年代、行款字数、白口黑口、单栏双栏、存佚情况；说明其有无序跋，四部分类、善本书号等。①

"汉籍数字图书馆"则是陕西师范大学出版总社开发运营的又一大型汉字古籍数据库产品，由传世文献库和八大专题分库（甲骨文献库、金文文献库、石刻文献库、敦煌文献库、明清档案库、书画文献库、舆图文献库、中医药文献库）组成。传世文献库是"汉籍"2.0 版的核心部分。收录文献按照"经、史、子、集、丛"五部分类，分图版库和目录库两部分。以《诚斋集》为例进行检索，可得到"图版"和"目录"两方面的信息。

在图版库当中，有四条检索结果：

《诚斋集一百三十三卷目录四卷》，〖宋〗杨万里撰，所属类别为集部－别集类－宋代之属，版本为明末毛氏汲古阁钞本（印本号为

---

① 中华古籍资源库，http://read.nlc.cn/thematDataSearch/toGujiIndex。查检日期：2019 年 5 月 8 日。

01，黑白版本，总页数为1670）和摛藻堂四库全书荟要本（印本号为01，黑白版本，总页数为5778）。

《诚斋集（杨诚斋集）一百二十卷》，〖宋〗杨万里撰，所属类别为集部－别集类－宋代之属，版本待定，印本号为01，彩图版本，总页数为2330。

《杨诚斋集六十八卷》，〖宋〗杨万里撰，所属类别为集部－别集类－宋代之属，版本为宋淳熙绍熙间刻本，印本号为01，彩图版本，总页数为711。

《诚斋诗集（诚斋集）四十二卷》，〖宋〗杨万里撰，所属类别为集部－别集类－宋代之属，版本为上海中华书局据明刻本校刊本，印本号为01，黑白版本，总页数为305。[①]

在目录库当中，有九条检索结果：

《诚斋集一百三十三卷目录四卷》，〖宋〗杨万里撰，所属类别为集部－别集类－宋代之属，版本有宋瑞平初刻本、明末毛氏汲古阁钞本、明末钞本（存卷一百零七至一百三十三）、清初钞本、摛藻堂四库全书荟要本、文渊阁四库全书本、清道光九年鸣野山房钞本（清沈复灿校并跋）和清钞本。

《诚斋集（杨诚斋集）一百二十卷》，〖宋〗杨万里撰，所属类别为集部－别集类－宋代之属，版本有明钞本（杨诚斋集）、清钞本和待定版本。

《杨诚斋集六十八卷》，〖宋〗杨万里撰，所属类别为集部－别集类－宋代之属，版本有清袁棠钞本（清袁棠跋并过录清郭麈校跋）和宋淳熙绍熙间刻本。

《诚斋诗集（诚斋集）四十二卷》，〖宋〗杨万里撰，所属类别为

---

① 汉籍数字图书馆，http://www.hanjilibrary.com/resource/resourcemain。查检日期：2019年3月5日。

集部－别集类－宋代之属，版本有杨文节公诗文全集本（乾隆刻、同治刻）、清末民国初钞本（诚斋集）、石门吕氏钞本和上海中华书局据明刻本校刊本。

《杨诚斋集一百三十三卷别集二卷附录一卷》，〖宋〗杨万里撰，所属类别为集部－别集类－宋代之属，版本有清钞本和钞本。

《诚斋集一百二十七卷附录一卷》，〖宋〗杨万里撰，所属类别为集部－别集类－宋代之属，版本为清钞本。《诚斋集一百三十五卷目录三卷》，

〖宋〗杨万里撰，所属类别为集部－别集类－宋代之属，版本为清钞本（清朱文懋校，清丁丙跋）。

《诚斋集补钞一卷》，〖宋〗杨万里撰，所属类别为集部－别集类－宋代之属，版本为宋诗钞补本（民国铅印）。《诚斋集不分卷》，〖清〗盛符升撰，所属类别为集部－别集类－清代之属，版本为钞本。①

盖图版库目录揭示是针对数字图书馆所收具体文献而言，故每种目录附有图版，且收录版本较多，这是其显著的特点。

2. 注重对典籍作者和内容组成等方面的揭示

"国学宝典－中华古籍全文检索系统"是经过标点整理、适用于互联网的大型中华古籍全文检索数据库系统。收录范围为上起先秦、下至清末两千多年的所有用汉字作为载体的典籍文献。其中通俗小说、戏曲等均为《四库全书》所未收。所收文献，都经过比较专业的校对整理，按四库分类法分经、史、子、集四类，每类下分二级目录；丛书单列目录，放在四部之后，大部分典籍附有提要。因其工作还在不断进行中，《诚斋集》尚未收入，兹举所收《周易》为例：

---

① 汉籍数字图书馆，http://www.hanjilibrary.com/resource/resourcemain。查检日期：2019 年 3 月 5 日。

《周易》：为阮元校刻本，有目录与提要。

目录：上经；下经；系辞上；系辞下；说卦；序卦；杂卦。

提要：〖解题〗周者，周人也；易者，变易，简易，不易也，周人所作之《易》也。《周易》乃群经之首，为古代占筮之书及其解说，后被列入儒家经典。《周易》包括《经》《传》两部分。《经》有时称为《易经》或《古经》，是在专门从事卜筮的巫史们长期经验和记录的基础上逐渐形成的；《传》是战国时人对《经》的解释说明，又称《易传》。《易经》分为六十四卦，《易传》分为七种十篇，汉代学者称之为"十翼"，"翼"即辅翼经文之意。《周易》是中国哲学思想的渊薮，奠定了中国哲学的一些基本范畴和基本观念，如"阴阳"，对立统一的思想等等，对中国文化的影响极为深远。至今，上至鸿儒硕学，皓首穷经；下至街头卜者，研读谋生，无不奉为圭臬，浅人浅解之，深人深究之，可谓是十三经中最深奥、最神秘的书了。"闲坐小窗读《周易》"，要了解中国文化，此书不可不读！1973 年马王堆汉墓出土帛书《周易》为现存最早文本。其传世经文刊本，有宋代巾箱《八经》本，明弘治九年庄释刻本。旧注有北京图书馆藏魏王弼《周易注》宋刻本、唐李鼎祚《周易集解》本等。今有中华书局 1980 年版影印《十三经注疏》影印清阮元校勘本。〖质量〗精校。[①]

提要的撰写基于对所收数字典籍的重视，与底本的选择，文字的校勘等一样，是下了较大功夫的。提要先进行解题，对书名意义，书的形成做了解说。接着对书的内容组成，该书在中国文化史上的地位和影响，该书重要版本等方面的知识有言简意赅的讲解。

3. 注重对所收典籍整理工作的介绍

《中华经典古籍库》是中华书局构建的大型古籍数据库，是中华书局点校本古籍的数字化成果。至 2019 年 3 月止，共有二千六百九十四种该出版社的

---

① 国学宝典—中华古籍全文检索系统，http://www.gxbd.com。查检日期：2019 年 5 月 8 日。

整理本古籍数字化后收入其中，并对每种数字古籍做了整理工作方面的简介。如《杨万里集笺校》：

> 内容简介：本书 133 卷，附录 1 卷。此次整理以《四部丛刊》影宋本为底本，以汲古阁明抄本、文渊阁《四库全书》抄本为校本。诗集部分还参校了淳熙至绍熙递刻单行诗集本七集。辛更儒教授旁征博引，在人物源流、地理形胜、制度沿革、史实考辨等方面用力颇深，更前往杨万里故乡实地查考，以阐释、证实或补充、校正原作诗文的宗旨及写作背景，为研究杨万里及其著作提供必要的资料。①

内容简介的文字洗练，对该书点校所据的底本，参校的校本；以及在考证方面所做的工作做了概括介绍。

（二）数字典籍数据库目录揭示之不足

以上三类数字典籍数据库是迄今比较有名，也是较有使用价值的数据库。其目录方面的知识揭示，各有所侧重和不同，有一定的参考作用。但是不足之处也十分明显：一是忽视了对图书版本和内容的深入揭示。如对图书各种不同版本内容的优劣介绍，对图书内容的简介，特点、不足的归纳评骘等。图书各版本形式特点的揭示，看不出各种版本的优劣短长。"中华古籍资源库"所收典籍，虽然是依据《中国古籍善本书目》确定古籍善本的标准"三性九条"而收录的，但具体落实到每种典籍的揭示上，却无相关的判定根据文字。四种《诚斋集》善本，"善"在哪里？是依据内容之优考订而定的善本，还是依据时代久远或抄本的珍贵或印制优良等特征而定的善本？汉籍数字图书馆的"传世文献库"所收《诚斋集》的各种版本，是该书现存所有版本的全部揭示，还是陕西所藏版本的全部揭示？抑或是陕西师范大学所藏本部书的揭示或其他？不得而知。内容和形式何种为优？何种为劣？其依据是什么？表现在哪些方面？

---

① 中华经典古籍库.古籍整理发布平台，publish.ancientbooks.cn。查检日期：2019 年 6 月 5 日。

查阅之后仍不得要领。《国学宝典》提要对《周易》介绍的不足，一是撇开了对"经""传"内容的深入揭示，如六十四卦的不同和排列，《易传》七种十篇的内容及对阅读理解和研究"经"的重要功用，等等；二是对今人研究成果的忽视。传世经典文献，自民国以来，尤其是1978年以来，专家学者们做了大量的校勘整理、翻译研究等方面的工作，产生了许许多多的研究成果。对于数字典籍，我们除了着眼于数字化阅读之外，更重要的是要着眼于利用，即今人和后人研究参考的使用。因此，对现有研究成果的绍介，理应更加重视，以便使用者在利用时少走或不走弯路，超迈前人，早出成果。但《国学宝典》或许囿于书目提要"就书论书"的传统，画地为牢，对当代众多《周易》研究成果，都没有介绍。又如《国学宝典》中《四库全书总目提要》的解题，内容十分简略，对"提要"的优劣缺失的评述，则付阙如。甚至只字未提余嘉锡先生的《四库提要辨证》和张舜徽先生的《四库提要叙讲疏》等纠缪补缺、指引阅读利用的重要研究成果。《中华经典古籍库》所收数字典籍是最便于利用参考的数字典籍，但所收限于中华书局等出版社的整理点校本，不及其他，今人其他研究成果未予揭示，且"内容简介"的撰写时有不太经意之处，如《杨万里集笺校》的简介，其具体所作的工作读后亦不甚明了，是否对文字典故、史实制度等方面做了注释考证？"人物源流""补充、校正原作诗文的宗旨及写作背景"等词句明显欠通，读后让人如坠云里雾中。

三、数字典籍数据库目录学揭示之管见

（一）数字典籍数据库目录揭示应与传统书目内容揭示不同

以纸张为主要载体的典籍不便于长久使用，也不利于保存与传承。且由于年代久远，自然和人为的损耗，许多珍贵典籍已经破败损毁，甚至失传。利用计算机技术把纸质等载体上面的文字图像符号转化为计算机能识别的数字符号，能通过网络、光盘等载体进行传递、保存、阅读、利用。因此，我国典籍的数字化，不仅是传统文化绵延久远的需要，也适应了数字化阅读成长的青年一代的阅读与研究利用需求。但典籍的数字化，需要与目录学揭示并行；而数字典籍的目录学揭示，与传统书目的文献揭示，也应该有所不同。

传统书目的文献揭示，滥觞于孔子的整理六经与聚徒讲学。近年发现的战国楚竹书《孔子诗论》，就保存了孔子对《诗经》中单篇和多篇诗的内容主旨、写作背景、篇目排列意义等方面的揭示和讲解。西汉刘向刘歆父子的《别录》《七略》，将单篇多篇文献揭示的方法运用于一部部专书论著的揭示中，遂成书目文献揭示的直接源头。从此，目录学成为专门的学问，经历代学者的发扬光大，到清代《四库全书总目》的问世，其利用类序彰显学术源流、辨别学术流派、说明部类书籍性质及收录准则；运用提要介绍书籍作者和内容，评骘优劣所在等方法，达到了很高的学术境界。典籍数字化成果，是典籍的数字化呈现，原有典籍，如《四库全书》，已有专门的目录学著作做了文献揭示，如果依照传统书目的路数，重新辨章学术，考镜源流，已无必要。因为，典籍实质无变化，传统的经、史、子、集学科部类已为新的科学分类所取代，新的学科学术源流，与传统的四部学术源流，已截然不同。再撰提要，小修小补，做内容、作者等方面的一般性揭示，也很难超迈前人，有新的突破。并且，有的数字典籍数据库，本来就专注于一端，如"中华古籍资源库"，所收纯为善本典籍，着眼于版本，不及其他，无必要依样葫芦，对典籍学术内容优劣等做评述揭示。显然，数字典籍的目录学揭示，应该寻求新的内容与方法。

（二）数字典籍数据库目录揭示的主要内容

近代著名藏书家、目录学家伦明曾细致地阐述书目应该揭示典籍的内容：

> 例如某书醇，某书疵，某书醇疵参半，某书大醇小疵。又同一书也，注之者多家，校之者多家，某注本某校本精而详，某注本某校本疏而略。凡醇者、精者、详者，悉阐发之，不厌其多，应有尽有。凡疵者、疏者、略者，悉指摘之，亦不厌其多，应有尽有。令阅目录者知所取舍。又如历代传本之存或佚、完或缺，又或已佚、已缺而经重辑重补，一一著之，令阅目录者一览了然。[1]

---

[1] 伦明：《目录学讲义》，《讲坛月刊》1937年第5期。

伦明先生的这段话，有几处精辟的观点超越前人与时贤：其一，书目要指出图书内容的优缺点，越详尽越好。其二，除了指出图书内容的优劣之外，书目要揭示图书的整理校注类著作。如果同一图书有多种整理校注类著作的，要分辨评判优劣、指出其优劣之所在。其三，图书版本存佚情况、残缺情况、辑录增补情况等，都要详细注明。总的宗旨，一是要让浏览书目的人阅读后，能了解和掌握每部图书全部有参考价值的信息，一目了然。二是书目提要的视野不能局限于图书自身，而要拓展到相关的整理点校类著作。每种图书及其整理点校著作的内容优劣之处务必悉数阐发指明，相关资料要尽可能完备。这些见解，尤给人以启迪。这里，笔者参考伦明先生的观点，试将数字典籍目录揭示的内容概括归纳为以下几个方面。

1. 典籍书名、作者、内容等方面基本信息

包括每种典籍的书名、作者、典籍写作或成书的时代背景、内容大要及其残缺情况、流传存佚情况等方面的信息。可以参考历代重要书目以及当代"史籍举要"等有关书目及其他文献写出，要简明扼要，便于读者了解典籍的有关基本信息。

2. 典籍版本方面的信息

包括每种典籍最早的版本、最好的版本、版本的存佚情况、残缺情况、辑佚情况等。尤其重要的是，不能食古不化，只看重宋元善本和古代的精刻精校本，而要特别注意推重今人的整理校注、笺注、译注本等，并着重叙述其根据和理由。切忌空泛的一般介绍，宜举具体事例，引述著名学者的见解，或者目录著者运用自己的阅读和研究心得来论证说明。时下，提倡经典阅读的呼声不绝于耳，各种阅读举要书目也并不罕见。许多大学有要求学生阅读的书目，社会上还有五花八门的阅读举要推荐书目等，都是指引大学生和青年学者在学习或从事某些研究前，必须要阅读的基本书目。这些书目，包含了不少经典，它们中很多出自中国传统典籍。但遗憾的是，这些书目没有或很少版本方面的知识指引。数字典籍的目录揭示，不仅不能忽视典籍版本知识方面的揭示，更是要弥补各种阅读推荐书目乃至许多正式出版的其他书目、以及数字典籍数据库目录揭示这方面的不足，使青年学者在阅读和研究利用数字典籍方面"迈步便入正途"，少走弯路，节省宝贵的学习时光。

3. 典籍整理和研究方面的信息

首先要说明的是，典籍整理也是研究的一个重要领域，为行文方便以及便于读者参考，这里分而论之。

典籍整理方面的信息包括典籍的点校本、校注本、笺校本、集注本、集解本、诂林本、笺注本、会校会注会评本等。明清时期，尤其是明代中叶以后，社会商品经济发达，科举考试基本定型，读书人日渐增多，社会藏书蔚成风气。雕版印刷出版机构日益增多。除了官方的印书局外，民间各种印书出版的书房、书坊等不计其数。但许多出版商唯利是图，不顾质量，其负面效果之一是造成了典籍大量的版本问题。《拜经楼藏书题跋记》蒋序中就说到了不法出版商使用五花八门的手段出版典籍，牟取暴利的行为：

> 割首尾，易序目，剜画以就讳，刓字以易名，染色以伪旧。卷有缺，划他版以杂之，本既亡，录别种以代之。反复变幻，殆不可枚举。[1]

虽然蒋序中所说的是出版奸商针对社会读书人和收藏家喜好宋元版本典籍的市场行情而采取的种种作伪手段，但典籍出版乱象造成的鱼龙混杂、良莠并存的版本问题亦由此可见一斑。值得庆幸的是，民国以来，尤其是1978年国家改革开放以来，专家学者们在典籍整理方面做了大量的工作。地下典籍和文物的出土，海外所存典籍的利用，也给典籍的整理开辟了新的视野，提供了更好的利用条件。因此，当代很多典籍都有了新的点校、校注等各种整理本问世，甚至同一种典籍有多种整理本面世的现象也很常见。点校本、校注本、笺校本在校正典籍版本文字的基础上，对典籍做了标点、注释、解析；集注、集解、诂林本汇集了历代的注释资料；笺注本对典籍难懂字词和文意进行了注释剖析，并对前人注解做了补充订正；会校会注会评本汇集了前人对典籍的校、注、评论资料，等等。它们为读者阅读和研究提供了重要的选择参考。

典籍研究方面的信息包括典籍评点本、白话译注本、编年本、典籍研究资料汇编、典籍作者资料汇编、典籍作者年谱和传记、典籍研究专著、典籍重

---

[1] 吴寿旸：《拜经楼藏书题跋记·蒋光煦跋》，上海古籍出版社，2018年，第1页。

要研究论文等。在典籍上圈点批评是古人阅读时常用的手法，借此以表达出自己强烈的主观感受，如对其精华部分的喜爱，对其缺陷的遗憾与不满，对触动自己感情而引起的共鸣，等等。因此，典籍评点本对我们阅读和研究原书都能有所参考和帮助。白话译注本用现代白话文对艰深难懂的古文做了翻译，便于我们对原文的准确理解，如杨伯峻先生的白话译注本《论语译注》《孟子译注》等，开创了白话译注本发展的新纪元，大受社会广大学者尤其是青年学者的欢迎。典籍编年本则对典籍中的一篇篇作品重新按创作时代顺序考订编排，便于读者考察作品的写作时代背景，以及作者思想与创作特色的形成与发展。典籍及其作者的资料汇编则汇聚了有关研究资料，可省研究者去伪存真、披沙拣金之劳。典籍作者年谱和传记、典籍研究专著、典籍重要研究论文都是有关典籍研究的主要成果，研究者了解和把握这些成果，可以避免重复劳动，可以站在前人的肩膀上，超越前人，做出创新性的研究贡献。

（三）数字典籍数据库目录揭示的方法

1. 抓住要点，突出重点

诚如上文所述，数字典籍数据库目录的揭示涉及方方面面，内容庞杂，文献资料众多。虽然与传统书目相比较，可以省却类序的撰写，免去作者对学科类别学术源流、学术流派整体的把握分析与描述，但提要的内容，却拓展到了更广阔的领域，需要作者阅读了解的文献数量更多更杂了。我们认为，首要的考虑，是要以读者的需求为出发点，将最重要的信息传达给读者，这是通篇提要的关键所在，也是要点所在。不能主次不分，模棱两可，更不能面面俱到，甚至杂糅堆砌资料了事。数字典籍数据库目录提要的重点，是针对读者的阅读与研究需求，将最重要的典籍整理与研究成果揭示出来，以便读者甄别选择和参考取舍，而不是对典籍本身内容优劣所在的勾稽评判。因此，要介绍当代最便于阅读的典籍整理版本、最有研究利用参考价值的研究论著，指出其最重要的贡献及其不足，阐述说明其依据和理由。这就要求提要撰写者自身具备一定的知识素养，认真仔细阅读典籍整理本及各种研究著述，并大量查检报刊书评及相关信息，充分掌握第一手的资料，比较分析，综合研究，发掘出足可资说明或佐证的材料，运用于提要的阐述之中，使提要中的观点具有说服力。

2. 编撰索引

数字典籍数据库目录揭示文献的显著优点是，可以不受或者少受传统书目内容和形式的束缚。比如内容，如上所述，可以拓展到典籍相关的研究信息，并且将其作为最主要的部分。形式上，也可以撤开节省纸张，不考虑或者少考虑篇幅过长等问题。因此，与编撰索引配合，能将更多的信息传达给读者。索引至少能揭示数字典籍三个方面的相关内容：其一是著录典籍的重要纸质书目及其纠缪补缺类书目索引，如《四库全书总目》《四库提要辨证》《四库提要叙讲疏》《中国古籍善本书目》等。可以指引读者深入查阅纸质书目的类序与提要，了解前人对典籍作者、内容、版本等方面的知识介绍。其二是数字典籍目录提要的相关参考书目及论文索引。编写这方面的索引，一则能标注文中采撷前人与时贤观点的参考资料出处，避免掠美之嫌；二则可指引读者进一步追溯参阅自己感兴趣的资料，发掘出有参考价值的内容。其三是典籍研究参考资料索引，包括研究论著图书、报刊论文、博士学位论文等索引。数字典籍目录提要囿于撰写者的学识，不可能面面俱到，将现有研究成果中有参考价值的东西全部发掘；也可能表述时"言不达意"，"文本传递"没有起到"思想传递"的作用，没有将研究成果中的精髓充分表达。编撰这部分索引，可以帮助读者深入阅读查考相关的文献，以弥补数字典籍数据库目录提要之不足。

大型数字典籍数据库目录的编撰，涉及典籍众多，内容广泛，是一项艰巨的工作，需要组织大量人力财力，耗时费力，孜孜矻矻地完成。但其工作不能急功近利，只着眼于商业利益。最好能有国家层面的组织与实施，吸收和鼓励大量专家学者参与这项利在当代，惠及后人，十分必要而且是功德无量的工作。

内容索引